基层公务员职场偏差行为研究

结构维度与影响机理

李莉 著

中国社会科学出版社

图书在版编目（CIP）数据

基层公务员职场偏差行为研究：结构维度与影响机理 / 李莉著.
—北京：中国社会科学出版社，2021.10
ISBN 978-7-5203-9268-6

Ⅰ.①基⋯ Ⅱ.①李⋯ Ⅲ.①公务员—组织行为—研究—中国 Ⅳ.①D630.3

中国版本图书馆 CIP 数据核字（2021）第 210486 号

出 版 人	赵剑英	
责任编辑	孔继萍	
责任校对	闫　萃	
责任印制	郝美娜	

出　　版	中国社会科学出版社	
社　　址	北京鼓楼西大街甲 158 号	
邮　　编	100720	
网　　址	http://www.csspw.cn	
发 行 部	010-84083685	
门 市 部	010-84029450	
经　　销	新华书店及其他书店	
印　　刷	北京君升印刷有限公司	
装　　订	廊坊市广阳区广增装订厂	
版　　次	2021 年 10 月第 1 版	
印　　次	2021 年 10 月第 1 次印刷	
开　　本	710×1000　1/16	
印　　张	18.75	
插　　页	2	
字　　数	296 千字	
定　　价	108.00 元	

凡购买中国社会科学出版社图书，如有质量问题请与本社营销中心联系调换
电话：010-84083683
版权所有　侵权必究

前　言

基层公务员职场偏差行为是指我国基层公务员在履行职责时违反组织规范或者未能达到组织规范中所提思想、行为以及能力要求，对组织、其他组织成员及公共利益造成损害或者潜在威胁的行为。近年来，在党和政府全面从严治党、深化行政体制改革、加强公务员队伍建设等措施的努力下，部分基层公务员职场偏差行为有所收敛。但是，整体而言，基层公务员磨洋工、有意刁难、不与时俱进、不担当、不作为、相互推诿等职场偏差行为仍然比较常见。基层公务员处在提供公共服务的"前线"，是连接政府与公众的"桥梁"，其职场偏差行为可能产生妨碍基层政府正常运转、降低政府公信力、损害其他组织成员利益与公众权益等危害。因此，有必要对基层公务员职场偏差行为进行结构化、系统化研究，以采取针对性措施进行纠偏。

梳理文献发现，职场偏差行为是组织行为学近年来比较活跃的一个概念。尽管国内外有关企业员工职场偏差行为的研究成果颇丰，但针对公务员的成果不多，遑论基层政府情境中公务员职场偏差行为内涵与结构、影响因素的专门研究。在影响基层公务员职场偏差行为的诸多因素中，负性领导行为是比较重要且独特的影响因素，值得深入探讨。负性领导行为是领导者有损组织利益或下属权益、情感行为的统称，该行为由下属感知和判断。在传统官僚制特征突出、身份等级意识较强的基层政府情境中，一方面，基层公务员相对依赖、敬畏领导，领导言行对基层公务员的影响较大；另一方面，负性领导行为比较常见。在此基础上，本书提出两个问题：基层公务员职场偏差行为的内涵与结构有何特点，与企业员工职场偏差行为有无区别？负性领导行为是否显著影响及如何影响基层公务员职场偏差行为？对此，确定了两个分论题，一是基层公务员职场偏差行为的结构维度构建；二是负性领导行为对基层公务员职场偏差行为的影响机理。研究通过维度建构得到关于基层公务员职场偏差行为的结构化认知与测量模型，为影响机理研究提供研究基础。

针对基层公务员职场偏差行为维度建构这一分论题，研究以质性研究探索维度—量化研究验证维度—所建维度的合理性分析为逻辑思路。首先，运用扎根理论方法，通过访谈具有代表性的基层公务员与公众获取经验材料，通过三级编码凝练出基层公务员职场偏差行为的结构维度；其次，以代表性政策文本作为组织规范材料，运用内容分析法深度开发维度；再次，运用探索性因子和验证性因子分析方法，对实证数据进行统计分析，完善并验证维度；最后，结合文献与实践，分析所建维度的合理性。

针对影响机理分析这一分论题，研究以理论模型构建—质性研究方法初步验证—量化研究方法全面验证为逻辑思路。首先，根据"压力—紧张—结果"框架提出负性领导行为（压力）通过情绪耗竭（紧张）影响基层公务员职场偏差行为（结果）、家庭支持与职业发展抱负起调节作用的理论模型。其次，依据资源保存、社会交换、权力—依赖、溢出效应等理论，对理论模型中的直接效应、中介效应与调节效应作出具体假设。再次，运用多案例研究方法初步验证理论模型。从次，对实证数据进行因子分析、回归分析、拔靴法分析等量化研究，全面验证论理论模型。最后，对量化研究结果进行分析与讨论。

经过上述研究，得到以下结论：第一，基层公务员职场偏差行为由生产偏差、人际偏差、政治偏差和权力偏差四个维度构成。其中，政治偏差与权力偏差是基层公务员区别于企业员工的独特维度。第二，三类典型的负性领导行为（领导专制行为、领导被动履职行为、领导不真诚行为）均对基层公务员职场偏差行为有显著正向影响，情绪耗竭对其起部分中介作用，家庭支持与职业发展抱负起不同形式的调节作用。对此，本书认为，应从加强基层公务员职业行为管理、减少负性领导行为、消减基层公务员职业倦怠、鼓励基层公务员增强职业发展抱负、适当关注基层公务员的家庭生活等方面采取措施，以减少基层公务员职场偏差行为。

本书的学术价值在于：构建了中国情境下基层公务员职场偏差行为

的四维结构,对已有相关研究成果有所继承和拓展;开发了19个题项组成的基层公务员职场偏差行为测量量表,能为后续相关研究提供工具参考;探索了负性领导行为对职场偏差行为的影响机理,该影响机理模型以"压力—紧张—结果"为分析框架,既将中介效应与调节效应结合起来,又将组织因素(负性领导行为)、个人因素(情绪耗竭、职业发展抱负)、家庭因素(家庭支持)等结合起来,从而对负性领导行为与职场偏差行为关系研究有所拓展,并丰富了我国文化背景下公务员职场偏差行为的前因变量研究。本书的应用价值在于:所构建的基层公务员职场偏差行为结构维度及测量体系可用于相关部门对基层公务员的培训、考核与监督;所提管理建议为相关部门治理基层公务员职场偏差行为提供参考。

目　录

第一章　导论 ……………………………………………………（1）
　第一节　研究缘起 ………………………………………………（1）
　第二节　研究目的与研究意义 …………………………………（4）
　　一　研究目的 …………………………………………………（4）
　　二　研究意义 …………………………………………………（5）
　第三节　相关概念界定 …………………………………………（7）
　　一　基层公务员 ………………………………………………（7）
　　二　职场偏差行为 ……………………………………………（9）
　　三　负性领导行为 ……………………………………………（12）
　第四节　研究设计 ………………………………………………（19）
　　一　研究思路 …………………………………………………（19）
　　二　研究方法 …………………………………………………（20）
　　三　技术路线 …………………………………………………（23）

第二章　文献述评与相关理论 …………………………………（24）
　第一节　文献述评 ………………………………………………（24）
　　一　职场偏差行为研究 ………………………………………（24）
　　二　公务员职场偏差行为研究 ………………………………（33）
　　三　负性领导行为与职场偏差行为关系研究 ………………（37）
　　四　研究现状述评 ……………………………………………（41）
　第二节　相关理论 ………………………………………………（44）
　　一　官僚制理论 ………………………………………………（44）
　　二　资源保存理论 ……………………………………………（46）

三　社会交换理论 …………………………………………………… (49)
　　四　权力—依赖理论 ………………………………………………… (52)
　　五　理论分析框架 …………………………………………………… (54)

第三章　基层公务员职场偏差行为结构维度建构 ………………………… (57)
　第一节　结构维度建构的质性研究 …………………………………… (57)
　　一　基于扎根理论的维度探索 ……………………………………… (57)
　　二　基于内容分析的维度探索 ……………………………………… (70)
　第二节　结构维度建构的量化研究 …………………………………… (77)
　　一　问卷编制与研究设计 …………………………………………… (77)
　　二　基层公务员职场偏差行为的探索性因子分析 ………………… (82)
　　三　基层公务员职场偏差行为的验证性因子分析 ………………… (91)
　第三节　所建结构维度的合理性分析 ………………………………… (101)
　　一　生产偏差 ………………………………………………………… (101)
　　二　人际偏差 ………………………………………………………… (104)
　　三　权力偏差 ………………………………………………………… (105)
　　四　政治偏差 ………………………………………………………… (107)
　第四节　本章小结 ……………………………………………………… (109)

第四章　负性领导行为影响职场偏差行为的理论模型与假设 ………… (110)
　第一节　影响机理的理论模型 ………………………………………… (111)
　第二节　影响机理的基本假设 ………………………………………… (114)
　　一　直接效应的研究假设 …………………………………………… (114)
　　二　中介效应的研究假设 …………………………………………… (121)
　　三　调节效应的研究假设 …………………………………………… (127)
　第三节　本章小结 ……………………………………………………… (141)

第五章　负性领导行为对职场偏差行为影响机理的验证 ……………… (142)
　第一节　质性研究：对影响机理的初步验证 ………………………… (142)
　　一　研究设计与方法 ………………………………………………… (143)
　　二　案例分析与发现 ………………………………………………… (144)

第二节　量化研究：对影响机理的全面验证 …………… (154)
　　一　研究样本与测量工具 ……………………………… (154)
　　二　研究样本的质量分析 ……………………………… (164)
　　三　描述性统计分析和相关分析 ……………………… (171)
　　四　直接效应的检验 …………………………………… (174)
　　五　中介效应的检验 …………………………………… (180)
　　六　调节效应的检验 …………………………………… (185)
第三节　结果与讨论 ……………………………………… (204)
第四节　本章小结 ………………………………………… (210)

第六章　结论与建议 …………………………………… (211)
第一节　研究结论 ………………………………………… (211)
　　一　基层公务员职场偏差行为由四个维度构成 ……… (211)
　　二　负性领导行为正向影响基层公务员职场偏差行为 … (212)
　　三　情绪耗竭在负性领导行为与职场偏差行为间起
　　　　中介作用 ………………………………………… (213)
　　四　家庭支持在负性领导行为与职场偏差行为间起
　　　　调节作用 ………………………………………… (214)
　　五　职业发展抱负在负性领导行为与职场偏差行为间起
　　　　调节作用 ………………………………………… (214)
第二节　管理建议 ………………………………………… (215)
　　一　加强基层公务员职业行为管理 …………………… (215)
　　二　采取合理措施减少负性领导行为 ………………… (216)
　　三　重视和积极对抗基层公务员工作倦怠 …………… (217)
　　四　鼓励和正确引导基层公务员的职业发展抱负 …… (218)
　　五　适当关注基层公务员的家庭生活 ………………… (219)
第三节　可能的创新 ……………………………………… (219)
第四节　研究不足与展望 ………………………………… (221)
　　一　研究不足 …………………………………………… (221)
　　二　研究展望 …………………………………………… (223)

附　录 ………………………………………………………………（224）

参考文献 ……………………………………………………………（237）

后　记 ………………………………………………………………（288）

第 一 章

导　论

第一节　研究缘起

得益于组织行为学对"组织行为阴暗面"的关注渐增，职场偏差行为（workplace deviant behavior）①成为组织行为学近年来比较活跃的一个概念。组织行为学发端于20世纪60年代行为科学对组织行为的关注和研究（张昱，1994），是一门理解、预测和管理组织中人类行为的学问（鲁森斯，2016：20）。长期以来，组织行为学主要关注组织行为与绩效提升之间的关系，即主要研究组织中的积极行为（如组织公平、绩效、公众满意度、组织公民行为等），甚至在21世纪初专门分化出一个分支——积极组织行为学。然而，对于组织中的消极行为或组织行为阴暗面，直到最近二十多年才逐渐得到越来越多学者的关注。职场偏差行为是诸多消极组织行为研究中较受瞩目的一个论题。

职场偏差行为是指组织成员违反组织规范从而对组织及其成员造成伤害的行为，包括未经允许占有组织财物，诋毁或粗暴对待同事等行为（Robinson & Bennett，1995）。职场偏差行为最早由 Kaplan（1975）将偏差行为的概念从犯罪心理学引入管理学而提出，经历了从单一偏差行为［如盗窃（Hollinger & Clark，1982；Greenberg，1993；Greenberg & Barling，1999）、缺勤和磨洋工（Kidwell & Bennett，1993）、不公正感知（Siehl，1987）及不道德决策（Trevino & Youngblood，1990）等］发展为

---

① 职场偏差行为是一个舶来品，国内学者对其还有一些其他翻译版本，如"员工越轨行为""工作场所越轨行为""职场越轨行为"等。

包含多类偏差行为的综合性术语的过程，近年来逐渐成为实践部门与学界共同关注的热点问题。

职场偏差行为虽源自西方企业员工消极组织行为表现，但同样适用于公共部门的公务员群体。这一论断的得出主要基于三个方面的考虑。其一，已有实践与研究表明，将企业人力资源管理的经验与研究成果引入公共部门人力资源管理的研究是可行的。自新公共管理理论于20世纪80年代在全球兴起以来，企业管理理论对政府部门管理改革的推进起了重要的理论指导作用。就公共部门人力资源管理而言，也从企业人力资源管理的理论和实践中获得了诸如绩效管理、内部竞争等启示或借鉴。由此可以推及，本书中有关公务员行为的研究亦可适当采撷企业员工行为的研究成果。其二，公共组织行为学作为组织行为学的分支，其兴起与发展离不开对企业组织行为的情境迁移与拓展研究。公共组织行为学尚处于发展初期，研究方式以迁移性使用企业组织行为学相关概念及理论工具为主。目前，一些发端于企业组织的概念（如组织公民行为）在公共组织中得到了较好应用。可见，由于公共组织与企业组织的管理具有一些相通性，企业组织中的许多概念可用于公共组织。其三，与企业员工普遍存在职场偏差行为一样，公务员的职场偏差行为同样比较普遍。已有研究表明，在一些国家（如尼日利亚），大多数公共部门组织的职场偏差行为越来越普遍（Balogun, 2017）。早期研究指出，公共部门的职场偏差行为主要有贪污、滥用政府财产、工作拖延、盗窃、欺诈、贿赂、滥用权力以及在公共部门组织中粗鲁行事（Osezua et al., 2009; Fagbohungbe et al., 2012; Olabimtan & Alausa, 2014）。如果职场偏差行为持续增长，将对组织绩效和生产力构成严重威胁（Erkutlu, 2018）。

就我国而言，基层公务员职场偏差行为仍然比较普遍。尽管党和政府出台了一系列约束公务员职业行为的法律法规［如《中华人民共和国公务员法》（2005年颁布，2018年修订）、《国家公务员行为规范》（2002）、《关于推进公务员职业道德建设工程的意见》（2016）等］，特别是党的十八大以来陆续推进高压反腐和推出党的群众路线教育实践活动、"三严三实"专题教育活动、"两学一做"学习教育活动和"不忘初心、牢记使命"主题教育①、公务员人事制度改革等多项加强公务员职业行为与思想管理的举措与活动,使得基层公务员部分职场偏差行为有所收敛,但从整体来看,基层公务员职场偏差行为仍然普遍存在,如执行公务时用语不文明、磨洋工、有意刁难、吃拿卡要、不与时俱进、不担当、不作为、相互推诿等行为仍然比较突出。基层公务员在整个公务员队伍中所占比重相对较大,处在提供公共服务的"前线",是连接政府与公众的桥梁,其职场偏差行为不仅会造成政府经济损失,而且具有妨碍基层政府有效履行职责、降低政府公信力、损害其他组织成员利益与公众权益等危害。因此,基层公务员职场偏差行为是一类比较普遍又具有严重后果的组织行为,应引起重视和关注。

从已有研究成果来看,针对企业员工的职场偏差行为研究成果丰硕,而针对公务员群体的研究成果却屈指可数,遑论我国基层公务员职场偏差行为的研究。既有公务员职场偏差行为研究多是直接引用企业员工职场偏差行为的相关理论成果,较少结合公务员职业特点与政府组织情境对公务员职场偏差行为的内涵、结构维度、测量量表、影响因素等方面进行专门探讨。从组织行为学研究惯例与企业员工职场偏差行为研究现状来看,本土化的结构维度研究与影响因素研究应成为我国公务员职场偏差行为研究的重点内容。而这两方面内容恰恰是公务员职场偏差行为既有研究欠缺之处。

就基层公务员职场偏差行为的维度结构而言,从已有文献来看,李景平、黄蝶君等学者及其各自研究团队所提出的公务员职场偏差行为维度虽进行了一定本土化探索,但是存在研究过程不够系统、研究结论未充分体现公务员职业特点与我国基层政府组织情境等不足。从实践来看,公私部门差异导致公务员与企业员工的职场角色存在差异,从而导致公务员与企业员工的职场偏差行为在内涵与结构上必然也存在差异。尤其立足全面深化改革的关键时期,要求建设一支忠诚干净担当的高素质专业化干部队伍。这既是新时代对公务员职业行为提出的新要求,也意味着基层公务员职场偏差行为的结构与内涵应有所更新。

---

① 尽管这一系列教育活动被要求在全党内开展,但是实践中这些教育活动开展的主体是各级党政部门。

从既有相关文献与实践来看，职场偏差行为的影响因素有很多，个人方面有性别、学历、人格、性格特质等因素，组织方面有领导行为与风格、组织制度、组织氛围、同事行为等因素。由于无法面面俱到这些影响因素，本书采用组织行为学中的微观组织行为学视角切入，选择诸多影响因素中具有代表性的一个因素（负性领导行为）作为前因变量，并深入挖掘该前因变量对基层公务员职场偏差行为的影响机理。之所以选取负性领导行为作为基层公务员职场偏差行为的前因变量，除了基于文献梳理结论的启示外，主要是因为在我国这样一个权力距离程度较高、官本位思想与等级身份意识比较浓厚的社会中，领导特别是直接领导对基层公务员的考核、晋升、培训、福利等多个环节拥有"拍板权"，使得领导言行对基层公务员职业行为具有较大影响。同时，我国基层政府中，负性领导行为是比较普遍的现象，领导较为频繁地表现出负性领导行为，对基层公务员的权益和情感造成损害。本书将下属感知到的、领导者作出的不利于组织和组织成员发展的行为或伤害组织成员情感的行为统归为负性领导行为。根据公平理论，不公平会产生认知和行为上的消极反应。因此，领导长期反复做出向下属随意发泄消极情绪、吩咐下属办理私人业务、不关心下属职业生涯发展与家庭生活等负性领导行为，会引起公务员心怀怨念，从而变相执行领导指示，慢作为、懒作为、乱作为，甚至做出损害组织利益和公众利益的行为。同时，根据美国著名心理学家阿尔伯特·班杜拉（Albert Bandur）的行为学习理论，负性领导行为会以一种消极示范的形式作用于基层公务员，强化公务员的职场偏差行为，此亦即"上行下效"的道理。

正是基于上述背景与思考，本书锁定"基层公务员职场偏差行为"这一核心论题进行研究，探讨中国文化背景下基层公务员职场偏差行为的内涵、结构维度及负性领导行为对基层公务员职场偏差行为的作用机理与适用范围等基本问题。

第二节　研究目的与研究意义

一　研究目的

第一，基于基层公务员的职业特征与所在组织情境，建构基层公务员职场偏差行为的结构维度。尽管西方学者对职场偏差行为的概念与结构做了许多探索，但是这些研究成果主要是针对企业组织员工，专门针对政府雇员或公务员职场偏差行为的研究相对较少。并且，受儒家文化和官僚思想长期影响，中国社会的权力距离较大，基层公务员与西方企业员工所表现出的职场偏差行为有较大差异。对此，本书立足于我国基层公务员职业特点与政府组织情境，探索构建基层公务员职场偏差行为的结构维度。在建构维度时既注重结合基层公务员的职场表现，又结合代表性公务员职业行为规范文本，从而使构建的基层公务员职场偏差行为结构维度能够体现出本土化、职业化特点。

第二，剖析负性领导行为对基层公务员职场偏差行为的影响机理。虽然已有一些研究关注到了负性领导行为与员工职场偏差行为的关系，但研究对象主要集中在企业员工，针对中国基层政府情境下负性领导行为对基层公务员职场偏差行为影响机理的研究比较稀缺。并且，据文献分析和前期调查了解，基层公务员职场偏差行为仍然较为普遍存在，对政府运作、政府形象、国家财产、群众利益等具有较大危害。结合文献与实践情况来看，虽然基层公务员职场偏差行为的诱因很多，但是负性领导行为对其产生的影响在中国情境下显得尤为突出。因此，本书的一个核心任务是揭示负性领导行为对基层公务员职场偏差行为影响这个"黑箱"。在具体研究过程中，通过引入中介变量和调节变量，构建负性领导行为对基层公务员职场偏差行为的理论框架，并分析影响机理。

第三，结合研究结论，提出减少基层公务员职场偏差行为的对策建议。在明确负性领导行为对基层公务员职场偏差行为影响机理的基础上，基于相关理论和实践经验，从结构维度、前因变量、中介变量和调节变量等角度切入，针对性提出减少或消除基层公务员职场偏差行为的管理建议，促进基层公务员科学履行职责、发挥作用，这是本书的落脚点所在。

二 研究意义

（一）理论意义

第一，弥补公务员职场偏差行为结构维度研究的不足。职场偏差行为是近年来组织行为学中的一个热点主题。虽然有关企业员工职场偏差行为结构维度的研究趋于成熟,但是针对公务员职场偏差行为结构维度的探索比较缺乏。在国内屈指可数的公务员职场偏差行为研究中,仅李景平团队提出了公务员职场偏差行为的五维结构和黄蝶君团队提出了四维结构。尽管上述两个研究对中国本土化的公务员职场偏差行为研究作了重要探索,但是存在我国政府组织情境体现不够、未详细阐明维度的提出依据和研究过程、未对维度的内涵进行系统研究等不足。对此,本书运用扎根理论方法从大量经验性材料中提炼出基层公务员职场偏差行为的结构维度,再通过内容分析法、探索性因子分析与验证性因子分析等方法完善和验证这一维度结构,并对每个维度的内涵进行系统阐述,检验其与基层公务员职业特征与组织情境的契合情况,从而弥补现有研究的不足。

第二,丰富公务员职场偏差行为的前因变量研究。从成果比较丰富的企业员工职场偏差行为研究来看,前因变量研究是职场偏差行为研究的主要领域。对于国内刚刚起步的公务员职场偏差行为研究而言,前因变量研究也应是学者投入关注的地方。本书从深度和广度两个方面丰富了公务员职场偏差行为的前因变量研究。从深度来看,本书以"压力—紧张—结果"模型为分析框架,运用资源保存理论、社会交换理论、权力—依赖理论等,深入剖析了不同类型的负性领导行为对基层公务员职场偏差行为的影响机理。从广度来看,本书涉及对基层公务员职场偏差行为有影响的变量既包括个人特征变量(如尽责性、情绪耗竭、职业发展抱负等),又包括组织特征变量(如负性领导行为、组织程序公平、偏差行为组织容忍等),同时还包括工作—家庭特征变量(家庭支持)。

第三,为公共组织行为学乃至组织行为学中有关"组织行为阴暗面"的研究"添砖加瓦"。职场偏差行为是一种典型的消极组织行为,属于"组织行为阴暗面"的研究。本书通过将职场偏差行为概念应用于基层公务员,并对基层公务员职场偏差行为的结构维度与影响机理进行探索性研究,无疑将丰富"组织行为阴暗面"的研究。尤其是随着公共组织行为学的兴起与发展,本书的研究努力或许为公共组织行为学的发展尽绵薄之力。

(二)实践意义

第一,有助于加强对基层公务员职业行为的规范与管理。首先,经本书开发与检验的基层公务员职场偏差行为量表既可供基层公务员进行对照自查、自评和自省，以规范自身行为，也可为公共部门人力资源管理提供依据，用于加强和改善公务员招考、培训、管理、考核等工作。其次，本书基于"压力—紧张—结果"模型，探讨负性领导行为对基层公务员职场偏差行为的影响机理，并检验情绪耗竭、职业发展抱负及家庭支持等因素通过发挥中介和调节效应对基层公务员职场偏差行为产生的影响。最后，针对相应的影响因素及影响效果提出减少基层公务员职场偏差行为的管理建议，可为相关公共部门的决策提供参考。

第二，有助于提高基层政府效能，改善政府形象。基层公务员队伍庞大、分布广泛，是公务员群体中与公众接触、联系最为紧密的群体。基层公务员的职业行为是体现基层政府效能、展示政府形象的重要凭借。然而，基层公务员的职场偏差行为直接拉低了政府在公众心目中的形象评分。本书主要考查基层公务员的职场偏差行为是否受和如何受领导、本人及家庭三个方面因素的影响，所得结论将有助于激励基层公务员减少职场偏差行为、增强工作积极性及展现良好形象，对于提高基层政府的行政效率与服务能力、增强基层政府的回应性、赢得群众好评有所助益。

第三，有助于净化基层政府的行政生态。人际关系是基层行政生态[①]的组成部分之一。本书既涉及基层公务员与其领导者的上下级关系，又涉及基层公务员与其他同级基层公务员的同事关系。本书对职场偏差行为与负性领导行为关系的研究与关注，有助于识别和改善那些不和谐的上下级关系或同事关系，从而对优化行政生态有所助益。

第三节 相关概念界定

一 基层公务员

公务员的对应英语主要是"civil servant""public servant"或"government employee"。在国外，公务员亦称事务官或公职人员，一般指在政府系统或公共部门从事公共行政工作的人员（吴志华，2008）。在我国，

---

① 行政生态是"影响和决定行政系统存在与发展的各种内外环境因素的总和"[参见于水主编《行政管理学（第2版）》，中国农业出版社2014年版，第258页]。

学术界和实践部门对公务员的界定一般来源于《中华人民共和国公务员法》（2018年修订，后文简称为《公务员法》）。依据该法第二条规定，本书中的"公务员"是指"依法履行公职、纳入国家行政编制、由国家财政负担工资福利的工作人员"①。该条款对公务员的界定标准有三个：一是对工作内容的限制，即依法履行公职，也就是依法从事公共事务工作；二是对身份来源的要求，即纳入国家行政编制，由于国家行政编制由有关部门专门管理，其数量可考，编制身份的发放有严格的规定，故这一标准是比较精确的；三是对工资福利出处的规定，即公务员的工资、福利、保险、退休金及录用、培训、奖励、辞退等所需经费列入国家财政预算。因此，各级中国共产党和各民主党派机关、群团组织、行政机关、人大机关、政协机关、法院和检察院等机关中的工作人员，只要符合上述三个标准，都属于公务员的范畴。

对于基层公务员的界定，学术界与实务界均未形成统一的标准。目前比较主流的界定方式有：一是依据公务员任职机关为县级及以下机关，如《公务员公开遴选办法（试行）》②、《关于做好艰苦边远地区基层公务员考试录用工作的意见》③等法规文件中的相关规定。二是依据参照对象确定，公务员任职机关相对较低者为基层公务员。有学者提出基层公务员同时具有"单一政府机关或机构中位于较低层级的公务员"和"中央与地方政府体系中的下级地方政府中的公务员"两个意义（甘培强，2004）。《中央机关及其直属机构2017年度考试录用公务员公告》也指出"报考中央机关的人员，曾在市（地）直属机关工作的经历，也可视为基层工作经历"。三是依据公务员的行政级别，一般认为基层公务员为县处

---

① 2005年版和2018年修订版《公务员法》对于公务员的身份界定是一致的。

② 2013年1月24日中共中央组织部、国家人力资源和社会保障部颁布的《公务员公开遴选办法（试行）》第一条强调"建立来自基层的公务员培养选拔机制"，而第二条就解释到"本办法所称公开遴选，是指市（地）级以上机关从下级机关公开择优选拔任用内设机构公务员。公开遴选是公务员转任方式之一"。可见，此《办法》所界定的"来自基层的公务员"是指市（地）级以下机关任职的公务员，不含市（地）一级。

③ 中共中央组织部、国家人力资源和社会保障部和国家公务员局联合印发的《关于做好艰苦边远地区基层公务员考试录用工作的意见》的正文首句指出"为贯彻落实党的十八届三中全会精神，完善基层公务员录用制度，现就做好艰苦边远地区县乡基层公务员考试录用工作提出如下意见"，可见其中的"基层公务员"指的是在"县乡"两个地域层级任职的公务员。

级及以下级别。四是依据公务员所从事工作内容和所拥有的工作权限，如李伟舜（2015）提出，基层公务员是"非领导职务的一线行政事务类公务员"，"一般直接面对行政相对人，是一线执法者，其在实际工作中没有行政立法权和行政决策权"。可见，实践部门和学界一般从公务员的行政职级、公务员所在单位的地域层级或从事工作内容等角度对基层公务员进行界定。并且，不少学者在界定基层公务员时综合使用上述依据。例如，李晓霞（2011）对基层公务员的界定要求同时具备公务员行政级别为县处级及以下与所在机关层级为县级及以下两个条件。

综合依据公务员所在机关层级与行政级别两个指标，本书中的基层公务员是指在县级行政区党政机关（具体包括中国共产党机关、群团组织、行政机关、人大机关、政协机关、审判机关、检察机关、民主党派机关八类）及其派出机构和部门内设机构、乡（镇、街道）一级中国共产党党委机关、人大机关、行政机关中行政级别为科级及以下的公务员。

二 职场偏差行为

早期学者 Kaplan 将职场偏差行为定义为员工的自愿性行为。Feldman（1984）认为职场偏差行为是员工缺乏动机遵守社会规范或故意违反社会规范的行为。然而，职场偏差行为的经典定义来自 Bennett 和 Robinson（1995，2000）。本书亦采用该定义，即将职场偏差行为界定为"员工有意违反组织规范从而对组织及其成员的福祉造成损害的行为"（Robinson & Bennett，1995），包括未经允许占有公司财物，诋毁或粗暴对待同事等行为（Bennett & Robinson，2000）。具体而言，职场偏差行为的认定包括以下几条要点：（1）职场偏差行为是自发性行为。诸如窃取、破坏公司财产、工作迟到、未经授权的休息、忽视遵从指示、使上司当众难堪、分享公司机密信息、闲聊及暴力（Ferris et al.，2009）之类的行为都是员工故意为之的行为。（2）职场偏差行为的主要评判标准是违反组织规范，因此，职场偏差行为有别于非伦理行为，前者是违背组织规范的行为，而后者是偏离正义、法律或其他社会指导原则的行为。（3）职场偏差行为的后果是损害组织利益与功能、损害其他组织成员的利益。尽管有些学者提出并非所有职场偏差行为的结果都是坏的，也存在一些职场偏差行为是打破常规的建设性行为（Near & Miceli，1995；Van Dyne & Le Pine，

1998；Tripp et al.，2002；Warren，2003），但这不是本书关注的方面，加之基层公务员旨在维护的组织利益与社会利益具有基本一致性，因此本书不将这类建设性偏差行为纳入研究范畴。

另外，梳理文献发现，还有一些与职场偏差行为相近的概念，如组织错误行为（organizational misbehavior，Vard & Wiener，1996）、功能障碍行为（dysfunctional behavior，Griffin et al.，1998）、适应不良行为（maladaptive behavior，Perlow & Latham，1993）、反生产行为（counterproductive behavior，Storms & Spector，1987）。其中，反生产行为的研究相对比较广泛且在概念上与职场偏差行为最为接近，其他概念均比较小众，故本部分重点辨析职场偏差行为与反生产行为这两个概念。反生产行为一词由 Mangione 和 Quinn（1975）率先提出，定义为雇员不作为的表现，是一种破坏资方利益的行为，与雇员创造利润的工作表现相对，譬如故意破坏雇主的工具。职场偏差行为与反生产行为在概念与内涵上有较多重合之处，不少学者（Jones，2009）在研究中将二者画了等号，共用彼此的概念与测量量表。就严格意义上而言，二者的区别在于：职场偏差行为明确将违反组织规范、损害组织与其他组织成员利益作为识别标准，而反生产行为则将破坏组织利益作为识别标准，未包括损害其他组织成员的行为。Hollinger 和 Clark（1982）将反生产行为分为财产偏差（侵占或破坏雇主财产的行为，例如盗窃）和生产偏差（违反有关工作质和量规定的行为，如工作拖拉和工作延迟）两大类。而这两类行为也被 Robinson 和 Bennet（1995）列入职场偏差行为的维度。可以发现，职场偏差行为的概念覆盖了反生产行为，这也是本书使用职场偏差行为这一概念的原因所在。

本书对基层公务员职场偏差行为的理解以 Bennett 和 Robinson 对职场偏差行为的经典界定为基础，同时，结合基层公务员的职业特点与基层政府的组织情境，对以下三个方面进行一定程度的深化或具体化。第一，基层公务员需要遵守的组织行为规范不仅包括本职位的岗位规范要求、本单位的管理规定、本系统的纪律制度，而且包括对党员、公务员提出职业道德规范、纪律要求的政策性文本，还包括党和国家领导人有关公务员和党员行为要求的一系列讲话精神。第二，基层公务员职场偏差行为的"偏差"主要体现在基层公务员在职场中的行为或表现违反了组织规范或未达到组织规范中对其思想、行为及能力等方面提出的要求，这是评定偏差行为的标准。第三，基层公务员职场偏差行为的后果不仅包括对组织及组织成员造成伤害，也包括对涵盖群众利益、其他组织利益、社会利益等在内的公共利益的损害。综上，基层公务员职场偏差行为是县级行政区党政机关及其派出机构和部门内设机构、乡（镇、街道）一级党政机关中科级及以下级别公务员在履行职责时违反组织规范或未能达到组织规范中的思想、行为及能力要求，对组织、其他组织成员及公共利益造成损害或潜在威胁的行为。

需要说明的是，本书对基层公务员职场偏差行为的界定秉持"在金鱼缸里的管理"（fish bowl management）原则，认为公共组织和公务员的一切行动都应依据组织规范并受到监督。为进一步厘清基层公务员职场偏差行为的边界，现将以下相关概念作出说明。（1）职场。公务员的行为既可以发生在执行公务期间，也可能发生在私人场合，因而需对"职场"（workplace）加以界定。本书的基层公务员职场偏差行为概念中的职场主要是指基层公务员履行公共职能的所有场合，既包括工作场所，也包括其他利用了职务影响的场合。（2）公务员职业行为。本书中使用公务员职业行为这一概念来描述基层公务员的职场行为。虽然企业员工职场偏差行为研究一般使用的是职场行为，而非职业行为，但是由于相关政策性文件（如《关于推进公务员职业道德建设工程的意见》等）习惯性使用的概念是公务员职业行为，故本书在需要形容公务员职场行为时统一使用公务员职业行为这一概念，并根据语境分别使用公务员职场偏差行为和公务员职业行为两个概念。（3）关于职业道德与组织规范的关系。2016年6月，由中共中央组织部、国家人力资源和社会保障部、国家公务员局联合发布《关于推进公务员职业道德建设工程的意见》，其在第一条"总体要求"的第一项"指导思想"中明确指出"公务员职业道德是公务员职业活动的行为准则和规范"。可见，公务员职业道德与公务员职业行为规范有机交融，不可分割。本书在界定基层公务员职场偏差行为时所提到的组织规范包括公务员在进行职业活动时应遵守的职业道德。这就意味着，不论已有组织规范载明与否，爱国、敬业、诚信、友善等社会主义核心价值观及其他公认的职业道德均应纳入公务员的组织规范范畴。

三 负性领导行为

在本书中，负性领导行为（negative leader behavior）是基层公务员职场偏差行为的一个重要影响因素。这一概念虽然由亚琛工业大学学者 Jan Schilling 于 2009 年明确提出，但是有关负性领导行为的研究以其他概念的形式始于 20 世纪七八十年代。负性领导行为发端于一些学者对主流领导理论研究[①]仅关注领导积极有效一面的反思。近十几年来，越来越多的学者开始关注领导行为的"另一面"。本书参考 Schilling 的做法，将与积极有效的领导行为相对的另一面统称为负性领导行为。尽管"negative leader behavior"也可以翻译为消极领导行为、负面领导行为，但是为了突出下属感知及对下属造成负面影响这一特点，在参考其他学者的翻译做法后，本书最终使用"负性领导行为"这一概念。尽管负性领导行为已经引起学者们的热切关注，但以此为主题的学术研究却呈现碎片化特征，其中一个重要原因在于负性领导行为研究发展演进的不同阶段使用许多相似但有区别的不同概念。通过文献梳理，将负性领导行为研究概括为三个阶段。

第一阶段是关注无效或低效领导行为的初期研究。这一时期约起始于 20 世纪七八十年代[②]。早期学者将领导"另一面"理解为消极领导（passive leadership）、无效领导（inefficient leadership）或领导力缺失，认为与有效领导相对的是无效或低效领导。尽管概念名称有所不同，但是都突出了领导者职责履行不到位这一本质特征。Barber 在研究总统特征时提出积极—消极领导（active-passive leadership）的概念，认为"积极领导和消极领导二维划分取决于工作的投入精力"（Barber，1977：11），但

[①] 领导现象可以追溯到史前时期，但有关领导的系统研究始于 20 世纪初期。领导理论通过近百年的发展，形成了特质理论、行为理论、权变理论、风格理论等理论学派（参见 Christian Harrison. *Leadership Theory and Research—A Critical Approach to New and Existing Paradigms*, Springer International Publishing AG, 2018, p. 17）。但这些领导理论都主要关注领导积极有效的一面，而忽视了领导存在阴暗消极的一面。

[②] 尽管在此之前，已有一些学者对这类领导行为有过描述，例如 Lewin、Lippitt 与 White 指出过这类领导身在其位不谋其职，但考虑到这些研究零星分散，未成气候，因而未将其列入第一阶段（参见 Kurt Lewin, Ronald Lippitt and Ralph K, "White Patterns of aggressive behavior in experimentally created social climates", *Journal of Social Psychology*, Vol. 10, No. 2, 1939）。

并未就精力投入作确切的描述。Schubert（1988）据此进一步将领导者工作投入精力操作化为会议上的口头参与活动，并对24位市长进行了为期一年的观察。调查结果表明，市长在会议上的口头参与活动随着领导者的年龄在50岁中期上升，并在60岁和70岁间下降。研究还表明，政治经验与年龄相互影响，从而影响领导风格。Kelloway等（2006）指出消极领导"缺乏积极的领导力，不能实现预期的产出"（第78页）。

随着研究的深入，消极领导或无效领导的概念形式有了新的变化，其内涵延续到了消极例外管理、放任自流等概念上。Bass（1990）认为交易型领导包含权变奖励（contingent reward）、积极例外管理［management-by-exception（active）］、消极例外管理［management-by-exception（passive）］和放任自流（laissez-faire）四方面特征，其中消极例外管理与放任自流属于负性领导行为范畴。消极例外管理主要指领导者"只有在目标没有达成时才进行干预"，放任自流是指领导者"放弃责任，避免做出决策"。当领导经常表现出上述两类行为时，说明领导者对组织目标和下属缺乏关心、回避决策、对责任缺乏认识，甚至具有战略性伤害的意图。Bass在研究中提到员工会以低工作努力程度来应对上述两类领导行为。在Avolio和Bass提出的全范围领导理论中，放任自流领导成为与变革型领导、交易型领导并立的领导类型，消极例外管理仍然是交易型领导概念的一个维度（Avolio & Bass，1991）。有学者提出应将消极例外管理与自由放任组成一个层次更高一级的概念或维度（Druskat，1994；Den Hartog et al.，1997）。因此，Avolio、Bass和Jung（1999）在修订的36题项多因素领导问卷（MLQ5X）中，将消极例外管理与放任自流两组项目组合成一个名为被动回避（passive-avoidant leadership）的领导因素。被动回避型领导"只有在问题变得严重、需采取纠正措施后才会做出回应，并且往往避免做出任何决定"。这一负性行为后被学者Aasland（2010）纳入破坏性领导的维度之中。也有一些研究仍然直接将消极回避、放任自流作为其负性领导行为的两个独立维度（Kelloway et al.，2006）。

第二阶段是关注破坏性的领导行为的发展研究。自20世纪末到21世纪初，学者们陆续开始对领导的破坏性影响进行研究，并指出领导的危害性不仅仅是领导缺失，它还可能对组织和下属产生危害性。Howell和

Avolio（1992）在讨论魅力型领导的黑暗面时特别指出"狂妄自大和服从狂妄自大的危险价值"。Sankowsky（1995）描述了自恋者如何"滥用权力"。Conger（1990）提到领导行为可能造成的"问题甚至是灾难性的结果"。O'Connor 等人（1995）则提到"破坏行为"，并指出一些有魅力的领导人"可能对个人成果更感兴趣"。学者们使用一系列概念来描述各自的理解，如无法容忍的领导（intolerable bosses，Lombardo & McCalland，1984）、越轨领导（derailed leaders，Schackleton，1995）、职场辱虐行为（abusive behaviors，Keashly et al.，1994）、辱虐管理（abusive supervisors，Hornstein，1996；Tepper，2007）、健康危害领导（health endangering leaders，Kile，1990）、暴君（petty tyrants，Ashforth，1994）、欺凌（bullies，Namie & Namie，2000；Ferris et al.，2007）、毒性领导（toxic leaders，Lipman-Blumen，2005）、精神病患者（psychopaths，Furnham & Taylor，2004）、破坏性领导（destructive leadership behavior，Einarsen et al.，2007；Shaw et al.，2011）、功能失调型领导（dysfunction leadership）等。其中有关辱虐管理和破坏性领导的研究成果相对丰富。表1-1 对上述概念中研究得比较多的概念进行了梳理。

表1-1　第二阶段负性领导行为相关概念及其经典定义

概念	定义
健康危害领导（health endangering leaders）	"领导以不顾下属身体健康的行为对待下属，下属把健康问题归咎于领导行为"（Kile，1990：26）
职场辱虐行为（abusive behaviors）	"由一个或多个人指向另一个人的、充满敌意的言语和非言语行为（不包括身体接触），旨在约束其他人以确保遵从性"（Keashly 等，1994：342）
暴君（petty tyrants）	"那些暴虐的、任性的、滥用正式权力的、在本质上体现为霸道、狭隘的行为"（Ashforth，1994：765）
辱虐型领导（abusive leaders）	"那些通过制造恐惧和恐吓的方法来实现对他人的控制这一主要目标的领导"（Hornstein，1996：126）

续表

概念	定义
领导欺凌行为（leader bullying）	"领导者战略性地选择影响策略而将目标置于顺从、无权的地位，使之更容易受影响和控制，以达到个人或组织的目的"（Ferris，2007）
辱虐管理（abusive supervisors）	"下级感知到的上级领导表现的具有持久连续性、不包括身体接触性质侵犯在内、言语或非言语的敌意行为"（Tepper，2000：178）"领导在工作场所对员工经常表现出让员工感知到不友好的行为或言语（包括眼神、语气、手势等方式，排除肢体侵犯），从而诱发员工负面心理（即自卑、孤僻、消极、倦怠等）的一种管理方式"（丁越兰等，2016：93）
毒性领导（toxic leaders）	"领导者行事不正直，掩饰和从事其他各种不端行为"（Lipman-Blumen，2005：18）
破坏性领导行为（destructive leadership behavior）	"领导者、监督者或管理者的一些系统性重复性行为，这些行为破坏和（或）蓄意破坏了组织的目标、任务、资源和效能，也损害了下属的工作动机、幸福感或者工作满意度，最终损害了组织的合法权益"（Einarsen等，2007：208）

资料来源：根据相关文献整理。

通过表1-1比较可以看到，这些相似又有所区别的概念主要围绕行为指向范围（负性领导行为的负性影响波及组织还是组织成员）、行为影响模式（负性领导行为是身体接触还是言语伤害等形式做出）、行为属性（该行为发出者是主动有意还是被动无意）、行为认定（负性领导行为是如何被认定或感知到的）等方面进行界定。综合来看，这一阶段的负性领导行为研究关注领导行为的破坏性后果，是领导主动有意做出的、对下属或组织做出的带有侵略性或伤害性的行为。这类领导行为与无效或低效领导行为的区别在于，前者的主要特征是主动攻击下属或组织，而后者的则是消极履职。

第三阶段是提出总体性术语的整合研究。直到近年，才有学者（如Schilling，Patel和Hamlin）提出负性领导行为的概念（negative leadership behavior），并将其视为描述领导"另一面"的总体术语。此外，虽然也有学者使用了其他概念，如不利领导（Peus et al.，2012），但是也将其视作一个总体术语。负性领导行为作为总体性术语的提出得益于以下三支研究团队。

Schilling 在 2009 年第 5 卷第 1 期《领导学》(Leadership, SSCI 来源期刊)上发表的论文《从无效到破坏性：对负性领导内涵的定性研究》①最早明确提出负性领导行为这一概念，并指出负性领导行为"作为一个总体术语，包括从无效领导行为到破坏性领导行为、不喜欢和被谴责的行为"(Schilling, 2009：103)。Schiling 通过对德国一家大型通信公司的42 名中高层管理者进行半结构化访谈，对整理出的 547 条有关负性领导行为的陈述进行内容分析，最终将负性领导行为的维度及内容归纳为八类。(1) 不真诚领导行为 (insincere leadership)，指领导采取非直接对抗而以欺骗或隐蔽的手段、以牺牲他人为代价实现个人目标的一系列领导行为。(2) 专制性领导行为 (despotic leadership)，指领导以权力主义、地位导向为准则，要求下属顺从和服从的行为，如"独裁行事"。(3) 剥削性领导行为 (exploitative leadership)，指领导采用压力、威胁、恐吓或外在奖励等"胡萝卜加大棒"的手段迫使下属完成任务的行为，如威胁下属不要犯错。(4) 限制性领导行为 (restrictive leadership)，指领导习惯于根据自己的信念、规矩和决定行事，而要求下属严格按照制度的规则开展工作、不允许下属参与决策或有工作自由的行为。(5) 失败型领导行为 (failed leadership)，指领导过多干预下属日常业务、对操作性工作投入精力过多而忽略战略管理或授权管理的行为。(6) 主动回避领导行为 [avoiding leadership (active)]，指领导通过设定低目标、仅给予积极的绩效评估或归咎于高层决策等方式来主动阻止与下属发生冲突或出现负面结果的行为，如"从不说不""总是很好"。(7) 消极回避领导行为 [avoiding leadership (passive)]，指领导避免做出决定和担任职务或在遭到批评或抵抗时立即改变立场的行为，如"只讨论问题而不解决问题"。(8) 放任自流领导行为 (laissez-faire leadership)，指对领导岗位和个人责任漠不关心、对下属工作不提供指导的领导行为，如"告诉下属按照他们自己的想法行事""不设置目标"等。

Schiling 对负性领导行为的分类，较为全面地涵盖了现实中的负性领导行为类型。然而，从各类负性领导行为的定义与内涵来看，不同类型

---

① 截至 2021 年 4 月 10 日，该文已获得 70 篇 SSCI 论文引用。

的负性领导行为的边界并不清晰，不同类型的负性领导行为之间难以进行明确的区分，例如消极回避领导行为与放任自流领导行为都涉及领导职能履行不到位、消极对待工作，二者的区别主要在于程度不同，放任自流领导较消极回避领导更消极，有"甩手掌柜"的意味。再如，专制性领导行为与限制性领导行为也都包含有不授权、不发挥下属能动性的含义。也就是说，该研究对负性领导行为的分类虽能为本书提供参考，却不宜被直接采用。

Patel 和 Hamlin 在 2017 年第 145 卷第 1 期《商业伦理期刊》（*Journal of Business Ethics*，SSCI 来源期刊）上发表《从法国和英国教育部门看负性领导行为的统一框架》一文中，结合文献法和以英法教育部门为对象的案例研究法提出负性领导行为（negative leader behaviors）的概念框架由以下三类构成：（1）无效领导行为（ineffective leader behavior），指领导职能履行存在障碍、缺乏领导能力的行为，如"不接受新的或不同的想法"；（2）功能失调性领导行为（dysfunctional leader behavior），指伤害组织和组织成员的行为，如"羞辱和贬损行为"；（3）不真诚领导行为（unauthentic leader behavior），指领导违背诚实守信、公开透明等伦理观念的行为，如"剥削和不诚实行为"。研究强调，区分上述三类负性领导行为时必须将领导者潜在行为动机考虑在内。（Patel & Hamlin，2017）尽管三个行为类别彼此不同，但最终结果可能会有相似之处。这一框架较好地整合了负性领导行为研究的已有成果，囊括了各种类型的领导行为，类型划分也相对合理。不过，这一划分也存在值得商榷的地方：其一，功能失调领导行为被定义为伤害组织和组织成员的行为，而无效领导行为也会导致组织成员工作开展不顺，组织运行不畅，从而损害组织和组织成员利益。其二，功能失调领导行为也是领导职能履行存在障碍、缺乏领导能力的行为的表现，也就符合了无效领导的定义概括。

Peus 等人在 2012 年第 220 卷第 4 期《心理学杂志》（*Journal of Psychology*，SSCI 来源期刊）上发表论文《尽管领导者有良好的意图？下属归因在负性领导行为中的作用——基于多层次模型》。该文指出界定负性领导行为（adverse leadership）的关键条件是下属的感知，即"当下属（1）认为他们的领导者违反领导原型或同意反原型时，并且（2）将这种违反归因于领导者内部稳定的条件（即行为者—观察者偏见），即使（3）

领导者无意造成伤害，也会对领导者产生消极的看法"（Peus et al.，2012：241），都应被认定为负性领导行为。这一负性领导行为模型侧重于分析下属的隐性领导理论和归因过程与负性领导行为感知与认定的关系。并且研究者认为，下属的人格特征、群体结构和组织特征会影响到这一关系。

上述三个研究所界定的负性领导行为具有总体性或整合性概念的特点，且其定义范围大致相同。本书对负性领导行为的理解与认定主要以这三篇文献为基础。因此，在本书中，负性领导行为是一个整体性概念，指领导者对组织或下属做出的损害组织利益或下属权益、情感的行为，这些行为具有长期性和持续性，是言语或非言语的、是主观有意识的或客观无意识的，这些行为最终由下属感知和认定。需要指出的是，本书中负性领导行为的行为发出者虽然是基层公务员的直接领导，但是由于负性领导行为由基层公务员感知和认定①，故本书对负性领导行为的发出者不做具体考究。

同时，本书依据文献、访谈和问卷调查综合确定我国基层公务员面临的主要负性领导行为类型。首先通过文献梳理和对基层公务员的深度访谈，总结出当前我国基层公务员面临的主要负性领导行为（见附录3），然后通过对华东地区三所高校的 MPA 学员对基层公务员感知的负性领导行为排序进行确认。调查结果显示，我国常见的负性领导行为主要有三类：一是领导专制行为，指领导将权力集中在自己手中，要求下属顺从或服从，不允许下属发表意见或对工作有较多的自主权，以及其他剥削下属劳动力的带有长官意志的行为。二是领导被动履职行为，指领导履行计划、决策、运行等领导职能不到位而表现出来的消极行为，包括逃避作出决定和承担任务或消极执行上级布置的命令，以及在遭到批评与抵抗时随意改变立场等。三是领导不真诚行为，指领导为实现个人目标（获得政绩或上级好评、逃避责任、保全自己面子等），而采取将责任推

---

① 对于下属对负性领导行为判定的关键作用，国内聂志毅和丰卫琳也持同样意见，指出负性领导行为是"在领导者进行管理活动的过程中，因领导者滥用权力而对下属造成潜在的身体、心理、情绪或经济伤害的领导行为"（参见聂志毅、丰卫琳《负性领导行为研究：内涵、诱因及规避策略》，《领导科学》2015 年第 26 期，第 27 页）。

卸给下属、踩低攀高、欺骗、巧言令色、偏倚偏帮等策略的不正直行为。

这三类行为分别代表了基层公务员的领导在工作方式、工作态度或工作价值观方面存在问题，伤害了基层公务员的利益或情感，或损害了组织的利益。故本书认为，本书选取这三类负性领导行为是比较合理的。仍需说明的是，虽然这三类负性领导行为具有普遍性与代表性，但是他们不等于全部负性领导行为，也并不意味着必须同时出现这三类行为才能认定领导表现出了负性行为。

第四节 研究设计

一 研究思路

首先，在梳理国内外相关研究文献的基础上，本书结合职场偏差行为的现实发生逻辑，对全书的研究逻辑与分析框架进行概述，再分别对结构维度与影响机理两个子研究的研究框架进行阐释。

其次，采用访谈法，通过对具有代表性的25位基层公务员和10位公众进行半结构化访谈（第一阶段），获取关于基层公务员职场偏差行为表现的经验性材料，进而运用扎根理论初步构建出我国本土化情境下基层公务员职场偏差行为的结构维度。接着，选择10份代表性组织规范文本作为研究资料，运用内容分析法初步检验和进一步完善基层公务员职场偏差行为的结构维度。再后，结合前人已开发的测量工具及本研究中扎根理论、内容分析法的研究发现，编制基层公务员职场偏差行为的初步问卷。

同时，根据"压力—紧张—结构"模型，结合资源保存理论、社会交换理论与权力—依赖理论，采用文献研究法对负性领导行为如何影响基层公务员职场偏差行为的假设体系进行分析，该假设体系包括直接效应、中介效应与调节效应。

再次，从第一阶段的25名基层公务员中随机抽取8位进行第二阶段半结构化访谈，以得到关于负性领导行为对基层公务员职场偏差行为影响机理假设关系的案例材料，采用多案例分析初步验证影响机理的假设。

从次，采用问卷调查法，在全国范围内进行大样本调查，以获得关于基层公务员职场偏差行为、不同类型负性领导行为以及其他中介变量、调节变量及控制变量的实证数据。先利用基层公务员职场偏差行为的数据进行探索性因子分析与验证性因子分析，以验证基层公务员职场偏差行为的结构维度和确定其测量量表。再使用最终确定的基层公务员职场偏差行为测量模型与其他变量的数据进行层级回归分析、拔靴分析等，以检验影响机理中的直接效应、中介效应和调节效应。

最后，对已有研究发现进行总结，并从基层公务员职场偏差行为的各结构维度、影响机理中涉及的各相关变量提出防范基层公务员职场偏差行为的管理建议。同时，就本书的理论贡献、应用价值、研究不足与研究展望进行阐述。

二 研究方法

总体而言，混合模型研究的分析方法贯穿全文。混合模型研究是在研究过程中的所有阶段中都将定性研究路径与定量研究路径结合起来的独特方法（塔沙克里、特德莱，2001）。本书在建构基层公务员职场偏差行为结构维度与剖析负性领导行为对基层公务员职场偏差行为的影响机理时，同时使用了质性研究方法与量化研究方法。在构建基层公务员职场偏差行为维度时，先采用扎根理论与内容分析法两种质性研究方法初步得到基层公务员职场偏差行为的维度，再采用量化的问卷调查与统计分析方法验证维度。在检验负性领导行为对基层公务员职场偏差行为的影响机理时，先采用文献分析法这一质性研究方法提出假设，接着采用多案例研究方法对影响机理的相关假设进行初步检验，再通过量化的问卷调查与统计分析对各个假设进行全面验证。本书具体使用的研究方法有：

第一，文献研究法。本书查阅了国内外有关职场偏差行为、负性领导行为、情绪耗竭、职业发展抱负、家庭支持、资源保存理论、社会交换理论、权力—依赖理论等主题的大量文献。这些文献主要用于评述国内外相关研究现状、确定研究思路、提出负性领导行为对基层公务员职场偏差行为影响机理的研究假设、在前人研究基础上提出相关对策建议等内容。

第二，扎根理论方法。扎根理论是一种基于原始经验材料建构理论的质性研究方法，在社会科学研究中被广泛使用。它最早由社会学家格拉斯和斯特劳斯（Glaser & Strauss，1967）在其共同著作《扎根理论的发现：质化研究策略》中提出。其基本研究逻辑是从经验数据中建立理论，即通过大量现实资料获得实质理论，再从实质理论上升为形式理论（Strauss，1987：5）。由于既有基层公务员职场偏差行为的维度未能充分体现出基层公务员的职业特点与组织情境，本书从基层公务员职场偏差行为的现实经验材料着手，提炼出有关基层公务员职场偏差行为的结构维度。因此，扎根理论方法契合本书的需求。具体来说，本书运用扎根理论，对访谈基层公务员和公众得到的经验材料逐步进行三级编码（开放式编码、关联式编码、核心式编码），从而形成基层公务员职场偏差行为的初步理论轮廓。接着，将这一理论反馈到原始资料进行验证，并不断调整优化，使之变得更加精细，直到形成最终的职场偏差行为概念模型。

第三，内容分析法。内容分析法兴起于20世纪中期，"是一种对传播所显示出来的内容进行客观的、系统的、定量的描述的研究方法"（阿特斯兰德，2016：85）。其原理在于：按照一定规则将传播媒体的内容系统地分配到各个类目中，并使用统计工具对包括在这些类目中的关系进行分析（里弗尔等，2010：3）。其长处主要在于结论获得的可重复性和量化性、抗干扰性较强，这也是构建基层公务员职场偏差行为维度预期达到的研究效果。因此，本书运用该研究方法作为开发基层公务员职场偏差行为维度的辅助方法，并将研究结论与扎根理论方法构建的基层公务员职场偏差行为维度进行比较，以增强维度的科学性和合理性。鉴于组织规范对职场偏差行为界定的重要性，本书选取10份具有代表性的基层公务员职业行为规范文本作为内容材料，如《公务员法》《国家公务员行为规范》《关于推进公务员职业道德建设工程的意见》等。这些代表性文本涉及公务员通用法律法规、党员干部规范、领导人对公务员行为的指导要求等多个方面，是基层公务员在开展职业活动时必须遵守的组织规范。材料收集后，经确定好分析单元、确定数据类别并编码、对编码进行信度检验、数据分析等步骤，初步验证基层公务员职场偏差行为的维度。

第四，访谈法。本书对25名基层公务员和10名公众进行了深入访谈。访谈分为两个阶段展开。第一阶段是2017年6月到8月对25名基层公务员和 10 名公众进行的访谈,以主要了解其对于基层公务员职场偏差行为表现的观察与看法。所得访谈文本用于充当以扎根理论构建基层公务员职场偏差行为维度所需的经验材料。同时,笔者在对 25 名基层公务员的访谈时,也询问了其关于负性领导行为表现的问题,以服务于负性领导行为统一概念与常见类型的确定。第二阶段是 2018 年 3 月到 4 月对 25 名基层公务员中的 8 名进行访谈,以了解其对负性领导行为是否影响及如何影响基层公务员职场偏差行为假设关系的看法及关键事件。所得访谈资料用于初步验证负性领导行为对职场偏差行为的影响机理。此外,本书在对基层公务员职场偏差行为维度探索阶段,邀请多位公共部门人力资源管理、组织行为研究等领域的专家学者,进行个别访谈或团体访谈,以完善基层公务员职场偏差行为的基本维度架构。

第五,问卷调查法。本书进行了两次正式问卷调查。第一次是确定负性领导行为常见类型的小规模问卷调查。此次调查开展于 2017 年 10 月,调查对象为基层公务员,问卷题目源于文献与前文访谈中总结出的 12 项负性领导行为及其简要释义,共回收 171 份有效问卷。第二次是基层公务员职场偏差行为维度测量及验证负性领导行为对基层公务员职场偏差行为影响机理的大规模问卷调查。此次调查开展于 2018 年 6 月至 8 月,覆及全国绝大部分省份(直辖市、自治区)约 1700 位基层公务员,最终回收有效问卷 1355 份。

第六,统计分析法。本书在以下三个方面运用了统计分析法:一是在深度开发基层公务员职场偏差行为维度及测量量表时,利用 SPSS 软件对覆盖全国大部分省份(直辖市、自治区)的大样本调研所获取的问卷调查数据随机分成两个独立样本组,并分别进行探索性因子分析与验证性因子分析。二是在确定基层政府中负性领导行为常见类型时,利用 SPSS 软件对负性领导行为表现的适中样本调查数据进行描述性统计分析及信度分析。三是在验证负性领导行为对基层公务员职场偏差行为的影响机理时,利用 SPSS 软件对覆盖全国大部分省份(直辖市、自治区)的大样本调研所获取的问卷调查数据,就各变量测量量表质量、变量间相关性以及影响机理理论模型有关直接效应、中介效应与调节效应等假设进行统计检验,这部分具体运用了探索性因子分析、验证性因子分析、方差分析、相关性分析、层级回归分析、逐步检验法、拔靴分析、Sobel

检验等多种统计与检验方法。

三　技术路线

根据上述研究思路与研究方法使用，绘制本书的技术路线图（见图1-1）。

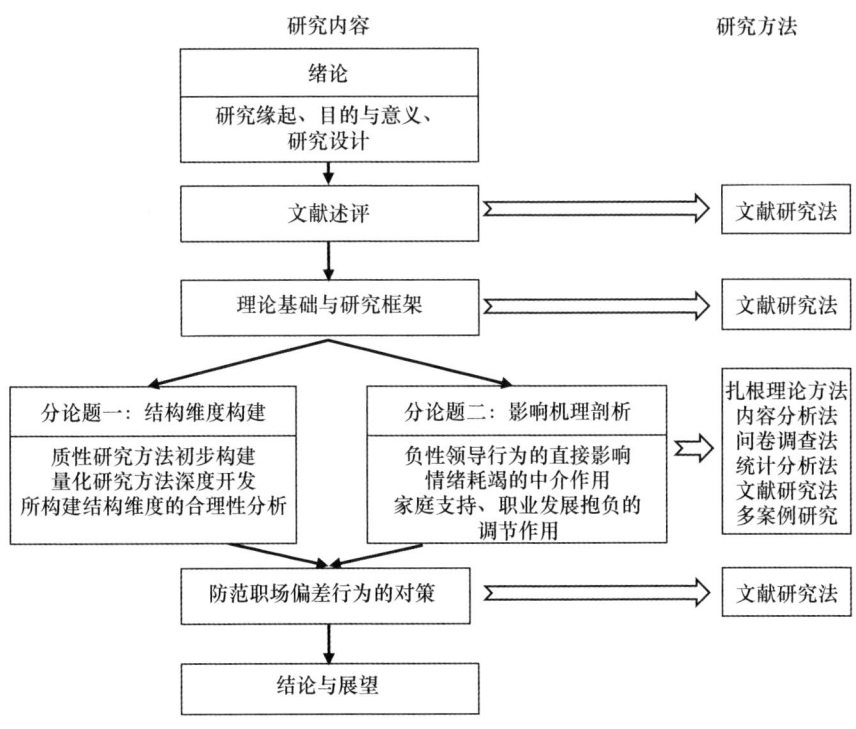

图1-1　技术路线图

第二章

文献述评与相关理论

本章主要梳理既有相关研究，明确基层公务员职场偏差行为的研究进展与空间；概述相关理论，阐释本书的理论分析框架。由于既有相关文献以针对企业员工的职场偏差行为研究为主，针对公务员群体的专门研究成果较少，同时由于本书对公务员职场偏差行为的研究与拓展建立在一般意义的职场偏差行为研究基础之上，本章首先综述一般意义的职场偏差行为研究，其次对公务员职场偏差行为研究进行梳理。由于后文重点剖析负性领导行为对基层公务员职场偏差行为的影响机理，本章亦对负性领导行为与职场偏差行为间关系的文献进行梳理。再次，对相关研究进行述评，并提出基层公务员职场偏差行为研究有待发展的方向，此即本书开展后续研究的立足点。最后，本章依次阐释官僚制理论、资源保存理论、社会交换理论、权力—依赖理论等相关理论及其在本书中的应用，以此为基础提出本书的理论分析框架。

第一节 文献述评

一 职场偏差行为研究

从对常用中英文数据库的检索情况来看，国内外学者对职场偏差行为都进行了一定的研究，且近几年的研究成果呈现较快增长的趋势。相较于国外职场偏差行为研究，国内研究呈现出起步较晚、成果内容和数量均相对滞后等特点。从研究内容来看，学者们对职场偏差行为的研究主要集中在结构维度与测量、前因变量、后果及规避对策等方面。

(一) 职场偏差行为的维度与测量

1. 国外职场偏差行为的维度

维度划分是职场偏差行为研究的重点内容之一。梳理相关文献发现，学者们提出了多种维度划分观点，从一维到七维不等，具体如表 2-1 所示。随着研究的深入，Bennett 和 Robinson（2000）的二维结构（即组织偏差、人际偏差）、Mitchell 和 Ambrose（2007）的三维结构（即主管导向的偏差行为、人际导向的偏差行为、组织导向的偏差行为）、Stewart 等人（2009）的三维结构（即生产偏差、财产偏差、人际偏差）得到诸多学者的认可与引用。他们编制的测量量表亦广为学者们引用或作为研究的基础。其中，Robinson 与 Bennett 于 2000 年编制的"职场偏差行为量表"（Scale of Workplace Deviance）的应用尤其广泛。

表 2-1　　　　　　国外学者开发职场偏差行为维度情况

维度数	研究者及年份	划分依据	结构类型
单一类别	Redeker（1989）	—	组织中的违法行为
	Skarlicki 和 Folger（1997）	—	组织报复行为
二维	Mangione 和 Quinn（1975）	—	反生产行为、工作懈怠
	Wheeler（1976）	严重程度	严重违反规范行为、不严重的违反规范行为
	Hollinger 和 Clark（1982）	工作表现的量和质	财产偏差、生产偏差
	Warren（2003）	—	建设性偏差行为、破坏性偏差行为
	Bennett 和 Robinson（2000）	行为标的（组织或组织成员）	组织偏差行为、人际偏差行为
三维	Lenman 和 Simpson（1992）	—	敌对的工作行为、心理上的退缩行为、生理上的退缩
	Neuman 和 Baron（1998）	—	不友善、阻碍和攻击

续表

维度数	研究者及年份	划分依据	结构类型
三维	Mitchell 和 Ambrose (2007)	行为指向（主管、其他成员、组织）	主管导向的偏差行为、人际导向的偏差行为、组织导向的偏差行为
	Stewart 等（2009）	—	生产偏差、财产偏差、人际偏差
四维	Robinson 和 Bennett (1995)	严重性（轻微或严重）、行为指向（组织或员工）	生产偏差行为、财产偏差行为、政治偏差行为、人际侵犯行为
	Guys 和 Sackett (2003)	与工作的关联程度（高相关或低相关）、行为的指向（组织或员工）	行为指向组织、工作关联程度高的行为；行为指向组织、工作关联程度低的行为；行为指向员工、工作关联程度高的行为；行为指向员工、工作关联程度低的行为
	Bolin 和 Hertherly (2001)	破坏性	懒惰行为、浪费资源、滥用职权、偷窃
	Mars（1996）	规则/分工（强或弱）、群体参与（强或弱）	"鹰"类（弱规则/分工，弱群体参与）、"驴"类（强规则/分工，弱群体参与）、"秃鹫"类（弱规则/分工，强群体参与）、"狼群"类（强规则/分工，强群体参与）
五维	Spector 等（2006）	—	蓄意破坏、生产性偏离、偷窃、退缩行为、攻击他人
七维	Bies 和 Tripp (1997)	—	报复幻想、不作为、暗中对抗、身份修正、社会性退缩、长期争斗、宽恕

资料来源：根据相关文献整理。

2. 国内职场偏差行为的维度与测量

国内不少学者直接使用 Bennett 与 Robinson、Mitchell 和 Ambrose、Stewart 等西方学者确定职场偏差行为的维度结构与测量量表,如杨滨灿和郑清杨(2004)、张燕和陈维政(2013)、石磊(2016),或者在直接使用测量量表时删除个别题项,如黄丽和陈维政(2014)、赵君和蔡翔(2014)等。但是,仍有许多学者质疑西方概念的维度结构与测量工具在中国情境的适用性,并尝试基于本土化特征构建职场偏差行为的结构维度开发相应测量量表,如我国台湾学者梁素君(2003)、刘善仕(2002,2004)、吴孟玲和江达隆(2005)、张燕和陈维政(2011)、杨杰等(2011)、晁罡等(2013),具体情况见表 2-2。

表 2-2　　　　　　　国内学者开发职场偏差行为维度情况

研究者及年份	维度数	结构维度	划分依据或方法
刘善仕(2002)	3	个人型偏差行为、组织型偏差行为、任务型偏差行为	偏差行为成因(员工生理与心理特点、组织原因、工作任务本身特点)
梁素君(2003)	3	组织面偏差行为、工作面偏差行为、人际面偏差行为	将 Bennett 与 Robinson(2000)的组织导向偏差行为细分为组织层面、工作层面的偏差行为
刘善仕(2004)	3	生产型越轨、财产型越轨、人际型越轨	以 Bennett 与 Robinson(1995)的四维结构为基础,结合中国文化背景下人际型越轨与政治型越轨难以区分的特点
吴孟玲,江达隆(2005)	3	贪渎行为、伤害行为和息惰行为	—
苏浤毅(2008)	3	组织型、人际型和网络型员工越轨行为	—
杨杰等(2011)	4	生产型过失、违法行为、损公肥私、合作破坏行为	运用四维度坐标和层次聚类分析;结合以"讲人情、重关系与爱面子"为重要特征的中国传统文化的影响

续表

研究者及年份	维度数	结构维度	划分依据或方法
姚艳虹，李源（2011）	8	工作疏离、消极怠工、虚报工作、人际退缩、政治性打击、冲突攻击、对抗阻挠、敌对破坏	—
晁罡等（2013）	3	生产型越轨、财产型越轨、人际型越轨	以刘善仕（2004）的研究为基础，将"人际型越轨"重命名为"关系型越轨"

资料来源：根据相关文献整理。

同时，有不少学者尝试开发员工职场偏差行为本土化量表（如表 2-3 所示）。一种做法是以文献研究法为基础，采用关键事件法、开放式问卷调查法或访谈法，通过调查获得有关职场偏差行为的行为表征，再通过因子分析法等统计分析方法编制中国文化与组织情景下的职场偏差行为量表。例如，刘善仕（2004）、杨杰和卢福财（2010）、姚艳虹和李源（2011）、张燕和陈维政（2011）等学者各自自主开发了职场偏差行为量表。从实证研究结果来看，这些量表具有较好信度和效度，在一定程度上体现出中国企业文化、员工行为价值等特点。另一种做法是采用文献研究法，结合中西有关职场偏差行为的研究成果编制量表，如高日光和孙健敏（2009）、颜爱民和高莹（2010）、王石磊等（2013）的研究。这种方法制成的量表更为精简，言语表述更符合国内受访者的思维。尽管国内已经积累了一定的本土化职场偏差行为测量量表研究成果，但是这些本土化成果被其他学者交叉引用得较少，缺乏实证检验证据。同时，这些研究探索主要以企业员工为背景，缺乏以多个不同性质组织成员为对象的相关研究。

表 2-3　　　　国内学者开发的职场偏差行为测量量表

研究者及年份	题项	问卷题项来源或编制方法
刘善仕（2004）	12	资料调研、个案访谈
高日光，孙健敏（2009）	11	参考樊景立教授的组织公民行为的反向计分条目和 Robinson 和 Bennett（2000）的职场偏差行为条目

续表

研究者及年份	题项	问卷题项来源或编制方法
杨杰，卢福财（2010）	45	25 条来源于对西方研究成果的归纳，20 条源于对暨南大学人力资源专业研究生课程进修班开放式问卷调查
颜爱民，高莹（2010）	13	参考樊景立教授的组织公民行为的反向计分条目和 Robinson 和 Bennett（2000）的职场偏差行为条目
张燕，陈维政（2011）	24	关键事件法、专家意见法、问卷初测法
姚艳虹，李源（2011）	26	抽样调查湖南、广东等地 20 多家企业共 650 名不同层次的员工
王石磊等（2013）	9	结合参考 Bennett 和 Robinson（2000）与彭贺（2011）的研究

资料来源：根据相关文献整理。

从既有文献来看，国内外学者对职场偏差行为的结构维度提出了多种划分观点，这表明职场偏差行为结构维度是一个具有争议且值得研究的论题。通过对国内外学者所提出的不同职场偏差行为维度划分情况进行比较发现，尽管学者们针对职场偏差行为开发了不同的维度，但这些维度彼此间存在交集现象，如"生产偏差""人际偏差"等维度为多个研究所共有；研究者们有关维度划分的依据集中在工作相关性、行为指向（组织—成员）等方面。同时，对比国内外职场偏差行为的维度研究发现，不同文化情境下员工的偏差行为在结构上有着显著区别。例如，姚艳虹和李源（2011）通过实证研究指出，相较于 Robinson 和 Bennett 以西方背景得出的职场偏差行为结构，中国员工表现出的生产性偏差行为（请假、早退等）和政治性偏差行为（打小报告、散布谣言等）较为常见，财产性偏离行为（偷窃、蓄意破坏）和人身攻击性行为（性骚扰、身体伤害等）较少见。同时，国内相关研究表明，受中国传统文化等因素的影响，职场偏差行为在中国企业员工身上具有不同的表现与结构维度，也需要使用本土化的测量工具。可见，研究国内职场偏差行为不能照搬西方理论工具，这一点既适用于一般意义的职场偏差行为，同时也适用于中国基层公务员职场偏差行为的研究。

(二) 职场偏差行为的影响因素

1. 国外职场偏差行为的影响因素

影响因素是职场偏差行为研究的重点内容。这方面的研究成果相对较多，主要集中在个体特征和组织特征两大类前因变量（Martinko et al.，2002；Lee & Allen，2002；Browning，2008）。与职场偏差行为相关的个体特征主要有：（1）冲动性（Henle et al.，2005）、认真度（Cullen & Sackett，2003）、尽责性（Enwereuzor et al.，2017）等人格特征；（2）性别（Eagly & Stefan，1986；Hsieh et al.，2004）、职位（Appelbaum & Shapiro，2006）与教育程度（Raelin，1994）等人口学统计特征；（3）心理契约破裂（Bordia et al.，2008）、核心自我评估（Neves & Champion，2015）等心理学变量；（4）睡眠不足（Christian & Ellis，2011）、童年问题（Piquero & Moffitt，2014）等其他变量。与职场偏差行为相关的组织特征主要有：（1）组织伦理氛围（Peterson，2002）、组织公正（Aquino et al.，2004；Zoghbi-Manrique de Lara & Verano-Tacoronte，2007；Ferris et al.，2012）、同事团结（Itzkovich & Heilbrunn，2016）等组织氛围变量；（2）公仆型领导、辱虐管理（Mitchell & Ambrose，2007；Tepper et al.，2008；Thau et al.，2009；Michel et al.，2016）等领导因素；（3）工作情绪和工作认知（Lee & Allen，2002）、角色模糊（Walsh，2014）、组织支持（Van Emmerik et al.，2007；Geddes & Stickney，2011）等工作认知变量；（4）绩效目标导向（Louw et al.，2016）等制度方法。此外，家庭—工作冲突（Cooper et al.，2013）等家庭因素对职场偏差行为也有一定影响。

印度学者 Pooja Malik 和 Usha Lenka（2018）在运用 PRISMA 流程图系统回顾相关文献的基础上得到职场偏差行为的前因变量，通过对20名人力资源经理和印度多个组织和机构雇用的院士的调查获得数据，首先根据层次分析法的结果显示，组织前因对克服工作场所偏差的作用最大（18.92%），其次是个人（1.47%）和人际关系前因（1.28%）。这表明，组织特征对职场偏差行为影响尤为重要，这为本书突出负性领导行为这一组织前因变量研究提供了证据支持。

2. 国内职场偏差行为的影响因素

相对国外有关职场偏差行为影响因素对个人特征关注较多，国内学者更加关注组织特征对员工职场偏差行为的影响，如组织制度中的绩效考核（赵君等，2014）与集中化（Yen & Teng，2013）、职业倦怠（Liang & Hsieh，2007）、组织伦理氛围（Chen et al.，2013）、薪酬制度（张燕、陈维政，2008a，2012）等。同时，国内学者特别关注组织特征中的领导因素对员工职场偏差行为的影响。其一是领导行为，主要有辱虐管理、破坏性领导等负性领导行为。颜爱民、高莹（2010）通过对全国各地的225份有效调查问卷的分析指出，中国情境下辱虐管理对职工职场偏差行为具有显著的影响，组织认同起中介作用。于静静等人（2014）的研究同样证实了辱虐管理对员工职场偏差行为的显著正向影响，并提出领导—成员交换关系起部分中介作用。钟慧（2013）通过对多个城市、不同行业、不同单位性质的785名员工进行调查发现，破坏性领导通过工作压力对员工职场偏差行为产生显著正向影响，组织公平感起调节作用。另外，Huang等人（2015）基于203对主管—下属样本，实证了领导成员交流社会比较（LMXSC）与中国背景下员工偏离行为呈负性相关关系。其二是领导风格。不少学者关注了伦理型领导对职场偏差行为的负向影响，如章发旺和廖建桥（2016）探讨了伦理型领导与职场偏差行为的关系，其基于337份上下级配对样本的数据分析结果表明，个体层面的伦理型领导对员工越轨行为具有显著负向影响；组织层面的伦理文化对伦理型领导与员工越轨行为之间关系具有跨层次的负向调节效应。石磊（2016）的实证研究结果证实，道德型领导能够有效减少员工越轨行为，组织伦理氛围在道德型领导与员工越轨行为之间起部分中介作用，道德认同在道德型领导与员工越轨行为之间起调节作用。

综合国内外职场偏差行为影响因素的研究成果发现，职场偏差行为的前因变量分布在个人因素、组织因素、家庭因素等多个方面。针对这一情况，组织行为学研究者们的普遍做法是选取其中一个因素或一个方面的因素进行研究。这也给本书提供了模式借鉴，重点分析某一方面因素对职场偏差行为的影响及作用机理。同时，对比国内与国外职场偏差行为影响因素的研究成果发现，国内学者更加重视组织特征中领导因素对员工职场偏差行为的影响作用。这表明，在中国情境中领导因素可能对员工职场偏差行为具有重要影响，研究领导因素对员工职场偏差行为的影响具有较强的理论与现实意义。因此，在关注基层公务员职场偏差行为的影响因素时，应重点关注组织特征中领导因素及其影响机理。

(三) 职场偏差行为的影响结果

1. 国外职场偏差行为的影响结果

相比前因变量研究，职场偏差行为结果变量的研究相对较少。一般认为，企业员工的职场偏差行为会对组织产生负面影响。员工诸如盗窃和滥用特权之类的职场偏差行为会给商业部门带来严重的经济损失和其他间接成本，如声誉受损 (Litzky et al., 2006)。Dunlop 和 Lee (2004) 利用来自快餐组织分支机构的数据证明员工偏差行为会显著负向影响组织业务单元的绩效，除了由于产权差异造成的货币成本之外，职场偏差行为导致业务部门难以高效率运营而产生大量隐藏成本。此外，也有研究显示，职场偏差行为会作用于行为的受害者和实施者，使其压力增大和生产力下降 (Henle, 2005)。

然而，也有少数学者提出员工职场偏差行为并非百弊无一利。Robinson 与 Bennett (1995) 提出员工偏差行为亦有可能对组织产生正面影响，如：促使组织产生安全危机意识、维护团队成员的利益、对组织提出警讯等。Spreitzer 与 Sonenshein (2004) 进一步提出正面偏差行为 (positive deviance) 的概念，并认为其与揭发组织弊端行为 (whistle-blowing)、组织公民行为 (organizational citizenship behavior)、组织社会责任 (corporate social responsibility) 等概念有某种程度的重叠。

2. 国内职场偏差行为的影响结果

国内早期研究比较关注如何从组织控制的角度规避员工职场偏差行为。刘善仕 (2002, 2004) 依据职场偏差行为的成因，针对性提出内在控制、过程控制和结果控制三种组织控制策略及其不同组合，并进一步细分为监督制度、惩罚约束、敏感控制和宣传沟通等具体组织控制方式。高日光等人 (2008) 从预警管理的角度提出把好人员进入关、做好新员工职场偏差行为的教育工作、确保偏差行为信息搜集渠道畅通、严肃查办偏差行为等四条策略。杨杰和卢福财 (2010) 通过问卷调查发现，最常见的职场偏差行为类型是生产型过失、损公肥私与合作破坏行为，员工最不能容忍的是违法行为与合作破坏行为，对此分别给出了"曝光与存档""定向引导"的组织控制策略，并通过统计分析予以证实。毛军权团队 (2003, 2008) 则从行为博弈的角度出发，构建了基于"适时惩罚"

与"适度惩罚"的企业员工越轨行为惩罚机制的一般数学模型,涉及惩罚时机、惩罚强度和惩罚成本等多个变量指标的测度与优化。从上述文献可以发现,研究者多是依据职场偏差行为的维度结构或影响因素等提出针对性的组织控制策略,因此,本书的对策部分将遵循此思路。

二 公务员职场偏差行为研究

(一)国外公务员职场偏差行为研究

相较于企业员工职场偏差行为研究,国外关于公务员职场偏差行为的研究成果相对较少。其中,大部分有关公务员职场偏差行为的研究仅将调查对象包含或局限于公务员,而较少针对公务员的职业特点或政府情境进行专门的内涵与结构分析、量表开发等研究。既有公务员或公共部门职场偏差行为的研究成果主要集中在以下几个方面。

首先,个别学者对公务员职场偏差行为进行了针对性研究。Ermann 和 Lundman (1982) 所著《企业与政府的偏差:当代社会组织行为的问题》一书对政府机构的偏差行为进行了案例描述、原因探析、结果阐述以及对策建议。它于 1978 年第一次出版,因受到学术界的热烈回应,于 1982 年、1987 年、1996 年、2002 年、2005 年进行多次修订与再版。这本书中虽未明确提出"职场偏差行为"这一特定术语,但该研究实质上已对政府偏差行为进行了较为深入的理论探索,局限性在于量化研究相对不足。

其次,多数公务员职场偏差行为研究侧重于检验企业员工职场偏差行为在政府组织的适用性,因而这些研究对公务员职业特点体现不充分。Jordan 等人 (2012) 探讨了公共组织中职场偏差行为的前因变量与结果变量,提出组织支持感知、心理契约支持通过职场偏差行为影响组织绩效的理论模型。Balogun 和同事对尼日利亚公共部门的职场偏差行为进行了一系列研究。他们基于社会交换理论指出,过去两年尼日利亚经济一直处于萧条状态(2015—2017),导致雇主(包括公共部门)极易违反心理契约,公共部门雇员会因此感到被背叛和感到委屈,从而表现出职场偏差行为,同时在心理契约违背与公务员职场偏差行为显著正相关关系中,工作满意度起中介作用(Balogun et al., 2016),情绪智力起调节作用(Balogun et al., 2018)。他们的另一研究证明,公务员组织公平感知与职场偏差行为呈显著负相关关系，该关系受到情绪智力的调节（Balogun，2017）。

再次，还有一些关于一般意义上职场偏差行为的研究因考虑到员工工种的多样性，在进行数据收集时涉及包括公务员在内的多类职业。例如 Bennett 和 Robinson（2000）研究中的 226 位被调查者中有 23 名公务员（约占 10.2%）。Vogel 等人（Vogel et al.，2016）探讨辱虐管理、公共服务动机与职场偏差行为关系的研究中，样本数据来自德国和美国政府部门、私营部门和非营利组织的 150 名雇员。这些研究致力于一般意义的组织行为学研究，仅数据调查对象包含公务员，研究分析中并未对公务员职场偏差行为作专门论述。

最后，还有少数学者关注了非营利组织的职场偏差行为。Gibelman 和 Gelman 主要关注了美国和国际上部分非营利组织中的职场偏差行为。他们通过对 1990 年至 2000 年非营利组织丑闻媒体报道进行内容分析（Gibelman & Gelman，2001）、对 1995 年至 2001 年信仰团体（faith-based groups）不当行为事件的新闻报道进行内容分析（Gibelman & Gelman，2002）、对典型偏差行为案件的跨国分析及危害与原因分析（Gibelman & Gelman，2004）得出结论，非营利组织中的偏差行为涉及多个方面，诸如盗窃或回扣（财产偏差）、滥用资源和资金（生产偏差）、组织内部的政治行为（政治越轨）以及性骚扰行为（个人侵略）等形式，这与企业员工职场偏差行为的结构基本一致。Nair 和 Bhatnagar（2011）总结了职场偏差行为的一般概念框架，并将其运用于非营利组织，进而提出非营利组织职场偏差行为的综合概念模型。不过，这一概念框架仅整理出非营利组织职场偏差行为的前因变量、内涵及维度、结果变量的全景图示，并未在内涵上突破 Bennett 和 Robinson（2000）关于职场偏差行为的二维结构划分。Shaheen 等人（2017）通过调查巴基斯坦公共机构的 180 名雇员发现，公共组织中任人唯亲（organizational cronyism）与心理契约破裂正相关，并进一步导致职场偏差行为。

总体而言，国外关于公务员职场偏差行为的研究成果较少，针对公务员职业特点的公务员职场偏差行为的研究更为匮乏。大部分已有研究虽是以公务员为研究群体，但仅侧重于借用企业员工职场偏差行为的概念、内涵、结构与测量量表进行前因变量探索，而缺乏对公务员职场偏差行为进行针对性、情境化研究。

(二) 国内公务员职场偏差行为研究

梳理文献发现，国内少数学者已经着手公务员职场偏差行为的本土化研究。但是，从研究成果的数量、研究团队规模及研究内容深度来看，国内公务员职场偏差行为的研究尚处于起步阶段。由于这方面的研究成果十分有限，下文将对国内公务员职场偏差行为的代表性研究逐一进行概述。

李景平及其团队最早关注我国公务员职场偏差行为。他们主要探究了薪酬公平感对公务员职场偏差行为的影响。其研究指出，三类薪酬公平感对公务员职场偏差行为具有显著的负向影响，人格特质在这一负性影响过程中起到调节作用（韩锐、李景平，2013）。在该项研究中，研究者运用了他们借鉴 Robinson 与 Bennett（2000）、刘文彬（2009）研究成果所开发的中国情景下的职场偏差行为量表，包括33个题项，涉及工作怠惰、损人利己、渎职滥权、贪墨侵占、合作破坏五个维度，经数据验证五因素模型结构拟合程度良好。之后，其另一研究成果对前者的发展之处在于：一是明确提出"公务员职场偏差行为"的概念，将其定义为"公务员在任职期间，为满足特定欲求而违背国家政策法规，主动从事与其身份不相符的、损害国家和集体利益的行政行为"（韩锐等，2014）；二是将公务员职场偏差行为维度进一步表述为惰怠行为、渎职行为、贪墨行为、自利行为和不合作行为，突出了行为的属性特征；三是在保留个人特质起调节作用的基础上，引入薪酬满意度作为中介变量，使模型总解释度有所提升。总体而言，李景平团队对公务员职场偏差行为的研究具有开创性意义；其提出的五维度结构表明，公务员职场偏差行为在结构上与企业员工的职场偏差行为确实存在差别，这对后续公务员职场偏差行为本土化研究具有启示作用。但是，其研究并未展示维度建构具体研究步骤与过程，因而给本书在相关理论指导下、充分结合公务员职业特点与组织特征系统开发公务员职场偏差行为维度留足了空间。

Wu 等人（2014）调查了263位中国东部地区公务员样本发现，组织公平与职场偏差行为呈负相关，并且在中国公务员道德认同程度较低的情况下，组织公平与职场偏差行为之间的负相关更为明显。这一研究表明，职场偏差行为的概念适用于中国公务员；组织因素（如组织公平）对公务员职场偏差行为具有重要影响，个人特质（如道德认同）对公务员职场偏差行为的影响起调节作用。

黄蝶君等人（2017，2018）重点关注了乡镇公务员职场偏差行为。其研究贡献主要在于：一是提出公务员职场偏差行为的定义，即"公务人员在执行公务的过程中有意针对组织、工作、同事以及办事人员做出的背离或违反组织规范的行为"（黄蝶君等，2017：88）。他们认为，公务员职场偏差行为在本质上是一种故意违反组织（单位）内部规章制度以及社会公德的渎职行为，这种行为可能损害国家、组织、其他成员以及办事人员的利益，但严重性并未上升到违法犯罪的程度。二是该团队在参考 Bennett 和 Robinson（2000）关于企业员工偏差行为研究维度划分的基础上，根据行为指向对象，将公务员职场偏差行为结构维度划分为组织导向偏差、工作导向偏差、人际导向偏差、权力导向偏差四个方面。① 三是探讨和检验了辱虐管理通过心理契约违背对职场偏差行为的影响路径（黄蝶君等，2018）。总结而言，黄蝶君等人对公务员职场偏差行为的维度划分、内涵界定、影响因素分析在本土化和政府组织情境化方面进行了有益探索，但是其中部分结论在体现我国政治与行政关系特点、基于传统文化影响下的行政文化挖掘、依据新时代国家发展战略布局提出公务员职业行为的要求等方面给后续研究留有空间。

赵若言和吴红梅（2015）认为职场偏差行为与反生产行为这两个概念"在本质上没有显著差异"，他们以文献综述的形式、从行政管理视角梳理国内外反生产行为研究内容与研究进展的一些观点亦为本书提供了理论参考。他们梳理相关文献后提出，未来公务员反生产行为或职场偏差行为有待拓展的方面包括评价量表开发、结构维度划分与前因变量分析。

---

① 其中，组织导向偏差指的是公务员故意针对组织（单位）做出的违反或背离组织规范的行为；工作导向偏差指的是公务员故意针对自己承担的工作（任务）做出的违反或背离组织规范的行为；人际导向偏差指的是公务员故意针对其他同事做出的违反或背离组织规范的行为；权力导向偏差指的是公务员利用公共权力故意针对办事人员做出的违反或背离组织规范的行为（参见黄蝶君等《辱虐管理对乡镇公务员工作场所偏差行为的影响机制——心理契约违背的中介作用》，《软科学》2017年第3期）。

除上述从公共组织行为学角度研究公务员职场偏差行为的成果外，还有不少学者从政治学、公共行政学等学科背景切入，关注公务员失范行为问题。如谭开翠和王红雨（2007）对公务员行为失范的行政伦理制度分析，胡仙芝（2018）提出从治理形式主义入手来治理公务员不作为行为，等等。这些研究成果也可以为本书提供一些思路和借鉴。

综上所述，国内关于公务员职场偏差行为的研究虽然起步较晚、成果相对有限，但是近几年来已快速吸引了一些学者的关注，成为公共组织行为学热议的主题，这也在一定程度上证明了本书选题的理论价值。从研究内容的特点上来看，国内学者倾向于认为公务员职场偏差行为的维度与企业员工的有所区别，因而提出本土化公务员职场偏差行为的内涵、维度与测量量表，这为本书建构基层公务员职场偏差行为维度提供了依据。同时，已有相关研究对公务员职场偏差行为前因变量的研究多以组织层面的因素为主。然而，已有研究虽然对公务员职场偏差行为研究作出一定有益探索，但这些探索未展示其具体、规范的研究过程，其结论也未能全面揭示出公务员职场偏差行为的结构与内涵，对前因变量的研究有待丰富。因此，基于本土化、情境化的公务员职场偏差行为研究尚留有较大空间，特别是在其内涵挖掘、维度构建与测量量表开发等方面的内容亟须系统和规范的深入研究。本书将在上述研究成果的基础上，结合公务员职业特点与政府组织特征、传统行政伦理、国家对公务员职业行为要求等本土化、情境化特征，遵循规范步骤构建基层公务员职场偏差行为的维度，并重点探究源于某一组织因素的影响。

三 负性领导行为与职场偏差行为关系研究

从企业员工职场偏差行为的研究成果来看，引起个体职场偏差行为的因素有很多，这一结论同样适用于基层公务员职场偏差行为。囿于作者时间与精力，无法对相关影响因素一一进行研究。参考大多数组织行为学者所采用的做法，本书从诸多因素中择一代表性影响因素进行深入剖析。经文献梳理发现，有较多学者关注负性领导行为与员工职场偏差行为之间的关系，这表明负性领导行为是企业员工职场偏差行为的重要影响因素。这对基层公务员职场偏差行为研究具有启示意义。同时，管理实践亦表明，负性领导行为对基层公务员职场偏差行为具有重要影响。

因此，本书重点探讨负性领导行为对基层公务员职场偏差行为的影响。

通过对负性领导行为与员工职场偏差行为的检索发现，有少数学者开始关注政府组织情境下负性领导行为对公务员或政府雇员职场偏差行为影响的研究。其中，黄蝶君等（2017）基于压力—情绪模型（the stress-emotional model，Spector，2005）探讨了辱虐管理对乡镇公务员职场偏差行为的影响及心理契约违背的中介作用，其对广东典型地区乡镇公务员的数据调查证实了辱虐管理对乡镇公务员职场偏差行为的直接影响及通过心理契约违背发挥部分中介作用的间接影响。徐双敏和王科（2018）基于社会交换理论与攻击转向理论推断辱虐管理对公务员反生产行为的正向影响，同时探讨了组织公平感对二者关系的负向调节作用，他们在云南和山东的问卷调查结果证实了上述推论。此外，还有一些论文探讨公共部门中与负性领导行为类似的一些行为或现象对公务员职场偏差行为的影响。有研究发现，组织任人唯亲现象会通过心理契约违约的中介作用对巴基斯坦公共部门组织雇员职场偏差行为产生作用（Shaheen et al.，2017）。

因此，总体来看，国内外专门关注负性领导行为对公务员职场偏差行为关系的研究并不多，且已有这些文献中探讨的是辱虐管理或破坏性领导对公务员职场偏差行为的影响，关注作为总体术语的负性领导行为与公务员职场偏差行为关系的研究比较缺乏。然而，针对企业组织情境下负性领导行为对员工职场偏差行为影响的研究却不在少数，基于政府组织与企业组织的共通性以及公共组织行为学研究一般源于企业组织行为研究这一特点，这些成果对本书亦具有参考价值。就此，对这些文献进行简要梳理。需要指出的是，由于负性领导行为一词直至2009年才被明确提出，且尚未得到广泛应用，故下列这些相关文献多使用辱虐管理或破坏性领导行为的概念。

已有成果基本都得到了负性领导行为对员工职场偏差行为具有正向显著影响的研究结论，各自研究不同在于对影响机理的剖析。通过梳理，将这些文献分为三类：第一类是仅关注负性领导行为与职场偏差行为间的直接效应，第二类探讨了负性领导行为与职场偏差行为间的中介作用，第三类则关注了负性领导行为与职场偏差行为间关系的边界条件（亦即调节效应）。

首先，关注负性领导行为与员工职场偏差行为直接关系的研究成果数量相对较多、时间也相对较早。Mitchell 和 Ambrose（2007）认为辱虐管理会营造一种易滋生各种职场偏差行为的氛围，它与组织导向、主管导向和人际导向职场偏差行为呈正相关。Tepper 等人（2009）在分析辱虐管理与职场偏差行为的关系时仍以负互惠理论为基础，所得二者间正向相关关系与前人研究成果吻合。Vogel 等人（2016）以德国和美国公共、私营和非营利部门的 150 名雇员的实证数据证实了辱虐管理与职场偏差行为之间的正相关关系。Frooman 等人（2012）探讨和验证了被动回避领导行为对员工非法缺勤行为具有正向预测作用。此外，Dupre、Detert 等学者也开展了类似研究（Dupre et al.，2006；Detert et al.，2007）。在上述研究中，大部分研究多是沿用社会交换理论来诠释下属在遭遇领导的负性领导行为时做出的消极反应（职场偏差行为），认为当下属受到领导的不当对待（负性领导行为）时，会以表现出职场偏差行为的方式予以报复。

其次，在负性领导行为与员工职场偏差行为间正相关关系得到较多验证的基础上，不少研究者挖掘了在二者相关关系中起中介作用的一些变量。Tepper 等人（2008）在 68 个工作组织对 243 名员工的动态调查和 247 名员工的横断面调查后，建立了一个描述虐辱管理、情感承诺、组织偏差标准以及组织偏差之间关系的整合模型，指出情感承诺中介于辱虐管理对员工组织偏差行为的显著正相关关系。Aquino 和 Thau（2009）认为，心理成长与幸福的基本需求与满足是连接辱虐管理与组织偏差行为的潜在机制。Lian 等（2012）基于 Deci 和 Ryan（1985）的自我决定理论（self-determination theory）论证了角色基本心理需求在辱虐管理与组织偏差之间的中介作用，认为辱虐管理违背了下属的心理需求，这主要体现在，下属为避免遭受辱虐管理而按照主管领导所期望的方式行事，其自主意识受到破坏；领导的辱虐行为伤害下属的自尊，降低了其归属感和价值感，进而导致下属做出伤害组织或成员的偏差行为。Haider 等人（2018）对巴基斯坦制药企业员工的调查研究结果表明，破坏性领导行为对员工越轨行为有显著影响，工作压力在二者之间发挥中介作用。颜爱民和高莹（2010）结合线上线下两条数据搜集路径证实了组织认同在辱虐管理与职场偏差行为间的部分中介作用。于静静等人（2014）通过对

1782位企业员工问卷的实证分析，论证了中国情境下领导—成员交换在辱虐管理与职场偏差行为间关系的部分中介作用。

再次，也有不少学者探讨了对负性领导行为与员工职场偏差行为间关系起调节作用的变量。在负性领导行为与员工职场偏差行为间正相关关系得到多个实证研究验证的基础上，不少研究者试图回答为什么遭遇负性领导行为时，有的人做出职场偏差行为而有的人则没有，也就是放大或缩小社会交换理论所提出报复效应的边界条件是什么。Bies 和 Tripp（1997）的研究发现，一些员工参与报复而其他人不参与报复的一个原因是他们的工作环境。也就是说，一些组织环境可能导致火上加油，而另一些组织环境则会减少员工的偏差行为。Tepper 等人（2009）基于权力—依赖理论（power-dependence theory）提出，离职意愿不同的主体，在遭遇辱虐管理时所表现的偏差形式与程度有所差别。Tepper 的另一研究表明，虐辱管理对员工的失范性抵抗行为（dysfunctional resistance）呈现显著的正相关，员工的人格特质对二者的关系起调节作用（Tepper，2001）。Thau 等人（2009）基于不确定性管理理论（uncertainty management theory）指出，组织环境不确定性对辱虐管理与职场偏差行为的社会交换关系具有调节作用，对于那些情景不确定性较高员工，虐辱管理对员工组织导向的职场偏差行为的影响更强烈，主管的独裁水平便是一类典型的情景不确定性因素。

最后，近年来也有少数研究同时探讨了负性领导行为与员工职偏差行为间的中介作用与调节作用。Michel 等人（2016）考查了辱虐管理影响职场偏差行为过程中，工作相关负面情绪的中介作用及员工和组织的侵略性的调节作用。Nauman 等人（2018）虽然既分析了情绪耗竭在领导专制行为与员工职场偏差行为间的中介作用，又分析了特质性愤怒对领导专制行为与员工职场偏差行为间关系的调节作用，但是调节效应仅局限于对主效应的调节，而未考虑有中介的调节效应。国内学者钟慧（2013）的研究发现，破坏性领导对员工职场偏差行为具有正向预测作用，工作压力在破坏性领导预测员工职场偏差行为中起到中介作用，组织公平感在专制自私型领导预测职场偏差行为中起到调节作用。但是她的研究以检验破坏性领导量表在中国的可用性为前提，对中国情境与中国企业文化深挖不足，并且研究样本主要来自中国南方的国有企业，研究样本的代表性不够。

综合上述研究成果,学者们普遍认为负性领导行为(如典型表现如辱虐管理、破坏性领导等)是引发员工职场偏差行为的重要原因。二者关系的中介变量有公平感知(Tepper,2007)、心理成长与幸福需求(Aquino & Thau,2009)等,员工性格、组织不确定性等因素会对负性领导行为与员工职场偏差行为间关系发挥调节作用。

综上所述,虽然负性领导行为与员工职场偏差行为间的正向相关关系已经得到不少实证数据的证明,但是关于负性领导行为对员工职场偏差行为的影响机理仍莫衷一是。同时,已有研究成果主要以私营部门为研究情境,鲜有专门针对公共部门情境的研究成果。同时已有成果分别关注中介作用与调节作用的成果较多,但是将中介作用与调节作用结合起来进行研究的成果比较缺乏。上述研究不足为本研究开展专门针对政府组织情境、结合中介变量与调节变量、深入挖掘负性领导行为对基层公务员职场偏差行为影响机理的研究提供了空间。

四 研究现状述评

国内外有关企业员工职场偏差行为的研究成果均比较丰富,主要集中在维度与测量、影响因素与影响结果三个方面。对于企业员工职场偏差行为维度与测量,尽管较多国内外学者相对认可 Robinson 和 Bennett(2000)的二维结构,但是也有学者提出各自的维度主张,特别是国内学者针对中国情境的本土化结构与测量研究成果比较突出。这说明,职场偏差行为的结构与测量对情境的依赖性比较强,不同文化背景下职场偏差行为的结构维度有所差异。也就是说,公务员职场偏差行为研究同样应考虑文化背景与组织情境对结构维度与测量的影响。关于影响因素的研究成果最为丰富,国内外学者的研究偏好却存在差异,其中国外学者相对注重个人特征因素,国内学者则相对关注组织因素;综合国内外研究发现,国内外许多学者致力于负性领导行为对职场偏差行为的影响研究。这启示我们,对我国基层公务员职场偏差行为影响因素的研究也需多关注组织因素,尤其是负性领导行为。最后,学者们对于企业员工职场偏差行为影响结果的研究关注度稍弱于维度与影响因素的研究,国内学者对如何规避职场偏差行为更感兴趣,多是结合维度结构与影响因素提针对性对策建议。这一点值得借鉴。

相对于针对企业员工职场偏差行为研究成果比较丰富而言，国内外学者针对公务员群体的职场偏差行为的研究成果都比较缺乏。在已有相关研究中，大部分成果仅在研究对象上体现了将公务员作为被测量对象，而针对公务员职场偏差行为的概念、结构维度、测量工具、影响因素等方面尚未有较成熟的成果体现，国外的相关研究尤其如此。少数国内学者已经开始就公务员职场偏差行为的概念、维度、测量工具、影响因素进行专门探索。从这些研究的结论来看，一方面，我国公务员职场偏差行为与企业员工职场偏差行为在内涵与结构、影响因素等方面存在较大区别。换言之，基于我国政府组织背景进行专门针对公务员职场偏差行为的相关研究是有必要的。另一方面，国内学者的这些本土化探索与国内情境（如中国传统文化及当前政治、经济、社会背景等）的结合仍然不够，加之总体的既有研究队伍与研究成果偏少，因此我国公务员职场偏差行为研究仍然具有在内涵与结构、测量工具、影响因素、规避对策等方面的本土化、情境化探索空间。

就负性领导行为对员工职场偏差行为影响的研究而言，目前，已有一些学者做了一定研究，且相对一致地认可二者的正向相关关系，但是对于负性领导行为如何影响员工职场偏差行为这一问题却存在诸多答案。现有研究的影响机理多从人格特质、情感承诺、负面情绪等角度切入，视野相对局限于员工个人情感因素，而忽视了工作动机、家庭等因素的考量。并且现有关于负性领导行为与职场偏差行为间关系的研究要么关注中介效应、要么关注调节效应，而将二者结合起来的研究甚少。并且，在关注调节效应的研究中，已有研究一般只有一个调节变量，而缺乏多调节变量的研究。另外，上述相关研究基本上都是针对企业员工，鲜有针对公务员的研究成果。正如 Tepper 等人（2009）所提到的，有关离职倾向对辱虐管理与职场偏差行为间关系的影响会因文化而有所差异，特别是那些权力距离较大的文化环境。鉴于中国公共部门中领导—下属关系的特殊性，深入挖掘负性领导行为对基层公务员职场偏差行为的影响及其作用机理则显得更为重要。

综上所述，未来有关基层公务员职场偏差行为的研究可重点关注以下两方面内容。

第一，系统建构基层公务员职场偏差行为的结构维度。尽管已有不少学者探索了企业员工职场偏差行为的结构维度，但是学者有关员工职场偏差行为维度的研究并未达成一致的结论，这表明职场偏差行为结构维度是一个具有争议且值得研究的内容。具体到公务员职场偏差行为结构维度的研究，虽然国内一些学者（如黄蝶君团队、李景平团队）已经开始关注公务员职场偏差行为的维度，但是基于以下两方面原因已有维度还不能满足基层公务员职场偏差行为的研究需要：其一，部分符合定义的基层公务员职场偏差行为仍被置于已有维度框架范围之外。基层公务员一些常见的违反组织规范的行为，例如，不注重维护政府的形象、阿谀奉承等，如果依据 Robinson 和 Bennett、Stewart 等人的经典二维或三维度划分，或者韩锐和李景平的公务员职场偏差行为五维划分，仍然找不到对应的维度，但是这些行为违反了公务员职业行业规范，具有主观故意性，且对组织或组织成员的利益造成一定损害，从定义上判断属于职场偏差行为。这就是说，已有维度尚未覆及基层公务员全部职场偏差行为，特别是尚未有研究提及那些违背政治立场的职业行为，而这一点对我国基层公务员来说尤其重要。其二，尚没有对基层公务员职场偏差行为维度构建的系统研究，这里有必要强调"基层公务员"和"系统"两个限定，强调基层公务员是因为基层公务员与非基层公务员因职位特点及相应权力不同而表现出的职场偏差行为有较大差异，强调系统是因为已有维度探索仅呈现出维度结果而并未给出严谨周详的维度建构过程。对此，本书在借鉴和参考相对成熟的企业员工职场偏差行为维度研究成果和已有国内公务员职场偏差行为维度探索的基础上，尝试依据比较严谨的研究方法与研究过程建构基层公务员职场偏差行为的维度。

第二，探索负性领导行为对基层公务员职场偏差行为的影响机理。虽然已有不少学者关注负性领导行为与职场偏差行为间关系，但是既有相关研究大多仅关注中介效应或仅关注调节效应，而将中介效应与调节效应结合起来分析的研究成果比较欠缺。同时，既有研究往往从个人特征、组织特征、家庭特征等独立因素来研究负性领导行为对职场偏差行为的影响，而将这些不同因素结合起来的系统性研究成果不足。对此，本书在剖析负性领导行为对基层公务员职场偏差行为的影响机理时，注重既将中介效应与调节效应结合起来，又将组织因素、个人因素、家庭因素等结合起来,从而弥补上述两个方面的研究不足。

第二节 相关理论

一 官僚制理论

官僚制(theory of bureaucracy),又称科层制,是一种区别于君主制、贵族制和民主制的政体类型(阿尔布罗,1990:6)。早期的官僚制理论产生于19世纪及更早时期,代表性人物如19世纪的德·古尔内、克劳斯、密尔等思想家以及20世纪上半期的一些思想家如哈罗德·拉斯基、非纳、夏普等。这一时期,人们以批评官僚制为主,认为其损害了公民的普遍自由,采用的是一种实证主义哲学的思路。现代意义的官僚制理论产生于20世纪初,以马克斯·韦伯构建的系统的官僚制组织理论体系为标志。韦伯发展了前人对官僚制的研究方法,采用严格的实证主义哲学思路,注重从行政和技术层面对官僚制进行研究。在韦伯的学术视野里,官僚和官僚制不再是批评和贬损的"弹药库",它以组织分析为出发点、以"理性化"为中心、以法律规范为控制手段,"理性官僚制"对现代社会既是必然的也是必要的,只不过因支配的方式、行为的动机以及组织的"正当性"基础不同使得官僚制在不同的历史时期有不同的表现。自从韦伯建立理性官僚制的模型以来,西方官僚制理论研究就逐渐走上了理性化和规范化的道路,并逐渐形成一个成熟的理论流派,一直绵延到当代。韦伯也因此被认为是官僚制组织的设计者(张康之,2001)。韦伯之后,默顿、克罗齐埃等思想家深入思考了官僚制的功能失调问题,米歇尔斯等思想家着重对官僚制与民主之间的不相容性进行了分析,阿伦特、鲍曼、哈同马斯等思想家反思了官僚制深层次的文化伦理问题(邹珊珊,2004)。这些学者为官僚制理论的成熟做出了贡献。

官僚制理论的核心内容是关于官僚制组织的特征,主要是:第一,合理的分工与层级节制的权力体系。这一特征对应韦伯官僚制理论中层级明确、责权界限明确两个方面。官僚制意味着一整套始终如一的严格执行的指挥和服从关系,官僚制组织则是一个等级实体,具有等级与权力相一致的特征;组织内部设有若干管理层级,拥有有不同权力结构,处理不同范围的行政事务,形成一个"金字塔"状的结构。自"金字塔"

顶端层级一级一级往下，决策权一级一级减少、具体执行功能则一级一级增强。同时，上级机关对相应的下级机关在财物使用、人事调配、资源配置等方面具有相应的监督与控制的权力，下级机关服从上级机关的命令与管理。也就是说，官僚制组织将各种公职或职位按权力等级组织起来，形成一个指挥统一、自上而下、层级节制的权力体系。第二，依照规程办事的运作机制。具体而言，官僚制组织应该具有法理化和专业化、制度明确、法理化遵从三个特征。在韦伯的理想设计中，存在着固定的、根据法律制定的规章制度。详细的规章制度规定了一整套规则和程序来规范组织及其成员的管理行为，这些规则和程序是根据合理合法的原则制定的，它们具有稳定性，可以保证整个组织管理工作的一致性和明确性。官僚机构的设置、人员分配、财产管理、任务分工等都要有明确的规则去调节和管理，接受法理化规则的节制。第三，非人格化的组织管理。"不考虑特定的人和情况"是官僚制的格言（基恩，1992：40）。依据韦伯的理论观点，"非人格化"意味着官僚制中的管理机构听从需要它们提供高效服务的权力的支配、严格依据受规则约束的照章办事，不带私人情感的超脱态度，平等地对待所有的人，在行政事务中做到公正。非人格化的制度保证行政工作的一致性、可靠性和可预知性。

我国基层政府组织的官僚制组织特征比较明显。本书对于公务员职场偏差行为研究的一个旨趣在于突出基层公务员职业特征与组织情境特点，这也就势必要结合官僚制组织特点对基层公务员行为的影响。因此，官僚制理论具体用于本书识别实践中基层公务员职场偏差行为表现，同时用于检验本书所构建基层公务员职场偏差行为结构维度的合理性。但仍需指出的是，我国行政组织形式虽然表现出典型的官僚制特征，却并非完全与上述理性官僚制特征一致。李金龙和武俊伟（2016）将我国传统官僚制的特征描述为多层节制的组织结构、公务员数量和结构呈非职业性与非均衡性、组织职能混乱、组织管理手段的人格化、封闭保守且官本位盛行的组织文化五个方面。本书认为这一结论比较符合我国官僚制组织的特征。官僚制的流弊造成基层公务员在履行职责或是工作期间的职业行为容易偏离组织规范。这主要体现在：层级节制的效率悖论易导致基层公务员低效、怠惰以及消极协作；组织职能混乱与单一规制化可能导致基层公务员工作推脱；非人格化组织管理不到位导致基层公务员容易滥用公权或缺乏服务意识。

二 资源保存理论

资源保存理论（conservation of resources theory，COR）最早由 Hobfoll（1988，1989）于 20 世纪 90 年代末提出，是压力模型的一个分支，试图将环境与个人认知、行为连接起来。Hobfoll 之所以提出新的压力模型，是因为他对压力有一些不同于当时主流模型的理解与思考。Hobfoll 将心理压力定义为对环境的反应，他认为当出现有（a）资源的净损失的威胁、(b) 资源的净损失，或（c）在投入资源却未获得资源收益时，都足以产生压力。这也就是说，资源保存理论认为压力是在失去资源（或具有潜在失去威胁）后才被定义为压力，这既是该理论的一大重要理论主张，也是与 Lazarus 和 Folkman 的压力评价理论（stress-appraisal theory，Lazarus & Folkman，1984）的重要区别所在。压力评价理论主张压力是个体感知，而资源保存理论则强调压力的具体性或非预测性等客观性质。在此基础上，Hobfoll 提出了以资源为核心、以揭示和解释压力情境下个体心理与行为为旨趣的资源保存理论。

Hobfoll 在其最新的论文中系统总结了资源保存理论的一系列原则与推论（见表 2-4）。资源保存理论的基本理论假定是"人们会努力维持、保护和建立资源，这些有价值资源的潜在或实际损失会对他们构成威胁"。显然，资源是 COR 框架的核心。原始命题中的资源被广义地定义为包括"个体看重的，或是能够服务于某一目标的那些物品、个人特征、条件及能量"（Hobfoll，1988：516），即将资源划分为物质性资源（与社会经济直接相关，如汽车、工作工具）、条件性资源（为个体获得关键性资源创造条件，如朋友、任期）、个人特征（决定个体内在抗压能力，如自尊、自我效能）和能量性资源（帮助个体获得其他三种资源的资源，如学识、信用）四类（Hobfoll & Lilly，1993）。随后 Hobfoll 和 Shirom（2001）进一步将资源全面具体化为 74 种资源，其中包括个人交通工具、良好的婚姻、稳定的就业、退休保障等。个体重视这些有价值的资源，当面临正在失去或潜在失去的威胁时，会感到压力。人类的行为动机在于获取和保存生存资源以满足进化需要，这也是资源保存理论所秉持的一个基本观点。

资源保存理论的核心观点由四个原则构成。原则 1 强调资源保护的首要性，即个体在面临资源损失时，倾向于首先采取行动防止资源的继续丧失，这是因为资源损失在数量和时间上造成的影响比资源获取都要大。原则 2 强调资源补充与投入的重要性，即人们在资源止损、恢复以及获取时都需要补充和投入资源，这包括直接替换（如以储蓄来弥补损失）与间接投入（如提高员工技能以备不时之需）。原则 3 揭示资源获取的重要性（与原则 1 存在一定悖论），即在资源损失情况严重时，获取资源的价值与重要性增加。原则 4 揭示当资源被耗尽时的个体行为特征，尽管防御性方式看似不合理，但有可能因为压力源组成而催生一种新的应对策略。

同时，资源保存理论揭示了资源的丧失螺旋（loss spiral）与增值螺旋（gain spiral）两种效应。丧失螺旋是指"缺乏资源的个体不但更易遭受资源损失带来的压力，而且这种压力的存在致使防止资源损失的资源投入往往入不敷出，从而会加速资源损失"（Dohrenwend，1978）。丧失螺旋的出现源于缺乏弥补损失的资源。增值螺旋是指"拥有充足珍贵资源的个体不但更有能力获得资源，而且所获得的这些资源会产生更大的资源增量"（曹霞、瞿皎姣，2014）。基于这两种效应，资源保存理论提出了三个重要的理论推论（见表 2-4）。其中，推论 1 揭示了资源拥有与缺乏脆弱性和弹性的一面，推论 2 则阐释资源损耗的螺旋性质，推论 3 是关于资源增值的螺旋性质，并且丧失螺旋在数量和形成速度大于或快于增值螺旋。

资源保存理论的贡献在于陈述了个体在面对压力和不面对压力时的行为，可以预测人们在面对压力时心理与行为。根据资源保存理论，当面临压力时，通过该模型预测个体内的资源净损失，力求最小化资源净损失。这也可能体现在其他可用资源的使用上，以取代耗尽的资源（Park et al.，2014）。如果无法进行这种替换，个人可能会简单地退出这种情况，以防止进一步的资源损失（Whitman et al.，2014）。Hobfoll 将资源保存视为一个动态过程，并将其划分为三个阶段：第一阶段，个体感知到资源损失威胁；第二阶段，个体进行资源投入，以应对资源损失或潜在损失威胁；第三阶段，资源的螺旋效应出现。资源保存理论在组织行为学中的应用十分广泛，特别是有关压力的研究（Westman et al.，2004）。

表 2-4　　　　　　　资源保存理论的原则与推论

基本原则：个人（和团体）努力获得、保留、培育和保护那些他们极为重视的东西
原则1：损失原则的首要地位。资源损失比资源增益更突出
原则2：资源投入原则。人们必须投入资源以防止资源损失，从损失中恢复及获得资源
原则3：增益悖论原理。在资源损失的背景下，优先考虑获取资源。也就是说，当资源损失情况高时，资源获取变得更加重要——因为它们获得价值
原则4：绝望原则。当人们的资源被耗尽或枯竭时，他们进入一种防御模式来保护自我，这种防御模式通常具有防御性、攻击性，并且可能变得不合理
推论
推论1：资源越多的人越不容易受到资源损失的影响，越有能力获得资源。相反，缺乏资源的个人和组织更容易受到资源损失的影响，并且获取资源的能力较低
推论2：资源损耗周期。因为资源损耗比资源获取影响更大，并且由于资源损耗导致压力产生，所以在压力的每次迭代中，个人和组织用来抵消资源损耗的资源呈螺旋形减少，而且这类丧失螺旋在动量和数量上都增加
推论3：资源增值螺旋。由于资源增益既小于资源损耗，又慢于资源损耗，资源增益螺旋趋于弱化，发展缓慢

资料来源：Hobfoll, et al., "Conservation of resources in the organizational context: The reality of resources and their consequences", *Annual Review of Organizational Psychology and Organizational Behavior*, Vol. 5, 2018, pp. 103 – 128。

在本书中，资源保存理论具体用于提出负性领导行为对职场偏差行为影响机理理论模型的假设。本书认为，以资源保存理论研究负性领导行为对基层公务员职场偏差行为影响机理是合适的。首先，根据 Hobfoll 关于资源的广义界定或是 Halbesleben 等将资源定义为"个人认为有助于实现其目标的任何事物"（Halbesleben et al., 2014：1338），在本书中，无论是领导行为反映出的主管支持信息，还是基层公务员来自家庭对工作的支持，抑或是基层公务员自身的职业发展抱负，这些都是于基层公务员实现工作目标与职业发展相关的事物，属于资源保存理论中关于"资源"的界定范畴。其次，主管支持作为一种工作资源，则负性领导行为可以被认为是主管支持资源这一工作资源的流失。资源流失一方面造成心理紧张（如产生情绪耗竭），另一方面也会因丧失螺旋而造成资源进一步流失，从而导致职场偏差行为。最后，家庭支持可以被认为是外部资源的补充，而职业发展抱负则是内部资源的补充，二者的实质都是基层公务员职场中的资源建立与补充，因而将产生一定价值，并帮助实现基层公务员的工作目标（如减少职场偏差行为）。

三 社会交换理论

社会交换理论（social exchange theory）研究的是人的社会性行为之间的交换，被认为是"理解工作场所行为的最有影响力的概念范式之一"（Cropanzano & Mitchell，2005），是社会心理学或社会学领域的典型理论成果（Homans，1958）。

一般认为，社会交换理论的思想来源于古典经济学、人类学、心理学行为主义及社会学等多个学域。古典经济学代表人物亚当·斯密在《国富论》有关分工的部分提到，人类社会为了获取稀缺资源而本能地进行相互交换，这一自发倾向进一步产生了分工（斯密，2015：12－13）。这一主张说明，交换行为是一种自发行为，其目的在于获取资源。此外，古典经济学者主张功利主义的交换思想，即自由竞争市场的个体与他人进行交换时，会理性地计算得失以达到物质利益或效用最大化。特纳认为，正是源于社会学家对古典经济学的功利主义假设的借用与修正，社会交换方成为系统理论。人类学的研究将社会交换拓展为一种社会整合的要素（特纳，2001：258－259）。人类学家弗雷泽（2010）通过研究澳大利亚土著风俗习惯而总结出的经济动机法则、马林诺斯基（2009）提出的非物质交换论、莫斯（2005）对交换结构所做的拓展等无不体现了这一观点。心理学家巴甫洛夫的条件反射理论和斯金纳的操作反射理论表明酬赏与惩罚对个人行为的重要性（冯小东，2014），而且行为主义中诸如"酬赏""刺激"等重要概念为现代社会交换理论所吸纳。此外，社会学家马克思在其辩证冲突理论中阐述了资本家和工人用各自拥有不同等级资源进行交换的情形，并探析其交换动因，这也成为社会学的交换论所持有的理论主张。齐美尔的交换思想是早期交换论中最为成熟的，他在《货币哲学》（2002）一书中洞察到使用不同评价标准对社会关系形式的影响，其交换思想被整理成价值原则、权力原则、张力原则等一系列抽象的交换原则。

自20世纪50年代末开始，交换理论渐趋成熟，并成为富有特色、影响广泛的社会学理论。这主要归功于哈佛大学霍曼斯、哥伦比亚大学布劳及华盛顿大学埃默森等学者陆续提出各自理论主张,推动现代社会交换理论蓬勃发展。并且,也因为这些学者各自的学说思想存在差异而形成了不同的社会交换理论流派。

霍曼斯的行为主义交换论受心理学行为主义的影响,将交换理论与互动理论结合在一起。霍曼斯认为,人们的行为目的无非在于获得报酬和逃避惩罚,且人们的交往行为遵循利益最大化的原则(Homans,1958)。他借用了大量的经济学概念(如行动、互动、情感、刺激、报酬、成本、投资和利润)来阐释其理论命题。这一系命题被后人总结为成功命题、刺激命题、价值命题、剥夺/满足命题、攻击/赞同命题、理性命题。① 此外,霍曼斯表明了其对于社会交换中公平性的倾向,认为应依据分配公平性原则规定成本和报酬、投资和利润的具体分配比例。尽管后人非常认同霍曼斯以行为主义为作社会交换理论支柱的做法,但也对其经济人假设、还原主义②做法、未认识到社会结构的整体性等方面提出了怀疑或批判。

布劳的结构主义交换论综合了经济学、社会学和心理学的理论,致力于从较为简单的人与人之间的交换过程中推导出复杂的社会结构或社会过程。布劳的理论区分了微观社会中的社会交换(也就是个人与个人层次的交换)③、微观向宏观过渡的社会交换(即个人与团体之间的社

---

① 成功命题是指某人的一个行动越是经常得到酬赏,他就会越有可能进行这种行为。刺激命题是指如果以前某一特定刺激或一系列刺激的出现都使某人得到酬赏,则当目前的刺激与该刺激越是相似,他就越有可能进行这种行为或相似的行动。价值命题是指对个体来说,其行动的结果越是有价值,他就越有可能从事这种行动。剥夺/满足命题是指某人最近越是经常得到一种特定的酬赏,则对他而言,这种酬赏的增加就越没有价值。攻击/赞同命题是指当一个人的行为没有得到所期待的酬赏,或者得到意料之外的惩罚,他或她会非常愤怒并可能做出攻击性的行为,而这种行为的结果对他就更有价值。理论命题是指当一个人的行动得到了预期的酬赏,尤其是比预期的酬赏更大,或者没有受到预期的惩罚,他或她就会很高兴,并更有可能认可他人,这种行为对结果对他更有价值(参见[美]乔纳森·H. 特纳《社会学理论的结构(上)》,邱泽奇等译,华夏出版社 2001 年版)。
② 这里的还原主义是指霍曼斯试图用个体层面的心理学命题去解释社会层面的制度与结构。
③ 其主要观点是,个体基于彼此间相互吸引而建立起社会关联,这主要通过各自提供内在报酬或外在报酬进行交换来实现。内在报酬主要包括爱、敬仰、情感、愉悦等内在意义,而外在报酬则主要指可明确的外在利益。

交换)①、宏观社会中的社会交换（团体与团体之间的交换）② 三个方面的交换关系（布劳，1988）。同时，布劳发展了一种辩证的方法，强调在交换中产生整合的倾向下，存在对立的力量和潜在的冲突，并据此提出了一系列冲突的命题（特纳，2001：287）。布劳认为因交换中一方没有得到相应的报酬而产生的剥夺感是导致冲突和变迁产生的根源。总体而言，布劳的理论存在以心理学立场解读一切现象、未探究共同价值和社会冲突、不公平产生的根源等不足，但是其动态看待社会现实、将微观与宏观结合起来的研究视角使得其理论学说脱颖而出。

埃默森的社会交换网络理论在沿用行为主义社会心理学基本观点的基础上，发展关于基本交换过程的形式社会学。他认为社会交换理论的研究对象不应是交换者本身，而应是个人与个人之间的关系。对此，他把网络分析引入社会交换论，试图通过使用网络分析技术、严谨的理论结构和概念分析社会交换过程。埃默森以行动者为研究对象，他的交换关系要具备三个条件才得以形成：一个行动者注意到交换机会的存在；主动交换；交换行为是相互有利的来往。总体来看，埃默森的理论主张弥补了霍曼斯与布劳两人理论的最大不足——过分强调个人角色与理论结构混淆不清（谢清隆，2011：26），开辟了社会交换理论的一条新的研究路径。

由此可见，虽然不同社会交换理论家对交换关系及原则的理解与侧重点有所差异，但其关于社会交换关系的核心观点是有默契的。社会交换理论的一个基本原理为交换关系会随着时间的推移逐渐演变为信任、忠诚和相互承诺。为此，各方必须遵守某些交换规则。交换规则形成了"在交换关系中参与者之间形成或被交换关系中的参与者采用的情况的规范性定义"（Emerson，1976：351）。这样，交换规则和规范就成为交换过程的"准则"。

互惠原则是在交换关系诸多原则中受到研究者们关注最多的一项。社会交换理论认为，互惠规范应成为人们普遍遵守的准则与文化公理，

---

① 布劳认为，社会互动过程首先表现在社会团体之内，即一方面人们由于社会吸引和个人社会期望的原因渴望加入社会团体，为了能够被接纳，他们付给团体报酬，如生产劳动。另一方面，团体为了吸引和留住成员，也要付给团体成员一些报酬，如薪资。

② 布劳认为，整个社会中，大部分成员之间没有直接社会互动，而依托于各种社会团体。社会团体之间的互动需要以共同价值和制度化为沟通中介，他们也是宏观社会结构的维系所在。

违反互惠原则的一方应遭到惩罚。同时，"互惠"代表交换倾向，既包括积极的互惠取向，也包括消极的互惠取向（Uhl-Bien & Maslyn，2003）。实验研究表明，个人的互惠偏好影响行为和信息选择（Perugini & Gallucci，2001）。Eisenberger 等人（2004）的研究结果显示，负互惠高度高的个人会相对恶意地看待他人，且更易愤怒。总之，互惠原则为员工与其雇佣组织（与主管、同事等）研究提供了一条有效的途径（Cropanzano & Mitchell，2005）。

总体而言，社会交换理论定义了行为交换的基础概念和所依循的准则及行为交换的结果，亦即社会性关系和社会结构，是解释企业组织中员工行为的重要基础理论（Cropanzano & Mitchell，2005），为研究组织行为、组织关系提供了理论依据。Dulebohn 等人（2012）称社会交换理论是过去 50 年中组织生活问题中应用最广泛的理论之一。组织行为学的已有相关研究表明，社会交换理论在企业管理领域已经得到广泛应用。政府组织与企业一样，也是一种社会性组织，组织中基层公务员的行为也具有社会属性，因此，成熟的社会交换理论对于基层公务员行为的研究具有较强的解释力。具体而言，本书在考察基层公务员与组织及组织中其他成员的关系时，将吸收和依据霍曼斯的攻击/赞同命题、理性命题、有关公平的观点和布劳的互惠原则、公正原则和一系列对立与冲突观点等理论主张。

四 权力—依赖理论

权力—依赖理论（power-dependence theory）由美国社会学家埃默森于 1962 年提出，是对行为主体间社会关系的深度探究。从一定程度上来说，埃默森关于权力—依赖关系的观点是其社会交换论的组成部分。但是由于研究需要，本书单独对其进行介绍。Emerson 在《权力—依赖关系》（1962）、《交换理论第一部分：社会交换的心理基础》和《交换理论第二部分：交换关系和网络》（Emerson & Richard，1972）中对社会互动中的权力与依据关系进行了较为系统的阐述。他认为，权力与依赖是不可分割的两个概念，权力大小是通过依赖程度来衡量的。具体来说，一方对另一方的依赖是指一方能够控制或影响另一方行为，也就意味着一方在一定程度上能够给予或拒绝、促进或阻碍另一方的满足或获得感。

简而言之，权力隐藏于其他人的依赖之中，这是权力—依赖理论的一个核心观点。在此基础上，Emerson 进一步指出，行为人 a 对行为人 b 的依赖程度与 a 为实现目标进行的动机性投入所受 b 的影响成正比，与 b 的可替换性成反比。置言之，影响权力—依赖关系的两个要素是目标实现的影响力与可替代性。这是权力—依赖理论的第二个核心观点。根据这一思路，权力被定义为潜在的影响力。例如，a 相对于 b 的权力是指 a 可能克服的、来自 b 的依赖性。因此，Emerson 鉴于社会关系的互惠性提出，a 对 b 的权力大小等于 b 对 a 的依赖程度，b 对 a 的权力大小等于 a 对 b 的依赖程度。这是权力—依赖理论的又一个核心观点。

同时，Emerson 指出，当 a 对 b 的权力 > b 对 a 的权力，b 对 a 的依赖性 > a 对 b 的依赖性时，这种情况说明 a 与 b 的权力—依赖关系不平衡。他围绕决定权力大小的两个要素（动机目标实现的影响力与可替代性），提出改善这种不平衡关系的四种策略：动机性退缩①、扩展权力网络、凸显地位和形成联盟。此外，Emerson 在论述组织中的身位与层级时提到，行动者 b 对 a 的依赖性越小，越能自主地决定自己的行为，如离开组织。

在埃默森的权力—依赖理论提出来之后，有不少学者将其应用到零供渠道等领域从而扩大了理论影响，也有不少学者对其理论内容进行了扩展，他们都为权力—依赖理论的发展做出了贡献。Brown 等人（1983）较早地使用权力、依赖、冲突等概念探讨了零供渠道中供应商与零售商之间权力与依赖关系。在此之后，零供渠道研究成为权力—依赖理论运用最为广泛的一个领域。Heckathorn（1983）通过使用基于数学决策理论的正式谈判模型而得出的概念重新形成权力依赖理论，提出了克服原有理论过于依赖于人际效用比较的弊端。Molm（1989，1991）提出行为者在交换网络中的权力包括奖励的权力和惩罚的权力两种。对于在权力—依赖不平等关系中处于弱势的一方而言，惩罚是最有力度的策略，但惩罚效果受到关系中奖励力与惩罚力平均水平的影响。

从现有文献来看，权力—依赖理论被广泛应用于供应链管理、渠道关系的相关研究（龚金红等，2011）。事实上，权力—依赖理论主要用于

---

① 动机性退缩指权力劣势一方通过调整目标以减少权力强势一方对其目标实现的影响，从而减少权力弱势一方对权力强势一方的依赖。

分析社会互动双方的权力与依赖关系。本书涉及基层公务员与领导、基层公务员与组织的关系，这也进一步延伸到基层公务员与领导在组织中的权力与依赖关系，因而适合引用权力—依赖理论。在本书中，权力—依赖理论主要用于分析基层公务员职业发展抱负对负性领导行为与基层公务员情绪耗竭、职场偏差行为间关系的调节作用。

五 理论分析框架

本书以基层公务员为研究群体，以基层公务员职场偏差行为为研究对象，依据官僚制理论、资源保存理论、社会交换理论、权力—依赖理论等相关理论，探讨中国文化背景下基层公务员职场偏差行为的内涵、结构维度、前因变量等基本问题。结合文献梳理结论，本书在诸多影响因素中重点探讨负性领导行为的影响。

就现实发生逻辑而言，基层公务员职场偏差行为遵循"影响因素"→"行为表现"→"行为后果"的演进逻辑。在对基层公务员职场偏差行为进行系统研究时，遵循"结构化认知（建构维度结构）"→"负性领导行为的影响及机制（剖析影响机理）"→"应对策略（提出管理建议）"的逻辑。本书中，基层公务员的结构维度、影响机理、管理建议均属于基层组织系统内部的要素，三者均受基层政府组织情境的影响。本书对基层政府组织情境的分析以官僚制理论为基础，对于基层组织系统内部要素间的互动关系，则以资源保存理论、社会交换理论、权力—依赖理论等相关理论为基础。组织系统内部要素既包括基层公务员、领导等主要行为主体[①]，也包括基层公务员职场偏差行为、负性领导行为等组织行为。就建构结构维度、探索影响机理、提出管理建议三者内在关系而言，通过结构维度建构获得结构化认知、开发相应测量量表是进行影响机理探索与提出针对性管理建议的前提；影响机理探索则进一步验证了所建构的结构维度及测量模型；管理建议同时回应结构维度与影响机理的相关内容。

由于基层公务员职场角色的特殊性，基层公务员职场偏差行为的内涵、结构维度打上了一些独特印记，并与企业员工职场偏差行为有所区

[①] 其他行动主体如同事、前来办理业务的个人或组织。

别。对于一般意义的员工，组织规范对其职场角色要求主要体现为：达到组织最低工作质量与数量的要求；维护组织利益；不损害组织成员的利益。上述角色期望同样适用于基层公务员，但是除此之外，基层政府组织还赋予基层公务员其他一些职场角色，主要有：其一，不仅履行岗位职责，同时担负政治责任，即必须遵循执政党的价值要求，贯彻落实执政党的执政理念与原则要求，如马克思主义信仰、坚持中国共产党的领导、坚定政治立场等①；其二，代理执行人民赋予的公共权力②，并运用公共权力提供公共产品或公共服务；其三，从大局出发维护人民、社会、国家乃至民族的利益，承担维护公共利益的责任。基层公务员偏离上述角色要求的行为即被认为是职场偏差行为。

在基层政府组织情境中，与基层公务员联系最为紧密的主体是领导（既包括直接领导，也包括分管领导和上级领导等）。二者之间具有一定相互关系，如服从与指挥关系、资源供给关系、社会交换关系与权力—依赖关系等。上述关系奠定了基层公务员与领导组织行为之间关系的基础，其中也包括负性领导行为对基层公务员职场偏差行为的影响关系。依据官僚制理论，基层公务员与领导是一种服从与指挥的关系。在层级节制的官僚组织体系下，下级对上级负责、服从上级的命令。我国包括基层政府在内的各级政府组织普遍体现出较强的传统官僚制特征，如组织管理手段的人格化、封闭保守且官本位盛行的组织文化等（李金龙、武俊伟，2016）。这造成基层公务员与领导的官本位思想、身份等级意识较强，使得基层公务员与领导之间的服从与指挥关系更加强化，同时导致领导对基层公务员行为具有更大的指挥权与影响力。依据资源保存理论，领导支持是基层公务员职场环境中的重要资源，领导与基层公务员构成一种资源供给关系。③ 负性领导行为于基层公务员而言，其实质是领

---

① 在政党政治背景下，英美等国的事务官须遵守价值中立原则，为持有不同价值的执政党提供无差别服务。

② 公共权力是指"解决公共问题、处理公共事务的权力"。参见中国民主同盟吕梁市委员会编，刘本旺主编《参政议政用语集修订本》，群言出版社2015年版，第222页。

③ 事实上，领导与基层公务员互为资源供给。对领导而言，基层公务员是一类重要的工作资源。但是由于本书立足于基层公务员的视角看待问题，因此，此处主要关注领导对基层公务员的资源供给。

导支持资源出现损耗,对此,基层公务员需要根据自身情况采取应对策略,主要有防止资源进一步损失、获取资源、进入防御模式等,这些策略最终通过职场行为表现体现出来。依据社会交换理论,基层公务员与领导之间构在社会交换关系,二者之间的交往应该遵循互惠、公平等社会交换基本原则。基层公务员在面临负性领导行为后,会依据社会交换原则做对抗性行为,如职场偏差行为。依据权力—依赖理论,领导与基层公务员构成互为权力—依赖关系,其中基层公务员对领导的依赖大于领导对基层公务员的依赖,但是其权力与依赖程度受基层公务员自身职业发展抱负等因素的影响。这意味着,基层公务员职业行为不仅受领导行为的影响,同时其影响程度取决于基层公务员职业发展抱负等相关因素的影响。

综上,本书的理论分析框架如图2-1所示。

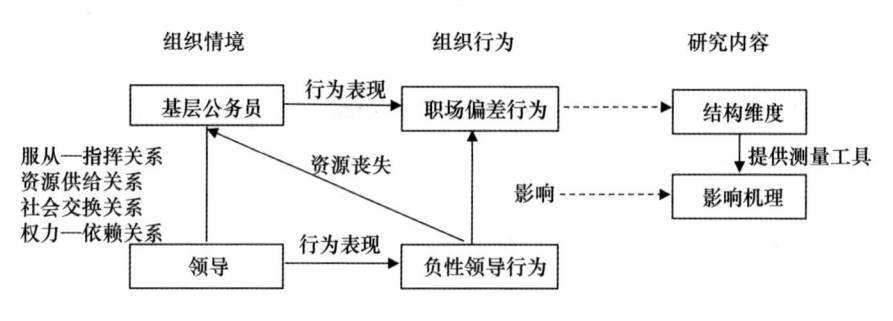

图2-1 本书的理论分析框架图

第三章

基层公务员职场偏差行为结构维度建构

本章的主要研究工作是建构基层公务员职场偏差行为的结构维度。首先，运用质性研究方法（扎根理论方法和内容分析方法）初步建构基层公务员职场偏差行为的结构维度。其次，以定量研究方法（探索性因子分析和验证性因子分析）完善与验证结构维度。最后，结合已有文献与实践，分析论证所建构基层公务员职场偏差行为结构维度的合理性。

第一节 结构维度建构的质性研究

一 基于扎根理论的维度探索

Glaser 将扎根理论方法的要素总结为阅读和使用文献、自然呈现、对现实存在但容易被注意到的行为模式进行概念化、社会过程分析、一切皆为数据和扎根理论不受时间、地点和人物的限制六个方面[①]。Strauss 和 Corbin（1994）认为，扎根理论方法的操作流程依次包括现象界定、文献探索、资料收集、数据编码、初步建立理论以及达到理论饱和条件后给出结论与建议，如果当初步理论建立后而理论尚不饱和时，则又重新回到资料收集程序并继续上述程序。本书主要遵循 Strauss 和 Corbin 所提出的流程与方法，对由深度访谈获取的经验性材料进行开放式编码（open

---

① 参见费小冬《扎根理论研究方法论：要素研究程序和评判标准》，《公共行政评论》2008 年第 3 期。

coding)、轴心式编码（axial coding）和选择性编码（selective coding）[①]，从而凝练出基层公务员职场偏差行为的结构维度。

（一）研究对象与资料收集

1. 访谈对象选择

参考学者的普遍做法（如叶超，2016；刘胜男，2016；曹蓉等，2017），采取深度访谈的方式获取一手原始资料。基于利益相关者原则，不担任领导职务的普通基层公务员、担任领导职务的基层公务员、公众是基层公务员职场偏差行为研究的相关主体，他们对基层公务员的观察与感知是基层公务员职场偏差行为表现与维度建构所需经验材料的重要来源，故将其作为访谈对象。选取基层公务员受访者时，除了考虑行政级别因素外，还综合考虑了受访者的性别、年龄、学历、职位类型、所在系统、所在区域等因素。选取公众受访者时，综合考虑了受访者的性别、年龄、城市、职业等因素。2017年6—8月间共访谈了25名基层公务员（其中8名为副科级）和10名公众。值得注意的是，由于并非所有基层公务员的职业行为都与公众有直接业务往来，且研究中的职场偏差行为感知主体和测量主体都是基层公务员自身，因此将访谈公众仅作为了解基层公务员职场偏差行为表现的辅助手段，公众受访者少于基层公务员受访者。对于何时停止搜集数据，判断依据来自卡麦兹的观点：除非是研究诸如关于人的本质或与已有研究存在矛盾的研究，拥有25个访谈研究对于小的项目来说可能是足够的（卡麦兹，2009：145）。本书中，当基层公务员受访者达到25位、公众受访者达到10位[②]以后，访谈对象很少再提供与研究相关的新信息或新概念，因此初步判断达到了理论饱和。

对访谈样本的人口学统计特征进行描述性分析，结果如表3-1所示。25位基层公务员受访者的男女比例、东中西地区分布与所在机关层级分布比较均衡。虽然受访者中工作年限相对较低（10年以内）的青年

[①] 另有学者将编码称为"登录"或"编译"。这里的编码与登录是对等的名称，形容对数据进行的标签化动作，还有学者将其称为"译码"（参见李晓凤、佘双好《质性研究方法》，武汉大学出版社2006年版）。这些词虽然名称不同，但其内涵大同小异。

[②] 由于公众只能提供他们与基层公务员有业务接触时的一些见闻与感受，也就是说，他们只能提供部分基层公务员的部分职业行为，故访谈信息内容相对比较集中，所访谈对象数量不必太多。

基层公务员所占比例稍高，但是样本基本包括了各工作年限阶段的基层公务员。从学历上看，大部分受访者为本科或研究生层次，这与公务员身份对学历的现实要求相符。并且，受访者学历较高对理解研究目的与意义、感知职场偏差行为、准确表达观点、积极参与受访过程有一定帮助，这对于访谈效果与实现研究目标有益。此外，基层公务员受访者主要分布于陕西、湖南、广东、上海，次要分布于山东、安徽、新疆等省（自治区），涉及党委群团、行政、人大、政协、法检等系统。总体而言，受访者具有一定代表性，符合社会调查研究的访谈对象选取要求。

表 3-1　　　　　　　受访基层公务员资料汇总

编号	性别	工作年限（年）	学历	行政级别	职位类别	层级	地区
01	男	6	研究生	科员	综合管理	县直	陕西
02	女	5	研究生	科员	综合管理	乡镇	湖南
03	女	3	研究生	科员	综合管理	县直	广东
04	男	2	研究生	科员	结合管理	县直	湖南
05	男	5	本科	科员	综合管理	街道	陕西
06	男	18	本科	副科级	行政执法	县直	上海
07	女	20	本科	副科级	专业技术	县直	上海
08	男	10	本科	副科级	综合管理	县直	广东
09	女	4	研究生	科员	综合管理	乡镇	山东
10	女	25	本科	科员	综合管理	街道	吉林
11	男	14	本科	科员	综合管理	乡镇	海南
12	男	15	研究生	副科级	综合管理	县直	新疆
13	男	2	研究生	科员	综合管理	县直	四川
14	男	6	本科	科员	行政执法	县直	陕西
15	女	20	中专	科员	综合管理	乡镇	广西
16	女	16	本科	副科级	综合管理	街道	山东
17	男	17	本科	副科级	综合管理	县直	浙江
18	女	7	本科	科员	行政执法	街道	安徽
19	女	8	本科	科员	综合管理	街道	辽宁
20	男	9	本科	科员	综合管理	乡镇	河南

续表

编号	性别	工作年限（年）	学历	行政级别	职位类别	层级	地区
21	女	4	研究生	科员	专业技术	县直	江西
22	女	10	本科	科员	行政执法	县直	宁夏
23	男	12	本科	副科级	综合管理	乡镇	江苏
24	男	26	大专	副科级	综合管理	街道	陕西
25	男	32	中专	科员	综合管理	乡镇	湖南

说明：1. 学历中本科包括全日制本科、函授本科，研究生则包括全日制研究生、在职研究生。2. 工作年限是受访者参加工作以来的总年限，但因存在受访者第一职业非公务员或是由事业编转为行政编等情况，故此工作年限与受访者具有公务员身份后的工作年限并不完全相等。

表3-2　　　　　　　　　受访公众资料汇总

编号	性别	年龄（岁）	学历	职业	地区
26	男	50	初中以下	农民	湖南
27	男	48	初中	村支两委	湖南
28	男	33	本科	企业职工	陕西
29	女	40	初中	个体户	陕西
30	女	71	本科	退休教师	上海
31	男	27	本科	创业者	上海
32	男	49	大专	企业职工	江苏
33	女	22	本科	学生	广东
34	女	30	研究生	事业单位	河南
35	女	58	高中	事业单位退休职工	宁夏

2. 访谈数据收集

采取半结构访谈法收集资料。访谈前，访谈员明确访谈目的、系统熟悉访谈操作流程及注意事项，访谈时依据事先准备好的半结构化访谈提纲进行提问。为克服地域障碍、提高效率，同时兼顾观察到对方的形象、神态、语气和动作等非语言行为，对18位受访者采用视频访谈形式，对另外17位受访者进行线下面对面访谈。访谈过程中，访谈员主要采用他评形式进行提问,以增加受访者的认同感;尽可能使用口语化、生活化和通俗化词汇(如"单位""打交道""打招呼"等);记录受访者的非语言行为(如神情、肢体动作等),以便后续研究挖掘理论。另外,在征得受访者同意的前提下,对35段访谈均进行了录音。为增强分析录音资料的信度,结合大卫·希尔弗曼(2009:190)在《如何做质性研究》一书中的建议做了以下工作:把录音转成文字稿时逐字逐句进行,不在语法或其他方面进行"清理";请至少两位进行过一致编码训练的独立编码员对同一份材料进行编码,对于编码员之间的不一致应视不同原因进行处理(因资料本身模糊的由两位共同确定编码,因编码类别间交叉的调整编码;编码错误的纠正错误);再次回放录音,补充第一次转录过程可能遗漏的一些温和谈话信息,如"嗯""是的""不"等,并考量是否需要调整编码,最终,整理出约12万字的文本资料。

(二)三级编码过程

1. 开放式编码

一级编码直接面向原始经验材料,要求研究者以一种开放的心态,尽量"悬置"个人的"倾见"和研究界的"定见",将所有的材料按其本身所呈现的状态进行编码(陈向明:2016:332),且尽可能使用材料中的本土概念[①]。登录的目的是从资料中发现概念,对其进行命名及类属化。类属化是指将编码过程中出现的许多低层次的概念经过处理、提炼聚拢成一类的动作(李晓凤、佘双好,2006:220)。卡麦兹(2009)认为,这一阶段的编码应紧贴数据,在数据片段中看行动,并对能够在数据中识别的任何可能理论保持开放。

根据这些要领,先对35份原始访谈文本按访谈时间顺序进行编号,其中01—25号为访谈基层公务员录音文本材料,26—35号为访谈公众录音文本材料。然后随机选取其中的17份基层公务员访谈材料和7份公众访谈材料,并对每份材料进行多次详细阅读、划定原始事件和登录码号(指从原始访谈材料中选择编码形成的代码),最终提炼出264条原始事

---

① 本土概念是指被研究者经常使用的、用来表达他们自己看世界的方式的概念。这些概念通常有自己的个性特色,与学术界或社会上一般人使用的概念不太一样(参见陈向明《质的研究方法与社会科学研究》,教育科学出版社2000年版,第284页)。

件记录及其相应概念。在进行这一操作时,我们注意遵循 Strauss（1987：30）提到的一些基本原则,即第一,综合选择逐词、逐句和逐个事件等数据分析单位,仔细登录访谈文本,避免遗漏重要信息。第二,留意受访者使用的可以作为码号的原话。第三,在编制码号时尽量使用受访者的原有词语。第四,对文本进行逐行分析时,不断反思这些资料与本研究有什么关系、这一事件可以产生什么类属、与这一事件类似的事件有哪些等问题。第五,及时标记可以进行比较的码号。通过这些研究工作,形成了不同的概念,再通过不断分析比较提炼出类属,并确定类属的属性与名称。在这一过程中,本书以"一致性""相似""重叠性"（Patel & Hamlin, 2017：165）标准对类属进行详审与推究。经过反复分析比较,最终形成 50 个概念和 25 个类属。限于篇幅,摘取出能代表 25 个类属的描述性文本 50 条,如表 3-3 所列。

表 3-3　基层公务员职场偏差行为开放性编码所形成的概念与范畴

A 类属/a 概念	原始事件记录（样本码）
A1 学习积极性差	
a1 缺乏学习计划	……单位领导一直没有制订年度学习计划,三天打鱼两天晒网。(07)
a2 学习形式化	……集体学习大部分都是上级党委要求开展,以读文件或者报纸、文章的形式为主,形式单一,很少进行交流讨论。(20)
A2 日常管理不严	
a3 考勤打折扣	……规定只要能按时上下班,就能按规定领取平时考核奖金,但是有些同事早上上班时就把当天的签到都签了,下午早早就下班回家,执勤的同事也睁一只眼闭一只眼。(12)
a4 从事无关事务	我们单位一些老同事和女性同事,上班以后经常是先看看报、看看新闻,然后就开始找各种话题聊天,或者给亲属朋友打电话聊天,无所事事,影响很不好。(23)
A3 工作效率低下	
a5 工作拖拉	我周围有好几个同事干工作不利落,喜欢拖拉,领导给他们布置写一个材料,总是拖到最后一天才开始写。(11)
a6 工作方法不当	去年我们单位以县委县政府名义,在省城宾馆承办一项大型招商引资工作,领导也没有什么经验,直接将这项工作基本上全权委托给一个会务公司,活动最后举办的不是很理想。(17)

续表

A 类属/a 概念	原始事件记录（样本码）
A4 工作质量低下	
a7 缺乏创新	我们单位的一把手年龄比较大，50多岁了，一直在乡镇工作，面对一些新事物，还沿用以前的老经验老办法，工作没有新意、死气沉沉的。（02）
a8 业务出错	我们镇上刚开始搞脱贫攻坚工作时，主要领导急于求成而盲目决策，在全镇大力发展大棚蔬菜，由于技术欠缺和对市场分析不足，造成了较大资源浪费和损失。（19）
A5 统筹协调不力	
a9 团队意识弱	……我们单位负责联系一个村，领导只是从单位选派了3名同事驻村联系帮扶，由于力量薄弱，团队力量没有充分发挥，最后我们单位在全县评比中排在了末尾。（14）
a10 沟通协调差	领导给一个新同事分配了一项工作，她没有及时向以前负责这项工作的同事请教，只是自己一个人埋头看资料、写方案，最后交给领导一个不成熟的方案。（03）
A6 工作推脱	
a11 业务推脱	有一次，我们镇长开会部署工作，由于其中一项工作的负责人因病请假，镇长要求另一名副镇长接替完成，但那名副镇长当场就以不熟悉这项工作、自己手头工作也很多为由拒绝了……（15）
a12 责任推脱	……每当领导表扬时，科室主任就说自己亲自制定方案、亲自部署等等，而当领导批评时，他就说自己不是很清楚，因为这项工作由某某同志具体负责，要问一下某某同志。（04）
A7 骚扰	
a13 言语骚扰	……领导会带头说黑色、黄色段子，还时不时和在座的女同事调侃几句重口味玩笑。（21）
a14 肢体骚扰	我们科室的领导很不自重、很不检点，总喜欢动手动脚的，比如摸头、拍肩，让我很反感。（10）
A8 情绪失当	
a15 发怒迁怒	有一次，我们领导因为一项工作完成得不好，被镇党委书记批评了，他回到办公室把我们几个同事劈头盖脸骂了一通。（19）
a16 埋怨牢骚	我们单位有个同事，当领导给他安排比较多的任务时，他就在办公室开始抱怨，埋怨领导不近人情、不公平……搞的周围同事都不知该怎么办。（22）

续表

A 类属/a 概念	原始事件记录（样本码）
A9 情感冷漠	
a17 不帮助	……同事之间关系比较浅，有次一个同事工作上需要大家帮助时，其他同事不表态、不行动，装作不知道。(13)
a18 不参与交往活动	我们单位有几个同事很孤僻，平时在单位基本不说什么话，也不到同事办公室串门、不和同事交流开玩笑，有时单位聚餐，他们也不参加。(06)
A10 掩饰虚伪	
a19 应付	我们领导很会应付人，当我在工作中有不同的建议或诉求时，他简单听我说完后，就表态说意见不错，单位会统筹考虑的，到最后也没有任何答复。(12)
a20 表里不一	有些同事总是嘴上一套私下一套，当面又吹又捧，背地里对你又损又踩，不值得信任。(20)
A11 小团体行为	
a21 排斥排外	……单位有几个派系，书记一派，镇长一派，他们这两个圈子相互打压，我作为一个外地人，很难融入这两个圈子，感觉很独立无援、很累。(23)
A12 打击报复	
a22 贬损造谣	……每当组织决定考察我时，单位就会有人跳出来造谣，说我为人苛刻，甚至有经济问题。(16)
a23 刁钻为难	我的分管领导很小气，容不得下属比自己干得好……会找机会发难，让我在领导面前出丑 (07)
A13 有拜金倾向	
a24 重物质不重精神	……我们单位的福利少了很多，加上我工资本来就少……工作没有动力了 (02)
a25 炫耀名牌	她到办公室第一件事是让我们评价她穿的衣服、鞋子或包包，以显示她穿的是名牌。(21)
A14 制度不自信行为	
a26 唱衰社会主义制度	尽管可能不应该，但我确实认为共产主义是个虚无缥缈的东西……(10)

续表

A 类属/a 概念	原始事件记录（样本码）
a27 鼓吹资本主义	我身边个别公务员总是对国家当前的现状不满，甚至总是拿美德日等发达国家作比较，认为西方的月亮比东方的月亮圆。(29)
A15 封建迷信	
a28 体现封建思想	我们负责信访的一位老同志经常背地里称那些信访群众为"刁民"，批评他们不老实。(14)
a29 宣传迷信思想	我们有一些领导和同事为了所谓的风水，专门买了鱼缸之类的东西放在办公室特定位置。(09)
A16 好人主义	
a30 隐瞒不报	我给我们领导报销过私人用途的发票，我们单位的人都知道，但是这种事情谁也不会说出来。(08)
a31 不提中肯意见	每次民主生活会，组织要求大家作批评与自我批评。大家都只讲一些不痛不痒的问题。(18)
A17 缺乏看齐意识	
a32 理论知识学习打折扣	我一个人要登我们办公室三个人的账号，替他们完成在党员小书包APP 的打卡及学习任务。(1)
a33 不能与中央保持高度一致	我们领导常把"上有政策，下有对策"挂在嘴边，甚至强调基层工作要学会变通、学会打擦边球。(13)
A18 名誉维护退缩	
a34 诋毁组织	我有个同事常常责怪组织压榨他的劳动力，经常用各种段子编排党和政府。(19)
a35 容忍诋毁	一些群众或同事当自己的面贬损党和政府，我只是笑一笑，不曾理直气壮地予以纠正。(25)
A19 缺乏历史情怀	
a36 忘记历史	有些公务员的水平很低，连建党或建国的时间与重大事件都不记得。(33)
a37 恶评历史	我最看不惯一些同事恶意评论一些历史事件，总是把一些因客观因素造成的问题归结到某某党和国家领导个人身上，把一些功勋卓著的领导人评的一无是处。(22)
A20 妄自尊大	
a38 恣意妄为	我们有同事会因心情不好……特意为难过来审材料和盖章的人，让别人来回修改三四次。(05)

续表

A 类属/a 概念	原始事件记录（样本码）
a39 搞特殊化	上周三，我们副镇长向书记建议食堂增设领导班子窗口，与一般工作人员分桌吃饭。(02)
A21 缺乏服务意识	
a40 不深入基层	我们单位的个别领导，很少下乡……一般只是派下边的人去了解情况或是打电话了解。(17)
a41 对群众缺乏同情心	负责民政工作的一个同事，他一般只嘴上应付前来寻求帮助的群众，而不会给予相应帮助。(24)
A22 迎合领导	
a42 吹捧领导	……个别同事总是找机会称赞领导，将本应属于集体的功劳都归功于某个并没出力的领导。(23)
a43 对领导唯命是从	……大家更不会发表意见，领导让干什么就干什么、让怎么干就怎么干。(13)
A23 权权交易	
a44 优亲厚友	……负责具体操作业务的同事，在涉及自家和亲友利益时，会暗中给予一些政策倾斜。(14)
a45 利益互置	就我所知，我们县上一个部门的主要领导为了感谢县政府一名领导在自己提拔过程中给予的帮助，将其一名亲属的子女从乡镇小学先是借调到县城小学，随后给其办理了正式调动手续。(27)
A24 权钱交易	
a46 收受好处	我们办公室主任负责单位后勤保障和财务工作，他办公室经常会来一些商家老板，这些老板每次来都会在档案袋中带一些高档烟、茶叶等，有时会直接给一些购物卡。(04)
a47 接受吃请	我们单位负责发展党员的同事，每次考察发展党员时，每天下午下班后基本都会被其他单位的人叫出去吃饭喝酒，以便请他在发展党员时留意关照一下。(03)
A25 侵占浪费	
a48 公物私用	……一些同事把单位配备的、办公用的笔记本电脑一直放在家中给他们的子女使用。(06)
a49 虚报冒领	……申报公租房时，几个新同事本来在城里有房，结果还是想办法申请和办理了公租房。(08)
a50 铺张浪费	……平时下班基本不关电脑等设备，一些同事打印文件没有规划，浪费纸张现象很严重。(20)

2. 轴心式编码

轴心式编码旨在发现和建立类属之间的各种联系,以表现资料中各个部分之间的有机关联(陈向明,2016:333),如因果关系、对等关系、差异关系、类型关系等,并进一步确定副类属和主类属及其之间的关联。Strauss(1987)指出,轴心式编码建立了"围绕类属之'轴'的密集关系网络"。因此,研究者在这一阶段对概念类属进行关联性思考,以增强访谈材料与概念之间的关联性,从而发展出能将众概念类属联系起来的主类属。在进行这一操作时,研究者努力做到保持高度的理论敏感性,不断比较和分析开放式编码提取类属在逻辑上的层次与关系,并经过多轮甄别和完善,最终形成11个副类属和4个主类属(见表3-4)。

表3-4 基层公务员职场偏差行为概念的轴心式编码分析

开放式编码提取类属	轴心式编码提取类属	
	副类属	主类属(维度)
学习积极性差	疏于自我管理	生产偏差①
日常管理不严		
工作效率低下	工作绩效低下	
工作质量低下		
统筹协调不力	消极工作协作	
工作推脱		
骚扰	人身攻击	人际偏差
情绪失当		
情感冷漠	人际退缩	
掩饰虚伪		
小团体行为	争名夺利	
打击报复		
有拜金倾向	信念信仰缺失	政治偏差
制度不自信行为		
封建迷信		

① 注:由于工作成果、工作产出、工作效率、工作绩效同样适用于基层公务员的工作,故该维度的取名沿用Robinson和Bennett(1995)对企业员工职场偏差行为对应维度的命名。同时,笔者认为,基层公务员与企业员工的生产偏差维度在内涵上具有较大的相似性。

续表

开放式编码提取类属	轴心式编码提取类属	
	副类属	主类属（维度）
好人主义	纪律规矩淡薄	政治偏差
看齐意识不强		
名誉维护退缩	组织维护不力	
缺乏历史情怀		
妄自尊大	官僚做派	权力偏差
缺乏服务意识		
迎合领导		
权权交易	公权私用	
权钱交易		
侵占浪费		

3. 选择性编码

选择性编码是指经轴心式编码阶段后，在已经发展好的若干个主要类属之间，借由阐明"故事线"而找出核心类属（李晓凤、佘双好，2006：220）。本书的核心类属是"基层公务员职场偏差行为"，其"故事线"由政府组织特点体现度和工作关联度两条坐标轴组成。其中，政府组织特点体现度是指该行为与政府组织权力、资源、政治价值要求等的契合程度，工作关联度是指该行为与工作执行、具体操作的契合程度。具体而言，生产偏差和人际偏差在私营组织中同样普遍存在，而权力偏差与政治偏差则主要存在于政府部门组织中。官僚做派、滥用职权、侵占浪费等权力偏差不同程度上体现了公务员不当使用公共权力。政治偏差指向基层公务员未达到执政党中国共产党所提出的政治要求。生产偏差与权力偏差反映出基层公务员对待工作的方式、方法、能力、态度等方面与政府组织要求存在差距，而人际偏差与政治偏差则反映出基层公务员在人际关系、政治纪律等非工作直接相关方面达不到政府组织要求。由此可见，"生产偏差""人际偏差""政治偏差""权力偏差"四个主类属对基层公务员职场偏差行为具有较好的解释力，其相互之间也具有较强的逻辑关系。

以此"故事线"为逻辑推演，构建了核心类属、主类属、副类属和

	政府组织特点弱	政府组织特点强
工作关联程度高	生产偏差 ● 疏于自我管理 ● 工作绩效低下 ● 消极工作协作	权力偏差 ● 官僚作派 ● 公权私用
工作关联程度低	人际偏差 ● 人身攻击 ● 人际退缩 ● 争名夺利	政治偏差 ● 信念信仰缺失 ● 纪律规矩淡薄 ● 组织维护不力

图 3−1 基层公务员职场偏差行为维度建构选择性编码"故事线"

概念类属的关联体系，勾勒出选择性编码图（如图 3−2 所示）。

（三）理论模型饱和度检验

根据扎根理论研究的操作要求，将其余 8 份基层公务员访谈记录和 3 份公众访谈记录进行理论模型饱和度检验，即采用相同的研究方法与操作流程对剩余的 11 份访谈记录进行编码与分析。结果显示，访谈记录资料中的概念与概念类属（开放式编码）出现大量重复，并且没有出现新的职场偏差行为维度。卡麦兹（2009）提出，如果对于一个理论类属，搜集更多的数据已经不再产生新类属或新见解时，就可以认为达到理论饱和。由此可见，上文通过三级编码后获得的 4 个主类属发展得较为完备，因而本书初步构建的职场偏差行为维度在理论模型上是饱和的。

（四）扎根理论的研究发现

本部分严格遵循扎根理论的操作程序，先使用理论抽样的方式收集数据，再通过三级编码对访谈文本材料进行整理和分析，在分析材料时保持对理论的高度敏感，通过不断地比较，最终产生由政府组织特点体现程度和工作关联程度两条坐标构成的"故事线"，进而形成基层公务员职场偏差行为的四个维度，即生产偏差、人际偏差、政治偏差和权力偏差。这四个维度中，生产偏差指向政府组织特征体现度较低、工作关联度较高的职场偏差行为。人际偏差指向政府组织特征体现度与工作关联度均比较低的职场偏差行为。权力偏差指向政府组织特征体现度与工作关联度均较高的职场偏差行为。政治偏差指向政府组织特征体现度较高、

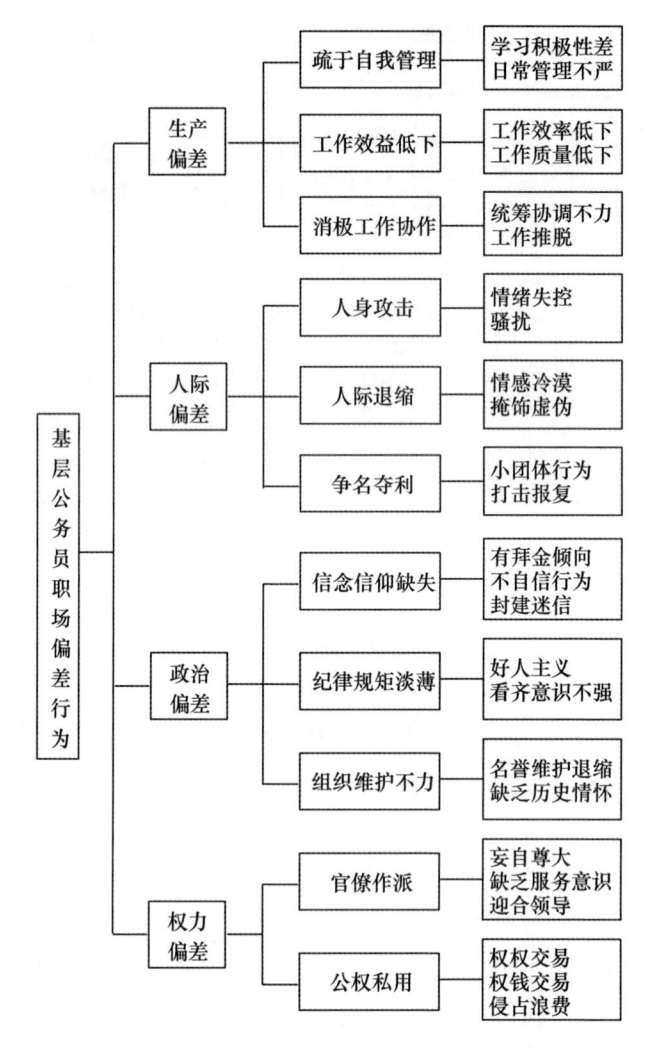

```
                              ┌─ 疏于自我管理 ─ 学习积极性差
                              │                 日常管理不严
                   ┌─ 生产偏差 ┼─ 工作效益低下 ─ 工作效率低下
                   │          │                 工作质量低下
                   │          └─ 消极工作协作 ─ 统筹协调不力
                   │                           工作推脱
                   │          ┌─ 人身攻击 ─── 情绪失控
                   │          │               骚扰
                   ├─ 人际偏差 ┼─ 人际退缩 ─── 情感冷漠
  基层公务员        │          │               掩饰虚伪
  职场偏差行为  ────┤          └─ 争名夺利 ─── 小团体行为
                   │                           打击报复
                   │          ┌─ 信念信仰缺失 ─ 有拜金倾向
                   │          │                不自信行为
                   │          │                封建迷信
                   ├─ 政治偏差 ┼─ 纪律规矩淡薄 ─ 好人主义
                   │          │                看齐意识不强
                   │          └─ 组织维护不力 ─ 名誉维护退缩
                   │                           缺乏历史情怀
                   │          ┌─ 官僚作派 ─── 妄自尊大
                   └─ 权力偏差 ┤               缺乏服务意识
                              │               迎合领导
                              └─ 公权私用 ─── 权权交易
                                              权钱交易
                                              侵占浪费
```

图3-2 基层公务员职场偏差行为选择性编码图

工作关联度较低的职场偏差行为。

二 基于内容分析的维度探索

基层公务员职场偏差行为的重要判别依据是约束基层公务员职业行为的政策性制度条例（即组织规范）。因此，在通过扎根理论从实践层面建构基层公务员职场偏差行为结构维度之后，有必要从组织规范文本中总结基层公务员职场偏差行为的可能表现及特征，以从理论层面进一步完善基层公务员职场偏差行为维度的建构。对此，我们认为以规范公务员职业行为的相关政策文本为对象的内容分析法是比较合适的选择。同时，内容分析法适用于从诸多行为规范文本中寻找行为特征内在规律的探索性研究，具有客观分析事实、帮助研究人员保持中立态度、持续处理大量长期数据、允许"试错"等方面的显著优势（刘伟，2014），能一定程度上弥补扎根理论研究方法的不足。因此，本部分采用内容分析法作为基层公务员职场偏差行为维度建构的一种辅助手段。

（一）政策文本选取

在实践中，基层公务员职业行为受到多类法律法规或工作制度的约束。第一类是针对全体公务员职业行为的全国性政策文本，主要有《中华人民共和国公务员法》《国家公务员行为规范》《关于推进公务员职业道德建设工程的意见》。这类政策文本从正面或负面涉及公务员的权利义务、纪律或行为要求，是全体公务员（包括基层公务员）都应该遵守的政策文本，因此将上述三个政策文本纳入本部分内容分析的原始材料范畴。第二类是不同类别公务员的行业规范，如《公安机关人民警察纪律条令》《纪检监察干部"五严守五禁止"规定》《国家信访局接待群众来访工作规则》。由于这类规范具有特殊性，不适用于普遍意义的基层公务员，因此本书不对这类规范性文件作特别关注。第三类是党的相关规章条例，如《关于新形势下党内政治生活的若干准则》《中国共产党党内监督条例》《中国共产党纪委处分条例》《中国共产党章程》《中国共产党廉洁自律准则》等。尽管并不是所有的基层公务员都是中共党员，但是考虑基层公务员要接受中国共产党的全面领导、党对公务员的要求相对严格、大多数基层公务员的政治面貌为中共党员等情况，本书将上述党内规章条例纳入本部分内容分析法的原始材料范畴。第四类是党和国家领导人有关公务员管理、干部队伍建设的讲话。自2012年11月15日第十八届中央政治局常委与中外记者见面会上作出"打铁还需自身硬"的承诺后，习近平就多次在多个场合的讲话中作出了有关从严治党、从严管理干部的重要指示。这些讲话及其蕴含的精神构成基层公务员职业行为必须遵守的组织规范。考虑到内容分析法要求分析文本具有系统性，将中央文献出版社2016年出版的《习近平关于全面从严治党论述摘编》一书作为分析文本。第五类是各单位内部对公务员行为的管理规定，主要涉及日常管理、工作岗位说明、行为纪律等内容。这些规定相对本书目的而言过于具体和分散,因此不对其进行探讨。总结来看,本部分选取的 10 份用于基层公务员职场偏差行为维度探索的政策文本如表 3-5 所列。

表 3-5　　　　公务员职业行为组织规范代表性文本

编号	内容单位（样本）	作为基层公务员职场偏差行为分析文本的依据或说明
01	公务员法（2005①）	由中华人民共和国第十届全国人民代表大会常务委员会第十五次会议于 2005 年 4 月 27 日通过,自 2006 年 1 月 1 日起施行。它是中华人民共和国成立 50 多年来我国第一部公务员人事管理的综合性法律。该法对公务员应该履行的义务和必须遵守的纪律进行了明确规定,对规范公务员行为具有里程碑意义
02	国家公务员行为规范（2002）	由原人事部于 2002 年印发,是新中国第一部专门约束公务员行为的规范性文件。主要由三部分内容构成:主体部分是公务员履行职责、执行公务应遵守的行为规范,辅之以公务员作为社会人应该遵守的行为准则,以及群体反映强烈的公务员队伍建设与腐败等行为的约束性规定。该规范从普遍适应的角度出发,明确列举了 8 条公务员应该遵守的最基本的行为
03	关于推进公务员职业道德建设工程的意见（2016）	2016 年 6 月,由中共中央组织部、人力资源和社会保障部、国家公务员局联合印发,目的在于贯彻落实党的十八大以来中央关于加强公务员道德建设的新要求,进一步规范公务员职业行为
04	中国共产党问责条例（2016）	2016 年 6 月 28 日,由中共中央政治局召开会议审议通过,于同年 7 月由中共中央印发并要求各地区各部门认真遵照执行。该条例明晰了党的领导干部违反党章或其他党内法规、不履行或不正确履行职责的情形,这些情形也是基层公务员工作中不能逾越的红线,是其组织规范之外的行为

---

① 尽管 2018 年 12 月 29 日第十三届全国人民代表大会常务委员会第七次会议修订《公务员法》,但是由于研究者进行此部分研究工作的时间较早,故此处所使用的仍是 2005 年颁布的版本。

续表

编号	内容单位（样本）	作为基层公务员职场偏差行为分析文本的依据或说明
05	关于新形势下党内政治生活的若干准则（2016）	2016年10月27日，中国共产党第十八届中央委员会第六次全体会议通过。提出了新形势下加强和规范党内政治生活的十二条准则。文件中列举了当前党内政治生活中出现的一些突出问题，从侧面指出基层公务员可能出现的一些职场偏差行为
06	中国共产党党内监督条例（2016）	2016年10月27日，中国共产党第十八届中央委员会第六次全体会议通过。明确指出党内监督的主要内容和党应当履行的监督义务，是公务员党员不得违背的组织规范
07	中国共产党纪律处分条例（2015）	新修订的《中国共产党纪律处分条例》共分为总则、分则、附则3编，共11章、133条，于2015年10月18日由中共中央印发，自2016年1月1日起施行。其第二编分则中，明确列出了违反政治纪律、组织纪律、廉洁纪律、群众纪律、工作纪律等各类主要行为，这些行为很多就是具体的公务员职场偏差行为表现
08	中国共产党章程	经中国共产党第十八次全国代表大会部分修改，2012年11月14日通过。《中国共产党章程》涉及党员的各项义务、党的干部等规定，是约束党员行为的基本准则
09	习近平关于全面从严治党论述摘编（2012—2016）	该书摘集了习近平2012年11月15日至2016年10月27日有关全面从严治党的80多篇讲话或文章中的371段重要论述，比较全面地涵盖了习近平关于全面从严治党、从严管理干部的精髓。该书由中共中央文献研究室编写，文献摘编工作严谨、客观、可靠
10	中国共产党廉洁自律准则（2015）	为满足党的十八大以来全面从严治党新的实践需要，在2010年《中国共产党党员领导干部廉洁从政若干准则》基础上修订而成，由2015年10月中共中央印发。对党员和党员领导干部在廉洁自律方面提出了行为规范要求

尽管还有一些规定或条例也可能涉及公务员职业行为，但是从对上述文本的分析来看，随着分析的进行，所提炼基层公务员职场偏差行为表现与特征出现的新概念组逐渐减少直至消失。可见，上述10份文本能够满足本书采集基层公务员职场偏差行为表现的需要。经过初步统计，

上述 10 份文本共计约 17 万字。

（二）过程概要

尽管学者们（如风笑天，2009；李钢、蓝石，2007；范伟达、范冰，2010）对内容分析法的步骤有不同的见解，但是他们所提出的核心程序是相通的，主要包括确定研究问题、样本选择、确定分析类目、确定分析单元、编码和量化处理。前文已经确定好研究问题，即基层公务员职场偏差行为结构维度探索，并通过扎根理论初步确定了生产偏差、人际偏差、政治偏差和权力偏差四个维度。因此，它们分别是本部分进行内容分析所围绕的研究主题和所确定的分析类目。同时上文综合确定好用于内容分析的 10 份政策文本，故下文主要进行编码与数据量化处理，以及检验信度和效度。

编码的主要任务是将分析单元依据确定好的分析类目进行分配（朱明，2016）。本书的编码工作由 2 名行政管理博士研究生和 1 名在县级党委工作、具有研究生学历的基层公务员共 3 人共同承担，这样的编码员组合兼具较强的理论与实践素养。在进行编码工作之前，编码员一起接受了较为系统的内容分析方法培训和与整体研究工作相关的内容培训，并就文本顺序、观点提炼格式等进行了约定。同时，编码员也就各分析类目的操作化定义进行沟通和调整。在正式编码之前，已确认各位编码员对编码工作有充分理解。

为充分把握政策文中有关基层公务员职业行为规范或职场偏差行为的关键信息，编码员对每份政策文本的阅读次数均达 3 次以上。除《习近平关于全面从严治党论述摘编》外，其他文本资料均为法规条例，其内容具有条制化特点。因此，对于文献编号为 01—08、10 的文本，编码员每阅读完一条后，根据资料中的语意判断该条目中是否含有与基层公务员职业行为有关的信息。如果没有则继续阅读下一条，如果有则挑选出与基层公务员职场偏差行为表现相关的原文信息，再使用简洁的概念化词汇对其进行命名、登记。在分析《习近平关于全面从严治党论述摘编》时，编码员仔细阅读摘编出来的每个段落，并根据资料中的语意判断该条目是否含有与基层公务员职业行为有关的信息，进而采取应对措施。需要特别说明的是，因为研究中的 10 份文本材料多为法规条例，其用词比较规范与讲究，故命名时尽量沿用文本原词。图 3-3 节选了进行内容分析过程中的记录。

文献编号	文本原文		职场偏差行为特征
0101	第七条 公务员的任用，坚持任人唯贤、德才兼备的原则，注重工作实绩。	→	德才缺失 工作低效
0201	一 政治坚定。努力学习马克思列宁主义、毛泽东思想、邓小平理论和江泽民同志"三个代表"重要思想，树立共产主义理想信念，坚持党的基本理论、基本路线和基本纲领，坚定地走建设有中国特色的社会主义道路，坚定不移地贯彻执行党和国家的路线、方针、政策，在思想上、政治上和行动上与党中央保持高度一致。	→	理论学习打折扣 信念缺失 理论不自信 道路不自信 贯彻执行不力 看齐意识不强
0301	（二）基本原则 坚持职业道德建设与集中性和经常性学习教育相结合。按照中央关于集中性和经常性学习教育的要求，根据不同阶段、不同行业的实际，针对突出问题，开展形式多样的公务员职业道德建设活动。当前，要着力解决少数公务员信念动摇、精神懈怠、作风漂浮、不作为乱作为、服务意识不强等突出问题。……	→	信念动摇 怀疑共产主义道路 怀疑马克思主义理论 怀疑社会主义制度 不服从党的领导 政治方向不牢 政治立场不坚定 不守政治纪律 不守政治规矩 党性修养不强 背叛党和人民

图 3-3 对 10 份政策文本材料的内容分析摘录

在完成上述步骤后，3 位编码员各自将所得行为特征条目输入 Excel 表格，使用排序功能清洗资料，剔除表述完全重复的行为特征，分别得到 431、417、424 条记录。接着，各编码员将各自行为特征分别归入已确定好的分析类目（政治偏差、权力偏差、生产偏差、人际偏差）。一般而言，进行内容分析还必须进行信度检验，以保证研究结论不受测量人员、时间、工具等的影响。为检查资料编码的一致性，本研究学习和借鉴已有研究（隆茜，2015）的做法，采用数学的集合原理，以交集编码个数与并集编码个数的比值作为分类一致性系数，并以此估计内容分析的信度。具体操作方法是，首先分别计算 3 位编码员在同一分析类目下的编码个数,其次计算各分析类目3位编码员的交集与并集,最后计算出交集与并集的比值。相关结果如表3-6所示,其中3位编码员在同一分析类目上的编码个数分别记为P1、P2、P3,编码交集记为P1∩P2∩P3,编码并集记为P1∪P2∪P3。从分析结果可以看出,各分析类目的分类一致性系数均高于0.85,表明研究的内容分析结果具有较好的信度水平。

表3-6　基层公务员职场偏差行为特征的分类一致性系数

分析类目	P1∩P2∩P3	P1∪P2∪P3	分类一致性系数
生产偏差	88	102	0.863
人际偏差	69	79	0.873
政治偏差	132	154	0.857
权力偏差	114	131	0.870

(三) 内容分析结果

在完成编码分类的一致性检验后,选取3名编码员对每个维度的并集个数作为基层公务员职场偏差行为各维度下行为特征的频次。之所以采用并集而非交集,是因为本部分旨在考察政策文本中的相关行为特征能否较为清晰地归入生产偏差、人际偏差、政治偏差与权力偏差这四个分析类目,因此需要最大限度涵盖政策文本中的相关行为特征。最终,研究共得到466项基层公务员职场偏差行为表现,将其被分配到4个分析类目,并得到每个分析类目的频次与比例(见表3-7)。由于其中多个政策性文本针对党员群体,因此从表3-6可以看出,归入政治偏差、权力偏差的行为特征占比相对较大。

表3-7　基层公务员职场偏差行为特征归入各分析类目的编码统计表

分析类目	职场偏差行为特征频次	占总数的百分比
生产偏差	102	21.9%
人际偏差	79	17.0%
政治偏差	154	33.0%
权力偏差	131	28.1%
总和	466	100%

综上，本书以公务员职业行为的 10 份代表性组织规范文本为研究资料，采用内容分析法，挖掘和采集出 466 项基层公务员职场偏差行为特征。在此过程中，通过分类和编码发现，不同基层公务员职场偏差行为特征均可以依照前文扎根理论获得的 4 个分析类目进行归类。换言之，从政策文本角度而言，基层公务员职场偏差行为由生产偏差、人际偏差、政治偏差与权力偏差构成的四维结构是比较全面和合理的。

第二节　结构维度建构的量化研究

前文通过扎根理论和内容分析法两种质性方法初步探索了基层公务员职场偏差行为的多维度结构，即包括权力偏差、政治偏差、生产偏差、人际偏差这四个维度。然而，这一结构尚未获得实证数据的验证与支持。对此，本节将综合前文研究所得的行为表现与前人研究成果开发基层公务员职场偏差行为的测量量表，并通过问卷调查与定量分析对基层公务员职场偏差行为的维度进行检验。

具体而言，本节要进行以下几项工作：其一，梳理职场偏差行为的已有量表并结合扎根理论与内容分析法的行为表现来编制基层公务员职场偏差行为的原始测量问卷。其二，采用探索性因子分析初步明确基层公务员职场偏差行为的维度结构。其三，采用验证性因子分析验证上述维度结构。其四，检验所开发基层公务员职场偏差行为最终量表的信度和效度。

一　问卷编制与研究设计

（一）基层公务员职场偏差行为预试问卷的编制

首先，以扎根理论从原始事件提取出的 50 个概念为基本依据，结合访谈体会与公务员行为政策文本学习，描述出每一个概念对应的典型行为表现。其次，从既有职场偏差行为研究中整理出相对成熟的量表及测量题项。将这些题项与上述典型行为表现进行比对，对于相同或相近行为尽量采用成熟量表中的题项描述，最终得到了一份 32 个题项的原始量表初稿。然后，综合多位公共部门人力资源管理领域与组织行为学领域专家的意见，删除 3 道语义相近或相对敏感的题项（"总是以精益求精的标准完成上级领导或部门布置的工作任务""我认为我们的社会制度具有无可比拟的优越性""抱怨巡视给自己的工作和生活带来了一些不便"），并进一步完善了其余29个题项的语言表述。

同时，为增强问卷与实践的贴合度，邀请了5名基层公务员填答29题项的职场偏差行为测量量表，并请其对量表内容构成、问题表述进行评价。这5名公务员的年龄、性别、学历、级别及所在系统均有一定差异。从他们的反馈来看，他们均表示大部分题项的表述清楚易懂，且贴近基层公务员的语言风格。同时，综合他们的意见，删除3道与基层公务员实践情况不相符的题项（"我总是积极参加单位集体活动""不擅长和群众打交道""花了大量时间幻想或做白日梦，而不是工作"）。并根据他们对问题个别字词的建议，再次对问题表述进行修改，从而最终形成一份由26个题项组成的基层公务员职场偏差行为测量量表（见表3-8）。需要进一步说明的是，为了减少统计研究中的同源性偏差，提高问卷填写质量，研究者在设计初始问卷时设置了3道相关反测题项。

为确保所开发量表的质量，在正式调查之前，随机走访了陕西省三个地级市①的基层政府组织，涵盖街道办、镇政府、县（区）政府内设机构与政务中心（大厅）等多个类型的部门，邀请了70多位符合本书概念界定的基层公务员试填写问卷，以判断问卷各题项表述的清晰与合理程度。从预调查的反馈结果来看，被试问卷具有一定的区分度，并未出现大部分题项被勾选一个选项的情况。从受调查者反馈的意见，被试问卷比较能够反应出基层公务员职场偏差行为的实际情况，用语用词比较符合基层公务员的习惯。总而言之，本问卷适合进行大规模发放。

从表3-8可以看出，在设计测量题项时，做了以下几个方面的考虑：第一，由于测评的是受调查者自身的消极行为，受调查者易倾向于隐瞒自己的不足。对此，题目中尽可能不出现贬义词语，以减小受调查者对自评负性题目的排斥。第二，经访谈发现，部分基层公务员并不认为自己和同事的某些行为构成偏差，他们对部分职场偏差行为表示理解。

---

① 这三个地级市分别来自陕西的陕北、关中和陕南三个地区。陕西全省由上述大三地区构成，这三大地区在自然特征、经济特征和人文特征上具有较大的区别，因而选择对三个地区中的某一个地级市分别进行调查，并认为此举有利于获得较具代表性的数据。

对此，在设计题目时依据访谈发现在相关行为前面设置了情境，如"前来办事的人对我进行翻来覆去的询问时，我难免会表现出不耐烦、不和气"，以引发被调查者的共鸣，并引导其如实填写问卷。第三，考虑到细节性的行为更能让受调查者作出精确判断，而不是普遍勾选中间项，故在设计测量题项时使用了一些表示程度或频度的词语，如"有时""一定程度""或多或少"等。

表 3-8　基层公务员职场偏差行为测量量表的题项及其来源

序号	测量题项	来源
1	有时会认为培训的实际意义不大而消极对待	扎根理论
2	有时因一些不太必要的个人事项而请假	刘善仕（2004）
3	有时会在办公时间处理一些私人事务	Bennett 和 Robinson（2000）
4	我有时会适当降低工作速度以避免更多的工作任务	Stewart 等（2009）
5	我有时会抱有"多做多错、少做少错、不做不错"的想法	扎根理论
6	我的工作一般是自己独立完成，很少请教或求助其他同事	扎根理论
7	对于不是我所在部门牵头的工作，我认为不用太上心	扎根理论
8	我从没有对同事说过重口味的玩笑或有过不必要的肢体接触（R）	Aquino 等（1999）
9	当同事有事需要帮助时，我不会太主动去帮忙	扎根理论
10	我认为同事之间不会有太深的交情，平时的交往应付一下即可	扎根理论
11	与一部分同事结成小团队或走得近	刘善仕（2004）
12	与同事产生矛盾后，有时会故意妨碍同事工作以排解心中的怨气	李娟（2016）
13	或多或少都参与过有关领导和同事的八卦	李娟（2016）
14	我在生活中完全做到了不攀比、不追风（R）	内容分析
15	我认为封建与迷信在某些方面有其合理性，不必完全否定	内容分析
16	即便发现了领导或同事的不当行为，我也不会主动向组织反映	扎根理论
17	在单位集体学习时，我难免会做一些其他事	内容分析
18	当组织形象遭到他人不公正的诋毁或破坏时，我会保持沉默	内容分析

续表

序号	测量题项	来源
19	我认为我具有较为完备的历史知识储备（R）	内容分析
20	前来办事的人对我进行翻来覆去的询问时，我难免表现出不耐烦、不和气	扎根理论
21	对一些办事人的回应不急切、不热心	扎根理论
22	有时给亲友在不违反政策的前提下争取一些力所能及的照顾	扎根理论
23	对待有关系的办事人会周到一些	李娟（2016）
24	替别人办事时，我认为一定程度的吃请或小礼物是可以接受的	李娟（2016）
25	有时会与家人朋友讨论工作上的敏感信息	Bennett 和 Robinson（2000）
26	有时将办公物品用作私人用途	扎根理论

注：（R）表示该题项为反项测评，共 3 道反向测评题。

（二）研究样本

1. 有效问卷回收量的估计

根据大数定律，抽样的数目越大则误差越小，样本的代表性就越强，抽样估计的可靠性就越高（李贤平，1997：251-252）。因此首先确定了大样本问卷调查的目标样本容量。Gorsuch（1983）主张，样本容量的确定应保证测量题项与受调查者成比例，至少是 1∶5，最好能达到 1∶10。基层公务员职场偏差行为的测量题项为 26 道，后文的影响机理研究涉及 7 个主要变量。综合上述情况和可利用调查资源的实际情况，本书将目标有效问卷确定为 1300 份[①]。

2. 问卷发放与回收概况

根据前文界定，本书的调查对象是基层公务员。为使样本具有代表性，预想受调查者能够在不同年龄、不同学历、不同工作年限、不同地域、不同系统、不同职位类别等方面都有分布。2018 年 6—8 月，研究者

---

① 为使 26 个题项与受访者比例能够达到 1∶25 的理想标准，同时满足探索性因子与验证性因子分析对两份独立样本的需求，有效问卷目标为（26×25）×2=1300 份。

前往东中西各两个省（自治区、直辖市）①的多个乡镇政府、街道办、区（县）党政机关或政务大厅，以及联系多所高校多个 MPA 班级，采取现场填写和现场回收的方式进行问卷调查。为确保问卷数据有效，采取了以下保障措施。第一，为确保问卷发放对于各类特征基层公务员的覆盖面，在问卷发放过程中不断监测问卷对不同地区、不同职位类别、不同层级、不同系统基层公务员的发放情况，同时兼顾被调查对象的人口统计学特征尽可能与基层公务员总体的人口统计学特征相接近。第二，为减少样本同源性，提高样本代表性，要求调查员在同一个机关发出的问卷不超过15份。第三，为提高问卷填写效度，向调查对象发放了小额劳务费或小礼品。

总体而言，由于得到多方的积极配合与支持，问卷发放与收集工作比较顺利，共发放问卷约1700份，回收问卷1628份。本研究根据以下原则删除无效问卷273份：第一，测量基层公务员职场偏差行为的26道题项中有大于22道题勾选了同一选项；第二，不能通过正反向测试；第三，受调查者不符合本研究界定的基层公务员身份；第四，调查者表现出严重负面情绪的，这主要是指在问卷最后的负面情绪调查部分，受调查者全部勾选最大值；第五，漏填、错填的问卷。最终，得到1355份有效问卷，问卷有效回收率为79%。

（三）数据统计分析的安排

为保证测量量表的可靠性与稳定性，学者 Aderson 和 Gerbin（1988）建议在一个研究中最好使用两个独立样本对所要开发的模型进行交叉性证实（cross-validation），即先对一组样本进行探索性因子分析以获得可能的因素结构，再对另一组样本进行验证性因子分析以检验之前得到的因素结构。梳理相关文献发现，不少学者（张雅，2014；叶超，2016）在进行概念的维度开发时也采用了此种操作。因此，本书在开发基层公务员职场偏差行为的维度时亦采用 Aderson 和 Gerbin 的建议，先将正式调查获得的1355份有效样本随机分成数目接近的两组：独立样本组 A（677份）和独立样本组 B（678份）。再在判定样本符合探索性因子分析条件的前提下，对独立样本组 A 进行探索性因子分析。这一步骤所使用的统

---

① 东部为上海市、广东省；中部为湖南省、湖北省；西部为陕西省、贵州省。

计分析工具是 SPSS23.0。然后，再在判定样本符合验证性因子分析条件的前提下，基于独立样本组 B 进行验证性因子分析。这一步骤所使用的统计分析工具是 AMOS21.0。

二 基层公务员职场偏差行为的探索性因子分析

探索性因子分析（exploratory factor analysis，EFA）旨在"找出量表的潜在结构，减少题项的数目，使之变为一组较少而彼此相关较大的变量"（吴明隆，2010：194）。在前文经由扎根理论和内容分析获得四维度构思，以及结合以往研究最终获得 26 题项的基层公务员职场偏差行为测量量表的基础上，本部分通过探索性因子分析来探析真正准确的基层公务员职场偏差行为的潜在构成因子。

（一）样本说明

关于进行探索性因子分析样本容量的规定，不少学者采用 Gorsuch（1983）的观点，即样本数量至少大于 100；样本数量为变量数的 5 倍以上，比较理想的情况是 10—25 倍。根据前文安排，本部分对独立样本 A（样本数量为 677）进行探索性因子分析。本书中测量基层公务员职场偏差行为的题项数目是 26 题，样本数是变量数的 26 倍多。可见，本部分进行探索性因子分析的样本量是比较理想的。独立样本 A 的人口学统计特征如表 3-9 所列。样本基层公务员的性别分布比较均衡，其中男性占 52.6%，女性占 47.4%；从年龄与工作年限来看，样本主要以工作年限为 6—20 年的中青年基层公务员为主，这基本反映出基层公务员队伍的实际情况，也反映出中青年人相对接受问卷调查形式；样本中大学本科及以上占据了绝大部分比重（87.6%），这符合公务员招录时对学历的限制要求，因而符合实际情况；已婚状态的样本基层公务员占 74.7%，未婚者占 24.2%，这既与样本年龄构成情况一致，也与实际情况基本一致；从政治面貌来看，近 80% 的样本基层公务员为党员；从样本所在机关特点来看，县（区）直机关占比相对较大（61.4%），党群机关与行政机关占比相对较大（77.2%），基本符合公务员编制分布情况；样本中，科员及以下级别的公务员所占比为 63.8%，其次是副科级（22.5%）和正科级（13.7%），三者之间的比例大致与公务员队伍实际接近；综合管理类的基层公务员样本占比接近 69%，大大高于行政执法类（16.1%）和专业技术类（15.1%），基本符合公务员队伍的实际情况；从地区分布来看，东部和中部的受调查者人数比较接近，西部地区的受调查者相对多于前两者，这主要与研究者的公务员资源分布有关。总的来说，独立样本A在性别、年龄、教育程度、工作年限、政治面貌等方面的分布与基层公务员群体总体特征比较接近，且较为广泛地覆盖到了不同地区、职位类别、行政级别、机关类别、机关层级的基层公务员。由此可见，本书中的样本具有一定的代表性。

表3-9　　　探索性因子分析样本的人口统计（N=677）

题项	类别	频次	百分比（%）	题项	类别	频次	百分比（%）
性别	男	356	52.6	所在机关层级	县（区）直机关	416	61.4
	女	321	47.4		乡镇（街道）	261	38.6
年龄	25岁以下	41	6.1	政治面貌	中共党员	527	77.8
	26—35岁	457	67.5		民主党派成员	9	1.3
	36—45岁	126	18.6		群众	112	16.5
	46岁以上	53	7.8		其他	29	4.3
学历	初中及以下	7	1.0	工作年限	5年以下	209	30.9
	高中/中专	16	2.4		6—10年	255	37.7
	大学专科	61	9.0		11—20年	134	19.8
	大学本科	456	67.4		21—30年	63	9.3
	研究生及以上	137	20.2		30年以上	16	2.4
婚姻状态	未婚	164	24.2	行政职级	科员及以下	432	63.8
	已婚	506	74.7		副科级	152	22.5
	其他	7	1.0		正科级	93	13.7
机关类型	党群机关	240	35.5	职位类别	综合管理类	466	68.8
	行政机关	282	41.7		专业技术类	102	15.1
	人大机关	5	0.7		行政执法类	109	16.1
	政协机关	2	0.3	地区	西部	392	57.9
	司法机关	42	6.2		中部	131	19.4
	其他	106	15.7		东部	154	22.7

样本总数：N=677

（二）项目分析

在进行正式数据分析之前，通过 SPSS23.0 对 26 个题项进行描述性统计分析。结果表明，26 道测量题项的均值介于 2.06—3.18。所有题项的极值为（1，5），说明没有出现异常值；通过检验样本数据各题项的偏度、峰度及带正态分布概率密度曲线的直方图后发现，样本数据符合正态分布。

吴明隆认为，在进行正式的探索性因子分析之前，先要进行量表的项目分析。项目分析即每个题项的适切性分析，类似成就测验的鉴别度分析。一个良好的评量试题必须具有高的鉴别度（如高分组在测量试题答对的百分比必须显著高于低分组在测量试题答对的百分比）（吴明隆，2010：476）。本研究采用大多数学者推荐使用的临界比值法（critical ration，又被称为极端值法），其原理是：根据测验总分区分出高分组受试者与低分组受试者后，再求高、低两组在每个题项的平均数差异的显著性，再将未达显著水平的题项删除。临界比值法的关键在于求出问卷个别题项的决断值——CR 值（又称为临界比），并以此作为判断题项保留与否的标准。

对个案进行升序排列，取前 183 份（677 × 27% ≈ 183）个案为低分组，后 183 份为高分组。由于第 183 份个案受试者的总分为 59，第 494 份个案受试者的总分为 78，则高低分组的临界值分别为 78、59。也就是说，基层公务员职场偏差行为测量总分 78 分以上者为"高分组"，在新增组别的变量水平值记为 1；基层公务员职场偏差行为测量总分 59 分以下者为"低分组"，在新增组别的变量水平值记为 2。再以独立样本 t 检验法检验高低组在每个题项的差异。一般而言，采用极端值法进行量表项目分析时，一般将临界比值的 t 统计量的标准值设定为 3.000（吴明隆，2010：178）。结果显示，第 19 题项的 t 值统计量为 0.051，显著性概率值 $p = 0.959 > 0.05$，未达到 0.05 显著水平，表示此题项的临界比值未达到显著，最好予以删除。其他题项高低分组平均数差异检验的 t 值均达 0.05 的显著水平，表示暂时可以保留这些题项。因此，经过项目分析，删除第 19 题。

（三）样本的信度分析

在进行正式的探索性因子分析之前一般要进行信度分析。信度代表的是测量量表的稳定性或一致性。本部分使用信度检验的目的在于检视各题项删除后整体量表的信度系数是否发生变化。本研究采用目前社会科学研究对诸如李克特量表进行信度估计的两种常用方法：克隆巴哈系数（Cronbach α）和修正的项目总相关系数（corrected-item total correlation, CITC）。

克隆巴赫系数（Cronbach α），又称为内部一致性系数，由 Cronbach 于 1951 年所创，其公式为：$\alpha = \frac{K}{K-1}(1 - \frac{\sum S_i^2}{S^2})$，其中 K 为量表所包括的总题数；$\sum S_i^2$ 为量表题项的方差总和；S^2 为量表题项加总后方差（吴明隆，2010：237）。Cronbach α 值越大，表明测量题项与其他题项的相关性越高，量表内部结构的一致性程度越高。在具体研究中，Cronbach α 值至少要大于 0.7。[①] 吴明隆（2010）给出的一系列判断原则，为许多学者广泛采用：Cronbach α 值介于 0.7—0.8，表示构念的信度高，或者表示整个量表的信度可以接受；当 Cronbach α 值介于 0.8—0.9，表示构念的信度很高，或者表示整个量表信度佳；Cronbach α 值在 0.9 以上，则表示构念或整个量表非常理想。如果测量题项被删除后量表的 Cronbach α 值反而有显著提高，则应删除该题项。

CITC 分析是一种常用的净化量表题项的方法，旨在检视每一个题项与其所在维度或量表的相关性。根据 Churchill（1979）的观点，如果 CITC 值小于 0.5，则表示该题项是不适合的，应予以删除。吴明隆（2010）将 CITC 值的判别标准定为 0.40。Saxe 和 Weitz（1982）认为，将 CITC 值是否达到 0.35 作为是否删除该测量题项的标准是比较合理的。卢纹岱（2006）则建议删除那些修正后的项目总相关系数小于 0.30 的题项。[②] 参考基层公务员职场偏差行为测量量表的题项与其原始 CITC 值，将 0.30 作为净化题项的标准，即如果测量题项的 CITC 值小于 0.30，则表示该题项与其他题项的相关性比较低，与量表的同质性也比较低，应予以删除。

在前文项目分析删除第 19 题后，对其余 25 题项的基层公务员职场偏

[①] 参见叶超《公务员组织公民行为维度与基于工作压力源的影响机理研究》，博士学位论文，华东师范大学，2016 年，第 113 页。

[②] 参见唐中君《病人参与医疗的理论与实证研究》，经济管理出版社 2014 年版，第 85 页。

差行为测量量表依照上述方法进行信度分析。首先，通过分析 Cronbach α 检验该量表的内部一致性。结果如表 3-10 所示，25 题项基层公务员职场偏差行为测量量表的 Cronbach α 值为 0.903，大于 0.900。这说明该量表的信度非常理想。其次，进行 CITC 分析，并逐一删除 CITC 值小于 0.30 的题项。如表 3-10 所示的 CTIC 分析结果，第 8 题、第 6 题、第 14 题未能通过 CITC 分析的检验，因此，删除这 3 个题项。在经过上述步骤后，量表保留了"有时会认为培训的实际意义不大而消极对待"等 22 个题项。

表 3-10 基层公务员职场偏差行为量表（22 题项）的 CITC 分析结果

	删除项后的标度平均值	删除项后的标度方差	修正后的项与总计相关性	删除项后的克隆巴赫 α
P1 生产偏差—1	54.84	170.805	0.395	0.910
P2 生产偏差—2	55.41	166.594	0.526	0.907
P3 生产偏差—3	55.00	166.423	0.567	0.906
P4 生产偏差—4	55.29	164.417	0.617	0.905
P5 生产偏差—5	54.96	163.973	0.602	0.905
P7 生产偏差—7	54.87	165.806	0.589	0.905
P9 人际偏差—2	55.81	169.936	0.527	0.907
P10 人际偏差—3	55.31	168.574	0.487	0.908
P11 人际偏差—4	55.19	167.509	0.528	0.907
P12 人际偏差—5	55.91	168.936	0.565	0.906
P13 人际偏差—6	54.97	166.545	0.552	0.906
P15 政治偏差—2	55.16	172.886	0.321	0.912
P16 政治偏差—3	54.58	171.321	0.441	0.909
P17 政治偏差—4	54.93	167.029	0.578	0.906
P18 政治偏差—5	55.43	169.719	0.535	0.907
P20 权力偏差—1	55.42	168.863	0.524	0.907
P21 权力偏差—2	55.76	169.403	0.575	0.906
P22 权力偏差—3	54.94	168.046	0.484	0.908
P23 权力偏差—4	54.92	166.647	0.583	0.906
P24 权力偏差—5	55.62	164.642	0.648	0.904
P25 权力偏差—6	55.39	166.750	0.540	0.907
P26 权力偏差—7	55.65	165.206	0.652	0.904

为了辨别经 CITC 分析净化题项之后的测量量表在信度是否有所提

升，对删除3个题项而保留22题项后的基层公务员职场偏差行为测量量表进行内部一致性检验，测得 Cronbach α 为 0.911。也就是说，删除上述3个题项后，整体量表 Cronbach α 值由 0.901 提升至 0.911，说明前文净化题项的操作是有效的。需要说明的是，如表 3-9 所示，第 15 题项删除后的 Cronbach α 值为 0.912，稍大于整体量表 Cronbach α 值，但是因考虑二者的差值比较小，修正后的项目总相关系数已经达到设定的标准，因此，暂时保留该题项。

（四）分析及结果

1. 探索性因子分析的适切性分析

并非所有的观测数据都适合采用因子分析法，SPSS 软件提供了 4 个统计量来判断观测数据是否适合进行因子分析：第一，KMO 检验（Kaiser-Meyer-Olkin measure of sampling adequacy）。KMO 用于检测样本数量的适当性，其值位于 0—1。KMO 值越接近 1，说明变量间的公共因子越多，变量间的偏相关系数越低，越适合进行因子分析。反之，KMO 值越接近 0，表示变量之间的相关不能被其他变量解释，越不适合进行因子分析。根据 Kasier 的观点，进行因子分析的 KMO 值至少要大于 0.6（Kasier,1974）。第二，巴特利特球形检验（Bartlett test of sphericity）。它是以变量的相关系数矩阵为出发点，以"相关系数矩阵是一个单位阵"为零假设。巴特利特球形检验的统计值越大，表示应拒绝零假设，即表明，相关系数不是单位矩阵，原始变量间存在相关性，从而适合进行因子分析（王周伟，2011：87）。第三，反映像相关矩阵（anti-image correlation matrix）。它是以变量的偏相关系数为出发点。反映像相关矩阵非对角线元素是变量偏相关系数的相反数。如果反映像相关矩阵中的元素值比较大，则说明各变量之间的偏相关系数应该很少，也就说明观测数据适合进行因子分析（陈希镇，2016：222）。在 SPSS 输出的反映像相关系数矩阵中，对角线数值代表每一个变量的取样适当性量数（measure of sampling adequacy，MSA）。题项的 MSA 值越接近 1，表示该题项越适合进行因子分析。一般判别的指标为 0.5。当 MSA 值小于 0.5 时，表示该题项不适合进行因子分析，在进行因子分析时可以考虑将之删除。第四，共同性（communalities，也称为公共因子方差）。该统计量表示某一变量与其他变量可测量的共同特质。若是 SPSS 所萃取出的共同性小于 0.2 时，可考虑将该题项删除。

使用项目分析、信度分析后的 22 题项基层公务员职场偏差行为测量量表检验上述四个统计量，所得结果为，22 题项基层公务员职场偏差行为测量量表的 KMO 值为 0.925，大于 0.90；近似卡方值为 5606.656，自由度为 231，总体因子分析效果检验显著性为 0.000；所有题项的 MSA 值介于 0.871—0.959，均大于 0.8；公共因子方差均高于 0.2。这说明，利用 22 题项基层公务员职场偏差行为测量量表对独立样本 A 组的观测数据进行因子分析是合适的。

2. 公共因子的确定及题项筛选要求

第一，Kaiser 的特征值大于 1 的原则。Kaiser 根据多年研究认为，可以保留特征值大于 1 的因子作为公共因子。且据有关研究证实，当变量（题项）数目介于 10—40，采用特征值大于 1 的方法萃取的因素是可靠的[①]。本研究的题项是 22 项，因此比较适合采用此原则。

第二，方差百分比决定法。根据 Hair 等人（1998）的观点，社会科学领域研究对所萃取的公共因子累积解释方差占总方差百分比的最低要求是达到 50% 以上。

第三，因子载荷的要求。因子载荷表明该题项与共同因子（即维度）的关联程度。各题项在相应共同因子上的载荷越大，且其在其他共同因子上的载荷越小，则表示该题项越应予以保留。一般而言，在探索性因子分析中，判别某题项应该被删除的条件是：题项在相应共同因子上的载荷小于 0.5，或是在两个及两个以上共同因子上的载荷均大于 0.4。

3. 探索性因子分析的过程及结果

在探索性因素分析中，采用主成分分析法和正交旋转法（最大方差法）。在第一次因子探索中，出现有 4 个特征根大于 1 的公共因子，这 4 个因子的特征值分别为 7.806、1.445、1.321、1.223，共解释方差总变异的 53.659%，基本满足对方差百分比决定法的基本要求。

从各题项旋转后的因子载荷来看，基层公务员职场偏差行为测量量表（N=22）中题项 P21 落在两个共同因子的载荷均大于 0.4，题项 P21

---

① 参见吴明隆《问卷统计分析实务——SPSS 操作与应用》，重庆大学出版社 2010 年版，第 204 页。

的内涵与同一共同因子内其他题项相差较大。同时，P13、P20、P15 三个题项在相应共同因子的载荷小于0.5（分别为0.426、0.468、0.492）。因此，有必要考虑进行第二次因子探索。

在进行第二次因子探索时，首先考虑删除第 21 题。因为该题项落在第 1、2 个共同因子的载荷均大于 0.4，且与该共同因子里其他题项的内涵有较大不同。在删除 P21 后，出现有 4 个特征根大于 1 的公共因子。这 4 个因子的特征值分别为 7.445、1.417、1.292、1.222，共解释方差总变异的 54.173%。分析各题项旋转后成分矩阵发现，第 20、13、15 题在其相应共同因子的载荷小于0.5（分别为0.458、0.428、0.491），因此，有必要继续进行因子探索。

在删除第 20 题项后进行第三次因子探索，结果显示，出现有 4 个特征根大于 1 的公共因子。这 4 个因子的特征值分别为 7.157、1.386、1.290、1.222，共解释方差总变异的 55.272%。然而，从各题项旋转后成分矩阵来看，第 13、15 题在对应共同因子的载荷仍小于 0.5（分别为 0.430、0.499），因此考虑继续第四次因子探索。

表3-11　基层公务员职场偏差行为量表（N=19）因子分析结果

	共同因子1	共同因子2	共同因子3	共同因子4	共同性
P1	0.669	-0.077	0.099	0.189	0.498
P2	0.704	0.269	0.187	-0.073	0.608
P3	0.718	0.348	0.061	0.060	0.645
P4	0.626	0.283	0.288	0.110	0.567
P5	0.591	0.171	0.282	0.270	0.531
P7	0.534	0.181	0.277	0.302	0.486
P9	0.120	0.164	0.775	0.102	0.652
P10	0.256	0.029	0.656	0.160	0.522
P11	0.218	0.193	0.569	0.182	0.441
P12	0.145	0.285	0.741	0.032	0.653
P15	-0.069	0.260	0.116	0.529	0.620
P16	0.205	0.096	0.013	0.817	0.570
P17	0.330	0.275	0.136	0.579	0.626
P18	0.185	0.129	0.362	0.594	0.522
P22	0.127	0.762	0.022	0.151	0.592

续表

	共同因子1	共同因子2	共同因子3	共同因子4	共同性
P23	0.186	0.664	0.140	0.274	0.365
P24	0.144	0.639	0.396	0.203	0.719
P25	0.195	0.665	0.172	0.113	0.537
P26	0.247	0.634	0.330	0.141	0.535
特征值	6.819	1.384	1.288	1.199	
解释变异量%	35.892	7.282	6.781	6.309	
累计解释变异量%	35.892	43.174	49.955	56.264	

注：提取方法：主成分分析法；旋转方法：凯撒正态化最大方差法；旋转在6次迭代后已收敛。

在删除第13题后的第四次探索性因子分析中，出现有4个特征根大于1的公共因子。这4个因子的特征值分别为6.819、1.384、1.288、1.199，共解释方差总变异的56.264%（如表3-11）。同时，各题项在对应共同因子的载荷介于0.529—0.817，均大于0.5，且未出现在两个或两个以上共同因子的载荷大于0.4的情况。同时，内涵相近的题项均落在相同的共同因子下。因此，本书认为不必继续进行因子探索。

此外，从图3-4的碎石图来看，拐点出现在第4个因子处。也就是说，提取4个共同因子是比较合适的，这与前文的观点相符。

于是，通过探索性因子分析最终得到基层公务员职场偏差行为的4个共同因子，且得到由19个题项组成的基层公务员职场偏差行为测量表。结合探索性因子分析结果与前文基层公务员职场偏差行为的概念内涵、维度建构理论模型，本书对提取的4个共同因子命名如下：

因子1——生产偏差，包含6个项目，即P1、P2、P3、P4、P5、P7，因素载荷为0.534—0.718，解释总变异的35.892%。该因子主要指向基层公务员在工作效率、效果等方面与组织要求存在差距。

因子2——权力偏差，包含5个项目，即P22、P23、P24、P25、P26，因素载荷为0.634—0.762，解释总变异的7.282%。该因子主要指向基层公务员在工作中不当使用公权力。

因子3——人际偏差，包含4个项目，即P9、P10、P11、P12，因素载荷为0.569—0.775，解释总变异的6.781%。该因子主要指向基层公务员与同事相处不友爱、违背团结友爱等相关要求。

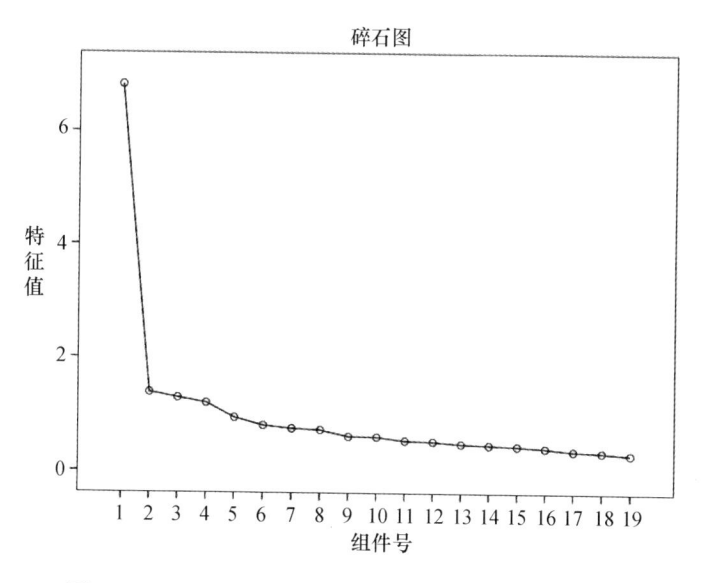

图 3-4 基层公务员职场偏差行为一阶因子分析碎石图

因子4——政治偏差，包含4个项目，即P15、P16、P17、P18，因素载荷为0.529—0.817，解释总变异的6.309%。该因子主要指向基层公务员未能满足党和政府对公务员的政治要求，体现了党和政府对基层公务员从严化要求。

总体而言，本节探索性因子分析的因子提取效果良好，基层公务员职场偏差行为的19个测量题项较好地归入4个共同因子，且每个因子对应的各测量题项具有较为一致的内涵指向，较能指明基层公务员职场偏差行为某一方面的特征，表明足以成为基层公务员职场偏差行为的一个维度。

三 基层公务员职场偏差行为的验证性因子分析

验证性因子分析（confirmation factor analysis，CFA）是检验量表或测验结构效度的有效工具（DiStefano & Hess，2005；王孟成等，2009）。鉴于探索性因子分析存在主观判断影响分析过程的隐忧，本研究将进一步使用验证性因子分析这一理论驱动的研究范式（Dimitrov，2015：321）来检验四维度的基层公务员职场偏差行为的结构。具体来说，本部分将基于独立样本B组（N=678）的观测数据，使用结构方程模型软件A-MOS21.0对基层公务员职场偏差行为测量量表（N=19）进行验证性因子分析。本部分的验证性因子分析路径模型，以前文经探索性因子后确定的19个基层公务员职场偏差行为测量题项作为观测变量，以生产偏差、人际偏差、政治偏差、权力偏差4个因子作为潜在变量。

（一）样本特征

由于前文已经对总研究样本（N=1355）的概况进行了说明，故此部分不再赘述，而直接对独立样本B组（N=678）的人口统计特征进行描述与分析。

表3-12　验证性因子分析样本的人口统计（N=678）

题项	类别	频次	百分比(%)	题项	类别	频次	百分比(%)
性别	男	367	54.1	所在机关层级	县（区）直机关	376	55.5
	女	311	45.9		乡镇（街道）	302	44.5
年龄	25岁以下	44	6.5	政治面貌	中共党员	544	80.2
	26—35岁	458	67.6		民主党派成员	4	0.6
	36—45岁	130	19.2		群众	101	14.9
	46岁以上	46	6.7		其他	29	4.3
学历	初中及以下	7	1.0	工作年限	5年以下	211	31.1
	高中/中专	18	2.7		6—10年	236	34.8
	大学专科	65	9.6		11—20年	152	22.4
	大学本科	444	65.5		21—30年	67	9.9
	研究生及以上	144	21.2		30年以上	12	1.8
婚姻状态	未婚	155	22.9	行政职级	科员及以下	423	62.4
	已婚	510	75.2		副科级	170	25.1
	其他（如丧偶）	13	1.9		正科级	85	12.5
机关类型	党群机关	216	31.9	职位类别	综合管理类	468	69.0
	行政机关	294	43.4		专业技术类	98	14.5
	人大机关	3	0.4		行政执法类	112	16.5
	政协机关	5	0.7	地区	西部	375	55.3
	司法机关	44	6.5		中部	140	20.6
	其他	116	17.1		东部	163	24.0

样本总数：N=678

如表 3-12 所示，样本中基层公务员的性别分布比较均衡，其中男性占 54.1%，女性占 45.9%；从年龄与工作年限来看，样本主要以工作年限为 6—20 年的中青年基层公务员为主，这基本反映出基层公务员队伍结构的实际情况，这与中青年公务员相对更愿意接受问卷调查的情况相符；样本中大学本科年历及以上占据了绝大部分比重（86.7%），这符合公务员招录时对学历的限制要求，因而符合实际情况；已婚状态的样本基层公务员占 75.2%，未婚者占 22.9%，这既与样本年龄构成情况一致，也与实际情况基本一致；从政治面貌来看，超过 80% 的样本基层公务员为党员；样本基层公务员所在机关层级中县（区）直机关占比较乡镇约大 10%，但两者比较接近；从样本所在机关特点来看，党群机关与行政机关占比相对较大（75.3%），基本符合公务员编制分布情况；样本中，科员及以下级别的公务员所占比为 62.4%，其次是副科级（25.1%）和正科级（12.5%），三者之间的比例大致与公务员队伍实际比较接近；综合管理类的基层公务员样本占 69%，较大程度高于行政执法类（16.5%）和专业技术类（14.5%），基本符合公务员队伍的实际情况；从地区分布来看，东部和中部的受调查者人数比较接近，西部地区的受调查者较大程度高于前两者。综合而言，本书样本容量比较大，受调查者的性别、年龄、学历、工作年限、婚姻状态、政治面貌、行政职级、职位类别、所在机关类型与层级等人口统计学变量特征分布具有一定代表性，适合进行进一步统计分析。另外，比较表 3-12 与表 3-9 发现，独立样本 A 与独立样本 B 的样本特征构成非常相似，这表明在将总样本随机分成两个独立样本的合理性。

（二）验证性因子分析的适宜性

进行验证性因子分析同样需要满足一些前提条件，以判断观测数据是否适宜进行验证性因子分析。根据 Dimtrov（2015）的研究，验证性因子分析需要满足结构方程模型的多元正态性假设这一前提条件，即包括：每个观测变量的分布都是正态的；所有观测变量整体的联合分布是正态的；所有双变量散点图都是线性并且方差齐性的。而 Tabachnick 和 Fidell（2007）则认为，进行验证性因素分析，有五个方面的统计量需要满足一定条件，即样本量和缺失数据、正态性、异常值、多重共线性和奇异性以及残差多重共线。综合二者的观点，下文将从样本量和缺失数据、正态性、异常值、多重共线性这几个方面进行验证性因子分析适宜性的检验与分析。

第一，样本量与缺失值。有研究认为，为了保证结构方程模型分析结果的稳定性，样本数量不能小于 100（张雅，2014：79）。Gerbing 和 Anderson（1988）则提出使用结构方程时，所调查样本不能少于 150。Tabachnick 和 Fidell（2007）认为验证性因素分析的适当样本量不得小于 16∶1（样本量∶观测变量）的比例。本书的样本量为 678，观察变量为 19 个题项，样本量与观测变量的比值为 26∶1（678∶26），所以本书的样本量足够。此外，由于本书在问卷发放过程中对受调查者作出了完整填写问卷的请求，以及在回收问卷之后将出现缺失值的问卷排除在有效问卷之外，因此，样本中没有缺失值。

第二，正态分布检验。一般情况下，大样本数据是满足正态分布的。卢纹岱认为，在对数据进行正态性检验时，几乎所有的数据分布都会拒绝正态分布假设，因而只要数据量足够大，进行统计计算时只要接近正态分布就可以了（卢纹岱，2006）。本研究的样本容量达 678，达到大样本数据标准，并且通过检验样本数据各题项的偏度、峰度及带正态分布概率密度曲线的直方图后发现，每个测量题项的分布及变量整体的联合分布均满足正态分布。

第三，异常值。19 个测量题项的极大值与极小值的范围均为（1，5）。也就是说，用于进行验证性因子分析的独立样本 B 的观测值均在正常范围内，未出现异常值。同时，利用箱形图进行检查，也未发现异常值。

第四，多重共线性。根据 Pallant（2007）的建议，采用相关性检验多重共线性，如果相关性高于 0.80，则考虑删除案例。从本研究的相关性检验结果来看，所有题项间的相关性均显著，并且低于 0.80，因而认为，测量样本并不存在严重的多重共性线。

综上可见，本部分测量样本满足验证性因子分析的相关假设，适合进行验证性因子分析，以评估基层公务员职场偏差行为理论模型的拟合度、构建效度和区分效度。

（三）模型拟合度的评价指标

在利用验证性因子分析检测模型拟合度时，学者们主要参考的统计指标有绝对拟合指数和相对拟合指数两类。绝对拟合指数是将理论模型（default model）[①]与饱和模型（saturated model）[②]进行比较得到的统计量，主要考查理论模型与样本数据是否拟合。其主要具体指数包括 RMESA（root mean square error of approximation，近似误差均方根）、RMSR（root mean square residual，残差均方根）、GFI（goodness-of-fit index，拟合优度指数）、AGFI（adusted goodness-of-fit index，调整拟合优度指数）等。相对拟合指数是比较理论模型与基准模型所得的统计量，主要考查理论模型相较基准模型的拟合度有多少改进。其主要具体指数如 NFI（normed fit index，标准拟合指数）、NNFI（non-normed fit index，TLI，非标准拟合指数）和 CFI（comparative fit index，比较拟合指数）。根据研究者们的观点，将上述绝对拟合指数与相对拟合指数的判别标准描绘如表 3-13。

表 3-13　　验证性分析模型配适度检验主要判别指标及其标准

统计检验量	适配的标准或临界值	模型拟合度效果
RMSEA	小于 3	较好（Chin 和 Todd，1995）
	小于 5	可以接受（吴明隆，2010：194）
	<0.08	可以接受（Hu 和 Bentler，1999）
	<0.05	佳（Hu 和 Bentler，1998）
RMR	<0.08	较好（Hu 和 Bentler，1998）
GFI	>0.90	可以接受（吴明隆，2009：237）
AGFI	>0.90	可以接受（吴明隆，2009：237）
NFI	>0.90	可以接受（吴明隆，2009：237）
TLI	≥0.90	可以接受（Bagozzi 和 Yi，1988）
CFI	≥0.90	可以接受（Bagozzi 和 Yi，1988）
CN	>200	可以接受（吴明隆，2009：237）

资料来源：笔者根据相关文献整理。

[①] 即研究者的预设模型。
[②] 饱和模型是指各观测变量之间均容许相关，是最复杂的模型，其自由度为 0，能百分之百地反映数据的原有关系（侯杰泰等《结构方程模型及其应用》，教育科学出版社 2004 年版，第 155 页）。

（四）分析及结果

在前文探索性因子分析基础上，本书利用 AMOS21.0 软件，构建了一个四因子的基层公务员职场偏差行为模型（包含 19 个测量指标，见图 3-5）。经分析，基层公务员职场偏差行为模型 χ^2 值为 571.550，χ^2/df 值为 3.915（小于 5）；模型绝对拟合指数 RMSEA 值为 0.066（小于 0.08）、

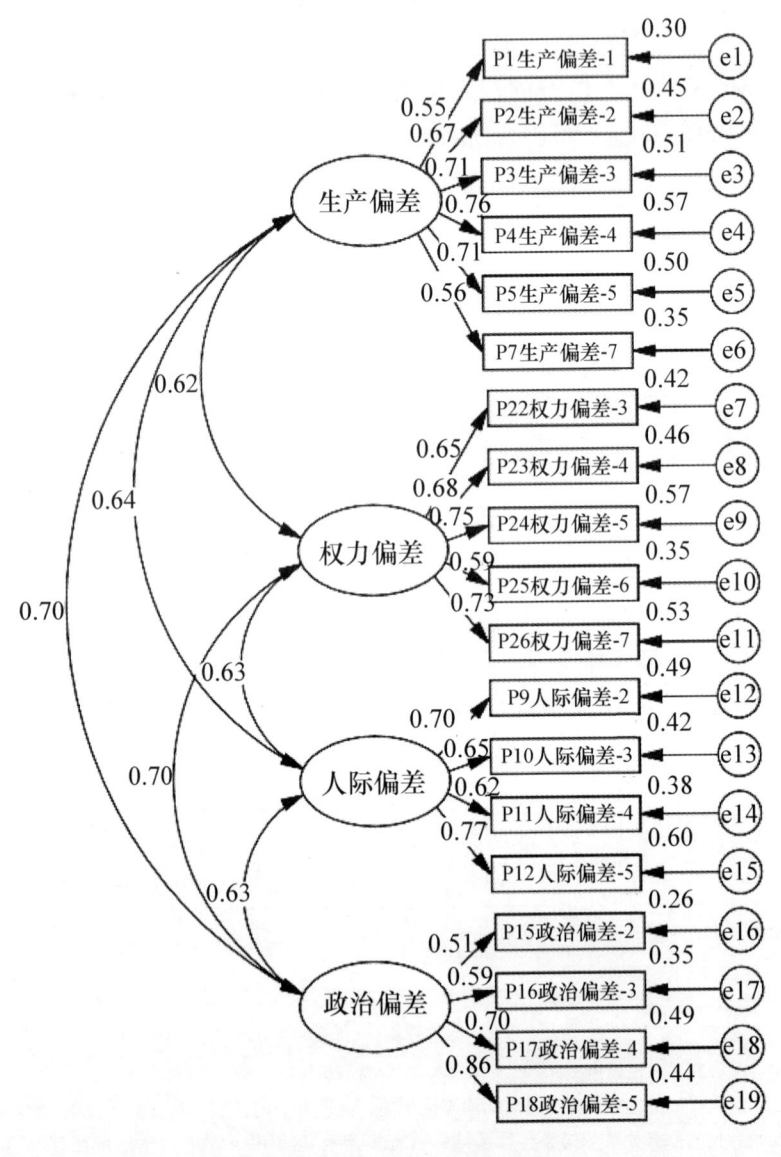

图 3-5　基层公务员职场偏差行为验证性因子分析模型

RMR 值为 0.52（小于 0.08）、GFI 为 0.912（大于 0.9）；相对拟合指数 CFI 为 0.909（大于 0.9），IFI 为 0.909（大于 0.9）；0.05 和 0.01 显著水平下的 CN 值分别为 208、224（均大于 200）。可见，该模型的拟合度基本可以接受。

此外，潜在变量"生产偏差""权力偏差""人际偏差""政治偏差"间的相关系数介于 0.625—0.703，呈中高度相关，这也验证了采用斜交验证性因子分析是比较适宜的。

通过 AMOSS21.0 分析（如表 3-14 所示）得到：标准化系数均大于 0.5，且介于 0.512—0.772，满足学者吴明隆（2010）提出的标准化回归系数介于 0.50—0.95 的建议；临界比（C.R.）绝对值均大于 2.58，参数估计值达到 0.01 的显著水平（$p < 0.001$），说明非标准化回归系数显著不等于 0（张电电，2016：69）。这说明模型的基本适配度良好，设计的理论指标能够有效测量基层公务员职场偏差行为的水平。

表 3-14　基层公务员职场偏差行为验证性因子分析模型标准化回归系数

			Estimate	Standardized Estimate	S.E.	C.R.	P
P1	←	生产偏差	1	0.55			
P2	←	生产偏差	1.211	0.671	0.096	12.647	***
P3	←	生产偏差	1.244	0.712	0.095	13.059	***
P4	←	生产偏差	1.323	0.756	0.099	13.312	***
P5	←	生产偏差	1.314	0.709	0.101	13.046	***
P7	←	生产偏差	1.077	0.594	0.092	11.647	***
P22		权力偏差	1	0.651			
P23	←	权力偏差	0.966	0.679	0.064	15.07	***
P24	←	权力偏差	1.108	0.752	0.071	15.526	***
P25	←	权力偏差	0.896	0.591	0.07	12.869	***
P26	←	权力偏差	1.021	0.728	0.068	15.106	***
P9	←	人际偏差	1	0.702			
P10	←	人际偏差	1.07	0.649	0.073	14.674	***

续表

			Estimate	Standardized Estimate	S. E.	C. R.	P
P11	←	人际偏差	1.032	0.619	0.076	13.59	***
P12	←	人际偏差	1.182	0.772	0.071	16.732	***
P15	←	政治偏差	1	0.512			
P16	←	政治偏差	1.157	0.593	0.11	10.487	***
P17	←	政治偏差	1.432	0.7	0.128	11.192	***
P18	←	政治偏差	1.276	0.66	0.115	11.053	***

（五）模型的质量检验

1. 信度

参考学者们的普遍做法，本研究使用纠正的项目总相关系数（CITC）与内部一致性系数 Cronbach α 值来共同评估新开发测量模型的信度情况。

根据前文对 CITC 的介绍，本部分针对独立样本 B 组（N = 677）来检验 19 题项的基层公务员职场偏差行为量表中各题项与总量表的相关性。经检验（结果如表 3 – 15 所示），19 个题项的 CITC 值介于 0.415—0.624 之间，均在 0.4 以上，较大程度高于前文设定的 0.3 的标准。这说明，本模型已经得到净化，19 个题项均应保留。

表 3 – 15　基层公务员职场偏差行为量表（19 题项）CITC 分析结果

	删除项后的标度平均值	删除项后的标度方差	修正后的项与总计相关性	删除项后的克隆巴赫 α
P1 生产偏差—1	46.81	125.583	0.443	0.897
P2 生产偏差—2	47.41	123.422	0.540	0.894
P3 生产偏差—3	46.98	122.265	0.613	0.892
P4 生产偏差—4	47.23	121.990	0.624	0.891
P5 生产偏差—5	46.94	122.018	0.582	0.893
P7 生产偏差—7	46.90	123.180	0.548	0.894
P22 权力偏差—3	46.82	125.058	0.471	0.896

续表

	删除项后的标度平均值	删除项后的标度方差	修正后的项与总计相关性	删除项后的克隆巴赫 α
P23 权力偏差—4	46.91	124.242	0.553	0.893
P24 权力偏差—5	47.52	122.867	0.593	0.892
P25 权力偏差—6	47.35	124.776	0.490	0.895
P26 权力偏差—7	47.58	123.054	0.618	0.892
P9 人际偏差—2	47.67	126.759	0.514	0.895
P10 人际偏差—3	47.21	125.311	0.498	0.895
P11 人际偏差—4	47.12	124.915	0.509	0.895
P12 人际偏差—5	47.69	124.759	0.570	0.893
P15 政治偏差—2	47.05	127.771	0.415	0.897
P16 政治偏差—3	46.53	126.811	0.460	0.896
P17 政治偏差—4	46.84	123.722	0.577	0.893
P18 政治偏差—5	47.25	125.105	0.548	0.894

利用独立样本 B 组（N=677）对 19 题项的基层公务员职场偏差行为整体量表及各维度分别进行内部一致性检验。结果如表 3-16 所示，整体量表的 Cronbach α 值为 0.899，表示量表的信度佳；四个构念的 Cronbach α 值介于 0.711—0.899，均大于 0.70，说明各个构念的信度高。因此，开发的基层公务员职场偏差行为测量量表具有较高的内部一致性。

表 3-16　基层公务员职场偏差行为测量量表（19 题项）的 Cronbach α 值

测量对象	克隆巴赫系数	项数
整体量表	0.899	19
生产偏差	0.825	6
权力偏差	0.810	5
人际偏差	0.774	4
政治偏差	0.711	4

2. 收敛效度

采用组合信度和平均方差萃取量评判新开发的基层公务员职场偏差行为结构模型的收敛效度。组合信度（composite reliability，CR，或被称为构念信度）主要用来评价一组潜在构念指标的一致性程度，是属于内部一致性指标的一类信度指标（吴明隆，2010：227）。CR 值越高，表示测量指标间的内在关联度越高。反之，CR 值越低，测量指标间的内在关联度越低。不少学者（Diamantopoulos & Siguaw，2000）认为，组合信度最好在 0.60 以上。学界运用得比较广泛的组合信度求解公式是：

$$CR = \frac{(\sum \lambda)^2}{(\sum \lambda)^2 + \sum \theta}$$

其中，λ = 观察变量在潜在变量上的标准化因素负荷量，θ = 指标变量的误差变异量 = $1 - R^2$（R 为因素负荷量）。平方差萃取量（average variance extracted，AVE）主要用来衡量测量指标被潜在构念解释的程度。一般认为，AVE 值大于 0.5 时说明测量指标被潜在变量解释的程度比较理想，AVE 值大于 0.36 时说明测量指标被潜在变量解释的程度可以接受（万巧琴等，2015）。AVE 值的计算公式是：

$$AVE = \frac{\sum (\lambda^2)}{\sum (\lambda^2) + \sum \theta}$$

将表 3-14 中每个测量题项的标准化因素负荷量代入上述两个公式得到，生产偏差、权力偏差、人际偏差、政治偏差四个潜变量的组合信度系数值分别为 0.828、0.812、0.781、0.712，均大于 0.6；生产偏差、权力偏差、人际偏差、政治偏差四个潜变量的组合信度系数值分别为 0.448、0.466、0.473、0.385，均大于 0.36。可见，新开发的基层公务员职场偏差行为测量模型具有较好的收敛效度。

3. 区别效度

在本书中，基层公务员职场偏差行为由四个维度构成，故有必要进一步检验基层公务员职场偏差行为四个潜在构念的区别效度。对此，在进行验证性分析时建立限制模型，通过判断限制模型与非限制模型的卡方值差异的显著性水平来得到基层公务员职场偏差行为潜在构念间的区别效度。基层公务员职场偏差行为潜在构念（即生产偏差、权力偏差、人际偏差、政治偏差）的未限制模型的自由度为146，卡方值为571.550（p=0.000<0.5），限制模型的自由度为152，卡方值为866.155（p=0.000<0.5）。两个模型的自由度差异为6，卡方差异值为194.605，卡方值差异量显著性检验的概率值p=0.000<0.01，达到0.01的显著性水平，表示未限制模型与限制模型两个测量模型有显著不同。也就是说，基层公务员职场偏差行为潜在构念间的区别效度佳。

表3-17 基层公务员职场偏差行为限制模型与非限制模型的比较

Model	NPAR	CMIN	DF	P	CMIN/DF
限制模型	38	866.155	152	0.000	5.698
非限制模型	44	571.550	146	0.000	3.915
Saturated model	190	0.000	0		
Independence model	19	4832.761	171	0.000	28.262

第三节 所建结构维度的合理性分析

本书先后通过扎根理论、内容分析法、探索性因子分析与验证性因子分析建构了基层公务员职场偏差行为的四个维度，即生产偏差、人际偏差、权力偏差与政治偏差。这四个维度既对前人研究有一定继承和发展，又不同程度体现出基层公务员的职业特征与组织情境。这四个维度对基层公务员的职业特征与组织情境的体现通过分析各个维度是否符合具有明显官僚制特征的行政体制、符合传统行政文化以及回应新时代干部队伍建设要求进行判定。

一 生产偏差

生产偏差是指基层公务员出现工作质量或数量、专业素质、学习态度与创新能力达不到组织规范要求的行为。具体包括疏于自我管理、工作绩效低下、消极工作协作等子维度。其中，疏于自我管理主要体现在对自我要求与管理不严格、学习不积极；工作绩效低下既包括诸如工作拖拉、工作方法不当等工作效率低下表现，又包括缺乏创新、业务出错等工作质量低下的行为表现；消极工作协作主要体现于统筹协调不到位、工作推脱等行为。这一维度一定程度上同样体现于企业员工职场偏差行为。从文献来看，本书所提出的生产偏差维度与 Magione 和 Quinn（1974）研究中的不作为（doing little or nothing）以及 Hollinger 和 Clark（1982）、Robinson 和 Bennett（1995）研究中总结出企业员工职场偏差行为的生产偏差（production deviance）维度具有一定相似性，但又不完全相关。相似性体现于二者均包括个体在工作中少有作为、达不到最低工作质量或数量上的要求（Robinson & Bennett, 1995: 566）；区别则体现于本研究中的生产偏差对基层公务员在工作质量与效率上的要求更高：企业组织规范对员工工作质量与数量规定最低标准，而政府组织规范对公务员的工作标准要求相对要高。因此，本书中基层公务员的生产偏差较企业员工已有的生产偏差维度在内涵上有所发展。

从实践看，基层公务员职场偏差的生产偏差维度契合基层公务员的职业特征与所在组织情境，这主要是指生产偏差维度体现了我国基层政府组织的官僚制特征与传统行政文化，亦回应了新时代干部队伍建设的要求。

首先，基层公务员职场偏差行为生产维度与官僚制组织的部分特征吻合。一方面，作为理想官僚制的显著特征与我国传统官僚制组织形式的典型特征，层级节制的科层结构易导致基层公务员低效、怠惰以及消极协作。这主要表现在：位于金字塔低端或底端的基层公务员负责收集信息，待层层上报并由某一上级作出决策后，再执行一层层下达的决策意见，以至于易形成习惯性消极等待上级命令、做事拖拉、工作低效的习气；官僚制组织中上下级之间界限明显，一级管理一级，一般不允许越级管理，层级之间易形成信息不对称，基层公务员只需"应付"好其直接领导的监督与管理，这为其怠惰行为提供了"保护伞"；层级节制下基层公务员晋升的天花板效应更加明显，基层公务员晋升激励缺乏致使其辛勤工作的动力不足。另一方面，我国传统官僚制的另一特征——组织职能混乱（李金龙、武俊伟，2016: 296）与单一规制化问题并存，可能导致基层公务员的工作推脱行为。受历史条件的制约，我国长期以来实行"全能型政府"，行政对社会与市场进行全面渗透，即便至今，政府职能转变仍未到位，不仅机构职能未完全厘清，公务员岗位职责规定也不够具体明白。在此背景之下，基层公务员容易做出拈轻怕重、推诿扯皮行为。与此同时，在一些组织规章制度严格的领域或场合，官僚机构严格按照规章制度运作，如同一台机器与货物生产的非机械方式的关系一样（韦伯，2008：96），容易发生默顿所言的"目标替换"的现象，即对于组织规章制度的关注超过了组织目标的实现，从而难以满足公众的需求。

其次，生产偏差维度与我国传统行政伦理相符。根深蒂固的官本位思想滋生基层公务员的形式绩效与唯上不唯民观念，助长形式化作风，从而诱发基层公务员不务实际、敷衍塞责行为。同时，上级的形式化目标管理或考核评估行为进一步加剧基层公务员的塞责敷衍行为。这是因为，在上级布置大量数量化目标或任务、指定完成时间甚至对一些重要任务实行连带性"一票否决"的"压力型体制"下（胡仙芝，2018），这些压力性任务最终下沉到基层，基层公务员出于职业安全考虑，往往以应付完成上级要求为首要考量，而无暇顾及对群众实际生活的帮助。笔者在同基层公务员的访谈中了解到，形式化、表面化经常出现在基层公务员的工作中。例如，一些基层公务员在信息采集时只为完成任务，不经踏实的实践调查而伪造数据；又如，为应对上级"突击"检查，对相关人员和组织提前交代好如何应对上级的询问。

最后，生产偏差维度的提出回应了新时代干部队伍建设要求。立足新时代，公务员不能仅局限于按部就班履行岗位职责，还应锤炼专业能力、保持奋斗热情。党的十九大报告突出了对干部专业能力的要求，指出要"注重培养专业能力、专业精神，增强干部队伍适应新时代中国特色社会主义发展要求的能力"。2018年修订的《中华人民共和国公务员法》第十三条第四款将"努力提高工作质量与效率"明确写进公务员应履行的义务，可见对公务员工作绩效的要求有所提升。与此同时，诸如职务与职级并行制度、容错纠错机制等一系列激发干部活力、鼓励干事创业、提高工作绩效的举措有序推进。可见，专业能力突出、工作效率高、工作态度积极已成为包括基层公务员在内的所有公务员职业行为的新要求。这也意味着，公务员不思进取、慵懒怠惰、效率低下、工作不精等违背这一要求的行为应被划入基层公务员职场偏差行为的范畴。

二 人际偏差

人际偏差是指基层公务员做出损害其他组织成员利益以及违背组织团结友爱要求的行为。具体包括人身攻击（如言语攻击、骚扰等）、人际退缩（指不真心付出情感，如冷漠或欺骗）和争名夺利（如打击报复）三个子维度。这一维度同样体现于企业员工的职场偏差行为。对话既有文献，企业员工职场偏差行为维度研究中存在相似概念。这主要是指，Robinson 和 Bennet（1995）提出个人攻击（personal aggression）的概念，即"对其他个人的攻击性或敌意行为"，是对个体伤害后果比较严重的职场偏差行为。后来，他们于 2000 年发展了人际偏差（interpersonal deviance）的概念，即指对组织中其他成员产生伤害的所有行为，既包括伤害程度比较严重的，也包括伤害程度比较轻的。[①] 后来，在 Mitchell 和 Ambrose（2007）、Stewart 等人（2009）对企业员工职场偏差行为研究中保留了人际偏差这一维度。尽管基层公务员职场偏差行为的人际偏差维度与企业员工职场偏差行为的人际偏差维度在含义上有较大程度的类似，但是也存在一些不同。这些不同之处体现在基层公务员职场偏差行为的人际偏差更为隐蔽与委婉，企业员工人际导向的职场偏差行为中的诸如"粗鲁地对待他人""公开使他人难堪"（Bennett & Robinson, 2000: 360）等行为较少见于基层公务员。同时，基层公务员还往往被要求与同事团结友爱，但不允许结成小团体或圈子。黄蝶君等（2017）在其研究中已提到人际导向偏差是公务员职场偏差行为的一个维度，并将其定义为"公务员故意针对其他同事做出的违反或背离组织规范的行为"，本书则在此基础上进一步对人际偏差的内涵进行了系统化研究，同时开发了其子维度。因此，本书中基层公务员职场偏差行为的人际偏差维度是在企业员工与公务员职场偏差行为人际偏差维度研究基础上进行深化与拓展。

同时，基层公务员的人际偏差维度符合传统行政伦理，贴合基层公务员所在组织情境。受中国传统文化中的人伦情结与关系本位思想的影

[①] 对组织成员产生的、伤害比较轻的职场偏差行为维度在 Robinson 和 Bennet 于 1995 年的研究中被称为政治偏差。

响,基层公务员在处理人际关系时容易出现依据地缘、业缘、血缘等因素而结交一部分同事或是排斥一部分同事的情况。基层公务员结成所谓"自己人"的各式各样的"圈子",因而其道德评判、态度及行为方式等方面也会表现出亲疏有别、内外有别(温郁华,2018),对圈子内同事积极配合、相互帮助,对圈子外的同事则表现冷淡,有时甚至为了体现出圈子价值而故意疏远圈外人。圈子现象使办公室生态比较混乱、部门同事间关系微妙,不利于同事团结友爱。

从基层公务员职场偏差行为现实表现来看,人际偏差维度比较贴合实践。首先,笔者通过与多位基层公务员的访谈发现,在其科室内部或多或少地存在亲疏有别的现象。其中,因上级领导不和而呈现不同"派系"、因校友或老乡而更为亲近、依据资历或社会关系而亲近或排斥这三种情况最为典型。对于第一种情况,基层公务员在为人处事时要特别"谨慎",处理业务、以什么方式处理业务、对某件事情的态度,与什么人结交等都需要考虑其中的要害关系。对于第二种情况,相熟的同事之间衔接工作比较方便,而不相熟的同事之间往往会在"按制度办事"的名义下遭遇冷遇或麻烦。对于第三种情况,往往表现为欺压新人、苦活累活交给新人的情况。其次,基层公务员之间的钩心斗角与摩擦行为相对非基层公务员表现得更为明显与频繁。这主要是因为基层政府的人员相对较少,科室之间的往来更加密切,加之基层有许多机动事宜(如防汛抗旱、维稳等)可能需要多部门共同完成,基层公务员之间的交集多则发生摩擦的概率也相对较大。

三 权力偏差

权力偏差指基层公务员主观上使用公共权力不当,做出损害政府利益、形象或对其他个人、组织的利益造成损害的行为。具体包括官僚做派(如妄自尊大、缺乏服务意识、迎合领导)与公权私用(如权权交易、权钱交易)两个子维度。权力偏差中的"权力"指的是公务员身份赋予该个体的行政权力或公共权力,因此它是基层公务员不同于企业员工职场偏差行为的一个维度。已有关于公务员职场偏差行为的研究中,黄蝶君等人(2017)提出"权力导向偏差"并将其界定为"公务员利用公共权力故意针对办事人员做出的违反或背离组织规范的行为",但并未对这一维度的子维度作进一步分析,且未对该维度是如何得出的进行详细阐述。本书弥补上述不足，拓展了权力偏差的内涵。这主要体现于权力偏差维度未局限于针对办事人员。例如，一些没有针对特定对象的官僚做派也属于公务员因凭借公务员身份或掌握的公共权力而做出的违反组织规范的行为。基于上述考虑，"权力偏差"在一定程度上属于本研究通过扎根理论得到的新概念。

  这一维度比较契合基层公务员的职业特征与所在组织情境。首先，该维度符合我国传统官僚制组织特征。尽管理想官僚制的原则是实施非人格化的组织管理，但是我国的传统官僚制脱胎于封建社会，深受集权观念影响，缺乏权力制约的经验，而凸显出鲜明的人格化组织管理特征，导致基层公务员容易滥用公权和缺乏服务意识。一方面，基层公务员虽处于权力体系的较低端或底端，但因与作为利益相关者的群众或组织有较多直接往来而具备一定自由裁量权，人格化管理传统会进一步扩大基层公务员手中的自由裁量权，并增加基层公务员公权私用的概率。实践中，基层公务员利用手中权力损公肥私、打招呼、走后门、收受礼品的现象仍然存在。另一方面，在推进全面深化改革的进程中，改革和完善官僚制组织形式的一大要点在于落实非人格化组织管理原则，但在实践中存在由于片面追求非人格化而产生行事僵化、服务意识不足的隐患。基层实践中以制度规定为借口刁难群众的例子常常见诸媒体，例如，基层公务员囿于规定而要求群众出示"你妈是你妈""我女儿是我女儿"之类的证明。

  其次，该维度体现了传统行政伦理对公务员行为的影响。这主要是指，传统行政伦理中的官本位思想、身份等级观念、关系本位思想催生基层公务员的官僚做派和违规用权行为。一方面，在以官为尊、身份等级观念浸淫下，尊上卑下的理念潜在影响基层公务员在职场中的处事原则与行事态度，使基层公务员产生重上级轻下级、重官员轻百姓、重权力轻责任、重管理轻服务的职场偏差行为。尽管党的十八大以来党和政府采取多项措施治理党政机关与领导干部的官僚做派，且取得了一定成效，但是由于整个社会的官本位观念与身份等级观念根深蒂固，加之基层公务员与群众直接打交道，二者各自的官本位思想、身份等级观念发生叠加效应，致使基层公务员官僚做派、唯上不唯下等偏差行为仍然比较普遍。另一方面，关系本位思想影响基层公务员能否做出合规公正的职业行为。"关系""人情"散落在这个"熟人社会"（费孝通，1998：268）的各个层面，其中每一个社会成员都是这网内的一部分，不可能脱离其而存在。基层公务员同样无法逃脱这一"人情关系网"的束缚。当基层公务员的职业行为涉及家族成员或家族利益或人情面子时，基层公务员受人伦情结与关系本位思想的影响，可能做出维护家族利益、买卖人情而违背职业操守与组织利益的行为。

最后，基层公务员职场偏差行为的权力偏差维度回应了新时代干部队伍建设突出合理合规用权的要求。党的十八大以来，诸如高压反腐、颁布中央八项规定和六条禁令、开展干部作风建设、深化监察体制改革、发展和完善巡视巡察制度等一系列规范干部用权的举措多管齐下。这些兼具强度与力度的举措既表明国家要"将权力关进制度的笼子里"①的决心，也体现出新时代干部队伍建设已打上严格约束和规范公务员行政权力的标签。基层公务员身处服务群众的第一线，特别是在教育、医疗、低保、住房、养老等民生领域中一些民生政策、惠民政策的落实中扮演着重要的角色，更应践行权为民所用的准则。对此，将违规用权的行为划入基层公务员职场偏差行为范畴是合理的。

四 政治偏差

政治偏差是指基层公务员在政治信仰、政治立场上未能完全达到组织要求而出现松懈或偏差，做出对党、国家或历史等的名誉或利益造成损伤的行为。具体包括信仰缺失、纪律规矩意识淡薄、组织维护不力等子维度。其中，信仰缺失涉及拜金倾向、制度不自信等行为，纪律规矩淡薄涉及好人主义、看齐意识不强等行为，组织不力涉及名誉维护退缩等行为。该维度是我国基层公务员职场偏差行为与企业员工职场偏差行为区别最大的一个维度。这是因为，政府组织对基层公务员的政治素质、政治能力、政治立场提出了明确要求，这些要求明确见于《公务员法》（2018年修订）、《关于推进公务员职业道德建设工程的意见》（2016）等

---

① 习近平总书记在十八届中央纪委二次全会上指出："要加强对权力运行的制约和监督，把权力关进制度的笼子里，形成不敢腐的惩戒机制、不能腐的防范机制、不易腐的保障机制。"（参见《习近平谈治国理政》，外文出版社2014年版，第388页）

组织规范文本之中。这些要求不在一般意义的企业员工应遵守的组织规范之列。换言之，组织规范中明确提出政治要求这一情形适用于公务员而不适用于一般意义的企业员工。因此，相应的政治偏差是为公务员职场偏差行为所独有的维度。① 尽管 Robinson 和 Bennet（1995）在研究中使用了"political deviance"这一词汇，但是该词在其研究中的定义是"参与社会交往的行为，使其他个人处于个人或政治劣势"，是员工针对组织中其他成员所做出的、后果比较轻微的偏差行为，因而与本书中指向政治素质、政治能力、政治立场等概念中的"政治"在内涵上完全不同。同时，既有公务员职场偏差行为研究成果几乎均未涉及这一方面的职场偏差行为。因此，政治偏差既是基层公务员职场偏差行为的独特维度，也是本书的一个重要研究发现。

这一维度体现出较强的情境化特征，特别是回应了新时代干部队伍建设有关干部政治素质的要求。立足新时代，党和政府对包括基层公务员在内的全体干部的政治素质与政治能力提出了严格要求。干部应具有的政治品德或政治素质、政治能力的内涵主要包括忠诚于党和人民，具有坚定理想信念，增强"四个意识"、坚定"四个自信"，坚决维护党中央权威和集中统一领导以及全面贯彻执行党的理论和路线方针政策②。依据这一观点，基层公务员的职业行为符合执政党的政治要求与价值追求。《关于推进公务员职业道德建设工程的意见》（2016）中明确指出"公务员职业道德建设要突出政治性、示范性、约束性、可操作性"，即将"政治性"列为公务员职业道德建设的首要原则，且将"坚定信念"作为公务员职业道德建设的六大内容之首。③ 从实践来看，近年来基层党政机关的公务员管理尤其强调政治教育与政治素质要求，定期进行政治学习已成为各级党政机关惯例。可见，坚定的政治立场与信仰信念是包括基层公务员在内的公务员应恪守的行为准则，而偏离这一行为准则的行为应划入职场偏差行为的范畴（李莉，2019）。

---

① 此处说政治偏差行为是基层公务员职场偏差行为的独有维度是相对一般意义企业员工职场偏差行为而言的。事实上，其他级别公务员的职场偏差行为同样可能具有政治偏差这一维度。
② 习近平在第十九届中央政治局第十次集体学习时的讲话（内部资料）。
③ 其他五方面内容是忠于国家、服务人民、恪尽职守、依法办事、公正廉洁。

综上所述，本书通过扎根理论方法建构起的基层公务员职场偏差行业的四个维度，既与已有企业员工职场偏差行为结构维度有所区别，又对已有公务员职场偏差行为结构维度有所拓展，还不同程度体现出我国传统官僚制组织特征与传统行政伦理要点，并回应了新时代干部队伍建设的要求，因此，基层公务员职场偏差行为由生产偏差、人际偏差、权力偏差与政治偏差行为四维结构构成是比较合理的。

第四节 本章小结

本章采用质性研究与量化研究相结合的方式，构建了符合公务员职业特征的基层公务员职场偏差行为结构维度，具体进行的研究工作有：通过与25位来自不同年龄、工作年限、行政级别、职位类型和不同地区的基层公务员和10位公众进行半结构化访谈，获得了以扎根理论方法探索基层公务员职场偏差行为维度的原始材料，然后经开放性编码、轴心式编码与选择性编码初步建构起基层公务员职场偏差行为的四维度结构，并形成了基层公务员职场偏差行为测量初始问卷。考虑到扎根理论方法的不足，本书对《公务员法》《国家公务员行为规范》《关于推进公务员职业道德建设工程的意见》《习近平关于全面从严治党论述接编》等10份共约17万字的政策文本进行整理并以之为文本材料，采用内容分析法辅助进行基层公务员职场偏差行为的维度探索以及问卷完善。在通过小规模的预调查和覆盖全国东中西部的部分省（自治区、直辖市）的大样本问卷调查和数据整理后，进行了探索性因子分析和验证性因子分析。结果表明，基层公务员的职场偏差行为的政治偏差、权力偏差、生产偏差、人际偏差四个维度得以确认和验证。同时，本章确定了一个19题项构成的基层公务员职场偏差行为测量量表。最后，从文献来看，本书所建构基层公务员职场偏差行为的四个维度，既与已有企业员工职场偏差行为结构维度有所区别，又对已有公务员职场偏差行为结构维度有所拓展。从实践来看，这四个维度不同程度体现了我国传统官僚制组织特征与传统文化特征，回应了新时代干部队伍建设的要求。因此，本章建构的基层公务员职场偏差行为四维结构是比较合理的。

第四章

负性领导行为影响职场偏差行为的理论模型与假设

本章综合使用资源保存理论、社会交换理论、权力—依赖理论等多个理论作为分析基础,就负性领导行为对基层公务员职场偏差行为影响机理提出具体假设。其中资源保存理论贯穿整个影响机理假设体系,社会交换理论主要用于阐释自变量(负性领导行为)对因变量(职场偏差行为)的影响,权力—依赖理论用于分析调节变量职业发展抱负如何调节自变量与因变量、自变量与中介变量之间的关系,溢出理论则用于分析另一个调节变量家庭支持如何发挥调节作用。

鉴于东西方文化及公务员管理制度存在较大差异,我国基层公务员面临的负性领导行为不完全等同于西方一般意义的负性领导行为。为此,本研究通过文献梳理与对 25 位基层公务员的访谈①,分别从领导工作方式、工作态度、工作价值观方面存在问题从而伤害了基层公务员的利益、认知或情感的角度,提炼出比较符合我国政府组织情境的 12 类负性领导行为。在对这 12 类负性领导行为进行简要释义并设计出典型测项后,将这份基层公务员负性领导行为类型感知简要问卷发放给西北、华中、华东的 3 所高校 MPA 学员中的基层公务员。在回收的 228 份调查问卷中,有 171 人(约占全部受访者人数的 75%)对于他们直接领导的各类负性领导行为有较为强烈的感知。在基层公务员感知的 12 类常见负性领导行为中,出现频次居于前五的是专制行为、被动回避行为、人情冷漠行为、

---

① 该 25 名基层公务员受访者亦即前书第三章第一节为确定基层公务员职场偏差行为维度而进行深度访谈的对象。

自由放任行为、不真诚行为。这与 Schilling（2009）[①] 及 Patel、Hamlin（2017）[②] 的研究结果具有高度的耦合性。综合文献梳理、访谈发现、问卷调查结果和专家学者、基层公务员意见，本书将领导专制行为、领导不真诚行为、领导被动履职行为[③]作为典型的负性领导行为。

第一节　影响机理的理论模型

本章依据"压力—紧张—结果"（stress-strain-outcome，SSO）模型，构建负性领导行为影响基层公务员职场偏差行为的理论模型。SSO 模型的提出者是 Koeske 和 Koeske（1993）。他们使用 Maslach 职业倦怠量表 MBI（Maslach Professional Burnout Inventory，MBI，Maslach & Jackson，1981）以及评估工作压力、社会支持以及不满意和消极意愿负面结果的特定量表对 91 名社会工作人员进行测试，最终构建出一个解释压力过程的"压力—紧张—结果"模型，其中压力表现为工作压力，紧张表现为情绪耗竭，结果表现为工作满意度与离职倾向（Koeske & Koeske，1993）。该模型将压力源与结果联系起来，将紧张确定为由感知压力引起的中介因素，并倾向于消极结果。后来，SSO 模型被发展为组织行为学领域中压力源影响机理的一个经典分析工具，主要用来阐释个体所遭受的压力通过何种影响路径来对其心理和行为产生影响（张冉、叶超，2018），也就是自变量如何通过中介变量影响结果变量的过程。SSO 模型应用于工作场所时，工作压力最具有典型性，且将导致工作紧张，进而导致消极的工作结果（Abraham，1999）。这一特点符合剖析领导的压力（如负性领导行为）通过何种路径（中介变量与调节变量）影响基层公务员职场偏差行为的研究需要，因此，SSO 模型适用于本研究。下面对于模型中相关变量选取的适切性进行具体分析。

职场偏差行为作为 SSO 模型中"结果"因素的适切性。在 SSO 模型

[①] Schilling 通过关键事件法得到频次居于前四位的负性领导行为类型是不真诚行为、专制行为、被动回避行为和限制行为。

[②] Patel 和 Hamlin 提出功能失调行为、无效领导行为、不真实领导行为构成负性领导行为的联合框架。

[③] 本书中，被动履职行为由被动回避行为与消极怠工行为组成。

中，结果（outcome）指的是"长期的压力和紧张导致的持久的行为或心理后果"（Koeske & Koeske, 1993: 111），多为负面的行为、心理或态度，如工作不满意、抑郁、离职倾向等。组织行为学中的负面行为变量——职场偏差行为是典型的消极工作结果，并且 Koeske 和 Koeske 在初次提出 SSO 模型的代表作中也是将职场偏差行为作为结果因素。因此，本书将基层公务员职场偏差行为作为负性领导行为影响基层公务员职场偏差行为 SSO 模型中的结果因素是合适的。

负性领导行为作为 SSO 模型中"压力"因素的适切性。在 SSO 模型中，压力（stress）是指"使个体感知到不安的、具有潜在破坏性的环境刺激（客观事件）"（Koeske & Koeske, 1993: 111）。当客观测量的工作压力因素被员工个体认为是麻烦时，就会产生压力。潜在的工作压力包括超负荷工作、官僚主义、角色模糊或角色冲突、工作—家庭冲突、主管支持缺乏等（Tetrick et al., 2000）。Caplan（1964）和 Lindemann（1994）两位较早将压力引入心理学的学者认为，如果刺激通常导致情绪不安、心理痛苦、身体损伤或暴动，那么刺激就是压力源。如果某些事件被认为是威胁的话，它同样是有压力的。在本书中，负性领导行为可以被视为一种刺激，这种刺激会导致下属基层公务员情绪不安，甚至心理痛苦。这是因为负性领导行为一方面破坏了基层公务员对"领导"的原设，这会形成失望情绪；另一方面诸如领导专制行为、被动履职行为与不真诚行为均因不正面支持基层公务员的工作或职业发展而给其直接带来愤怒、委屈、无奈等各种不安情绪，严重的时候会给基层公务员带来痛苦。同时，根据资源保存理论的观点，个体压力涉及资源的损失或潜在损失。也就是说，负性领导行为会造成基层公务员资源（如自尊、民主参与、职业发展、工作开展、真诚）的损失。因此，负性领导行为属于基层公务员职场中面临的一类重要压力源。

情绪耗竭作为 SSO 模型中"紧张"因素的适切性。在 SSO 模型中，紧张（strain）是指环境刺激（即压力）对生理、意识与情绪造成的破坏性影响，是个体对压力的消极反应，常见的紧张变量如情绪耗竭（Tetrick et al., 2000; Cheung & Tang, 2010）。Koeske 和 Koeske（1993）在提出 SSO 模型代表作中就是以情绪耗竭作为紧张因素，亦即中介变量。同时，从实践来看，随着国家进入全面深化改革的关键时期，各项改革与发展政策下沉到基层，基层公务员的工作量明显加重，基层公务员职业倦怠是近几年基层公务员普遍存在且突出的一个现象。从文献梳理来看，近几年关注基层公务员情绪耗竭或基层公务员职业倦怠的学者越来越多，相关研究成果呈快速增长趋势。因此，本书将情绪耗竭作为负性领导行为影响基层公务员职场偏差行为 SSO 模型中的紧张因素是合适的。

家庭支持与职业发展抱负作为 SSO 模型中调节变量的适切性。Koeske 和 Koeske（1993）在其倦怠 SSO 模型中，提出和实证检验了社会支持与个人成就感在对"压力"与"紧张"、"紧张"与"结果"间的调节作用。在此基础上，本书沿用 Koeske 和 Koeske 的思路，引入家庭支持和职业发展抱负两个调节变量来分别从外部资源与内部资源的角度考察它们对压力与紧张、压力与结果的调节效应。选取家庭支持①作为调节变量是考虑到：家庭支持（家庭领域对工作领域的支持）是近年来组织行为学比较受到关注的一个主题；由于基层公务员的工作性质与特点（如工作量大而报酬低），基层公务员职业行为必然受到家庭因素的影响，家庭支持是一类典型的外部调节因素。选取职业发展抱负作为调节变量是考虑到：包括基层公务员在内的公务员普遍关心其"政治生命"与发展前途；基层公务员工作表现受其晋升与发展欲望的影响较大；受公务员管理制度影响，不同基层公务员个体的职业发展抱负程度具有较大差异；基层公务员职业发展抱负是典型的个人特征因素，属于内部调节范畴。

总体而言，本书中依据 SSO 模型提出负性领导行为影响基层公务员职场偏行为的理论模型（如图 4-1 所示）。该模型中涉及的相关变量（负性领导行为、情绪耗竭、家庭支持、职业发展抱负）既贴合基层公务员的组织情境特点，又是公务员行为研究或组织行为学研究中的热点变量，具有一定的前沿性。

---

① 本书中的家庭支持特指工作—家庭支持中家庭对工作的支持。

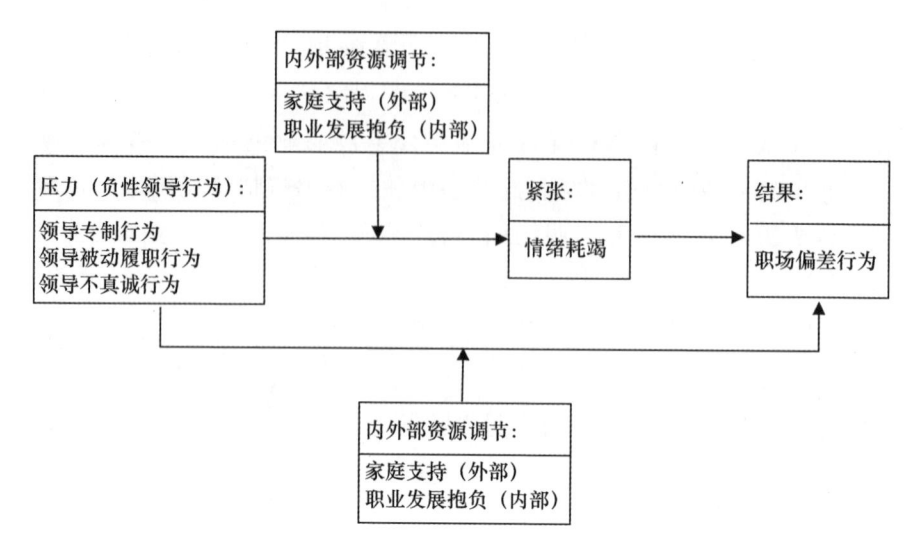

图 4-1　负性领导行为影响基层公务员职场偏差行为的理论模型

第二节　影响机理的基本假设

一　直接效应的研究假设

依据"压力—紧张—结果"模型,本部分先进行"压力"(即负性领导行为)对"结果"(即基层公务员职场偏差行为)直接影响的假设论证。

现有实证研究的结果表明,负性领导行为与职场偏差行为呈正相关关系。Haider 等人(2018)探索了医药行业领导阴暗面与员工职场偏差行为的关系,表明破坏性领导行为显著正向影响员工的离职倾向与职场偏差行为。Kim 等(2013)的研究表明,低质量的领导—成员交换会导致服务业员工的职场偏差行为。辱虐管理(abusive supervision)的研究表明,辱虐管理对员工职场偏差行为具有正向预测作用。辱虐管理代表来自直属领导在情绪和心理上反复性、长期性、主观性的敌意对待(Harvey et al., 2007),容易导致下属产生负面情感体验(如愤怒、委屈、失望等),以及破坏组织利益、同事利益的职场偏差行为(Harvey et al., 2014)。不少国内学者也得出了类似结论(蒋奖、王荣,2012;黄洁,2016;徐景阳、葛晓蕾,2016)。值得一提的是,国内一些关于公务员的实证研究支持上述观点。黄蝶君等（2017）通过对广东省典型地区乡镇公务员及其直接领导的调查研究证实，辱虐管理会直接影响乡镇公务员的工作场所偏差行为。综上可见，在遭受领导轻视、辱骂等负性领导行为后，基层公务员一般会采用间接方式报复，如对领导布置的工作打折扣完成，或将敌对情绪转嫁给同事、群众等职场偏差行为。

资源保存理论是解释负性领导行为与职场偏差行为间关系的重要理论。在政府组织情境中，领导对基层公务员的工作开展、职业发展具有较大的"话语权"与影响力，领导的言行（包括负性领导行为）对基层公务员的心理与行为具有较大的影响。这也就是说，领导尤其是领导支持是基层公务员的一大重要资源，基层公务员十分看重这一资源；而负性领导行为意味着领导支持资源的损失或减少。根据资源保存理论，当个体面临资源损失时，首先采取的对策是保护已有资源而非获取。对此，承受工作压力的个体为了保护自身资源，常常采取的资源保存策略是降低工作努力与绩效水平。由于位于科层制的底层或低层，大部分基层公务员需要承担大量繁杂、重复性强的工作，这些工作也需要耗费基层公务员较多的时间与精力。根据资源保存理论，当基层公务员面临工作压力时，他们会首先保存现有资源，减少资源损耗，最常见的做法就是减少工作时间与精力的付出（如职场偏差行为）。

社会交换理论也为负性领导行为与职场偏差行为间关系提供了理论支撑。社会交换理论代表人物霍曼斯认为，在社会学的交换中，人们并不总是力图将利润最大化，他们在交换关系中只是寻求得到某些利益；用来交换的东西除去金钱以外，还有其他物质性不强的东西，包括认可、尊重、顺从、情感等。在基层公务员与领导的交换关系中，基层公务员提供的资源是工作能力和工作态度，希望从领导处得到的报酬是工作指导、认可、支持与晋升、培训机会或是不批评。而当领导表现出负性行为时，就表明基层公务员未能获得期望的报酬。根据霍曼斯提出的攻击命题（aggression proposition），即当一个人的行为得到意料之外的惩罚，他就会感到愤怒，并有可能做出攻击性的行为。布劳提出，违背公平交换原则会引发攻击性的行为。因此，当基层公务员履行职业行为、完成工作任务而没能获得领导的尊重与认可、遭遇负性领导行为（如辱虐管理、专横、欺骗、责任推脱等）时，会引发基层公务员的攻击行为。此外，根据特纳的观点，制度必须满足人的基本需要。"一种制度满足了人的一系列需求，就会同时剥夺人们的其他酬赏——这就打开了那种被主要的制度压抑着的、可以提供选择性报酬的制度对其进行背离和革命的大门。"（特纳，2001：281）基层公务员出于与领导者之间的权力与职务差距而忍受负性领导行为，这同样构成领导与公务员之间的交换行为。忍受负性领导行为虽然一定程度上满足公务员职责履行或晋升的心理期待，但是会压抑和伤害公务员自尊、幸福感等情感需求。因此，当公务员遭受负性领导行为，也就打开了公务员进行反抗的"革命大门"。根据转移攻击理论，当其无法直接报复挑衅对象时，会朝向易于接近的无辜的目标表达敌意（Miller，1941），在无法直接报复、对抗领导的情形下，公务员最常见的反抗结果是转变工作态度与做出职场偏差行为。

上文主要从理论层面对负性领导行为和职场偏差行为的一般关系进行了论述。下文将从文献层面分别就领导专制行为、被动履职行为、不真诚行为三类主要的负性领导行为与职场偏差行为的关系进行阐述。

（一）领导专制行为对职场偏差行为的影响

1. 领导专制行为的含义

De Hoogh 和 Den Hartog（2008）将专制型领导定义为领导者为追求自身利益，自我扩张和剥削下属而采取专制主义行为和主导行为的倾向。Fred 和 Jonathan（2006）认为专制型风格是一种重要的领导行为形式，其特点包括领导向下属单向沟通、以任务完成为导向等。领导专制行为的重点是获得控制权和主导地位，行为动机是领导自身利益，体现出傲慢、控制、专横、无情的行为特点（Bass，1990；House & Howell，1992；Howell & Avolio，1992）。Schilling（2009）在研究中特别强调"专制领导"行为突出地具有威权主义、地位导向等特征，且领导的这种服从和顺服要求具有一定的破坏性。具体的专制行为如发号施令、独裁行事等。根据 Schilling 的观点，领导专制行为包含了负面领导行为的最重要特征。他也指出，专制领导者需要下属绝对服从，并使用苛刻的控制机制来操纵和利用下属获得个人收益，而不管其下属的需求和担忧。

综合起来，本书将领导专制行为界定为：领导将权力高度集中，要求下属顺从或服从，不允许下属发表意见或对工作有较多的自主权，以及其他剥削下属劳动力的带有长官意志的行为。这一界定涵盖了 Schilling 问题调查中的专制行为、剥削行为与限制行为。领导专制行为是领导工作方式存在问题的重要体现。从问卷调查的结果来看，被重新界定后的专制行为为大部分基层公务员普遍感知。这也与我国公共部门中普遍高权力距离的实际相符（谭新雨、汪艳霞，2017）。

2. 领导专制行为与基层公务员职场偏差行为的关系

领导专制行为意味着领导独裁行事、傲慢无礼、不注重听取下属的意见和激发下属主动性，需要下属无条件屈服、执行和忍受领导发号的命令。显然，长期遭受领导专制行为的基层公务员，要花费大量时间和精力去满足领导的专横要求，同时会产生委屈、志不得伸的负面心理体验。由于精力和时间被占用，受到意料之外的剥削压迫行为而引发的攻击性动机，导致基层公务员倾向于做出职场偏差行为这类消极工作行为。Erkutlu 和 Chafra（2018）认为在领导者与下属的交换关系中，下属可能难以直接向专制领导者表达他们的反应，但他们会通过职场偏差行为间接表现出不满。他们对土耳其 15 所大学随机选择的 1219 名教职人员及其部门主管进行了实证调查，结果证实，领导专制行为与组织偏差行为具有显著正向相关关系。Gilliland（1993）、Skarlicki 和 Folger（1997）等的研究也表明，当员工遭遇主管不尊重等不利行为时，往往会采取不正当的行为或不服从等消极行为。另外，不少研究结果表明，领导专制行为与员工积极行为（如组织公民行为、创新行为）或组织绩效之间存在负相关关系（Naseer et al.，2016）。还有研究发现，当领导者以体贴的方式对待他们的员工时，员工通过参与更频繁的公民行为来进行回应，例如表达有助于组织改进的建设性意见（Wang et al.，2005；Van Dyne et al.，2008）。这表明，个体倾向于期望得到领导比较温和的领导方式，从而做出有利于组织发展的行为。反之，领导专横霸道的行为容易引发员工的消极行为（如职场偏差行为）。Tuzun 等人（2017）的研究也支持这一观点。他们通过对 225 位学者进行自评和同行他评相结合的调查发现，积极民主的主管行为能有效减少员工偏差行为。

（二）领导被动履职行为对职场偏差行为的影响

1. 领导被动履职行为的含义

本书中的领导被动履职行为主要是指领导履行计划、决策、运行等领导职能不到位而表现出来的消极行为,包括逃避做出决定和承担任务或消极执行上级布置的命令,以及在遭到批评与抵抗时随意改变立场等。被动履职行为的主要表现之一是被动回避行为。Avolio 等人(1999)在 Bass(1985b,1988)、Hater 和 Bass(1988)的研究基础上提出的六因素领导力模型①,其中之一是被动回避领导力,包括被动管理例外行为、自由放任行为两方面的含义②,其经典定义是"只有在问题严重到需要采取纠正措施后才会作出反应,并且往往避免作出任何决定"(Avolio & Bass,1991)。从一定程度上来说,被动回避作为领导变革行为的对立面(Frooman et al.,2012)。这类行为意味着要确保人们不必对某些决策或行为进行解释(例如"回避做决定","只谈论问题而不解决问题")。正如 Schilling(2009)在研究中指出,这样的领导行为主要特征是避免做出决定和采取立场,或者在受到批评或抵制的情况下立即改变立场。这些行为类似于 Aasland 等人(2003)提出的不一致领导风格(被动)(inconsisant)表现的行为。对应 Avolio 和 Bass(1991)提出的全范围领导模型,被动回避行为则主要指消极例外管理(passive management by exception)行为(不稳定和不一致的行为使得不可能评估他/她的性格和意见)。表现这类行为多的领导者多被认为是无效/无能的领导者(Padilla et al.,2007)。有关元分析研究表明,被动履职领导是非常无效的(Lowe et al.,1996;Judge & Piccolo,2004),因为他们不能鼓励追随者去完成自己的任务,不能指导员工,不能明确分工,不能设定明确的期望。

领导被动履职行为还包括消极怠工行为,即领导消极对待上级任务、

---

① 该模型由三类变革型领导(魅力激励型、智力激励型、个性化关怀),两类交易型领导和一类被动回避/放任型领导组成。

② 多项实证分析表明,多因素领导问卷(MLQ)中的自由放任和被动例外管理是高度相关的(参见 Francis J. Yammarino and Bernard M. Bass, "Transformational leadership at multiple levels of analysis", *Human Relations*, Vol. 43, No. 10, 1990, pp. 975 – 995; Deanne N. Den Hartog, Jaap J. VAN Muijen and Paul L. Koopman, "Transactional versus transformational leadership: an analysis of the MLQ", *Journal of Occupational and Organisational Psychology*, Vol. 70, No. 1, 1997, pp. 19 – 34; Bernard M. Bass, *Leadership and performance beyond expectations*, Free Press, New York, 1985; Bernard M. Bass, "Leadership: good, better, and best", *Organizational Dynamics*, Vol. 13, No. 3, 1985, pp. 26 – 40),因此,Aviolio 等将其组合起来作为"被动回避领导力",这也是本书将其作为一个单独变量的主要原因。

低效率工作的行为。这是因为：在实际工作中，基层政府的一项主要工作是执行和完成上级机关布置的任务，基层公务员的领导除了一般领导职能外，还需要承担较大部分具体性、执行性、基础性的工作。所以本书的被动履职行为关注领导在完成具体工作时表现出的负性行为，如工作拖沓、工作应付等。当领导表现出消极工作行为时，下属往往会因领导履职不到位影响下属工作开展而感到愤懑，并因此产生领导能力低下或领导威望不高等想法。总体而言，被动履职行为是一种无效或低效的领导行为。

2. 领导被动履职行为与基层公务员职场偏差行为的关系

领导被动履职行为往往表现为领导不能有效履行决策、计划、执行等职能要求，表现出优柔寡断、消极工作、应付拖沓等具体行为。被动履职的领导是被动消极的，未能为下属寻找工作意义提供鼓励或支持（Bass, 1997）。根据社会交换理论，基层公务员在付出努力（如执行领导的指示）得不到相应的报酬（如满足帮助实现工作意义）时，会反馈出负性行为（如职场偏差行为）。另外，社会学习理论认为，个人主要通过观察他人的行为以及这种行为引发的后果来学习（Bandura, 1977; Davis & Luthans, 1980）。在许多情况下，个人从领导者那里了解什么是规范行为，什么行为可为，以及什么行为不可为。这也就是说，基层公务员通过直接和间接的经验来学习履行行政职责。当领导做出被动履职行为时，作为下属的基层公务员容易被这些行为影响，甚至模仿这些行为，从而做出消极怠工等职场偏差行为。Frooman 等人（2012）基于对 120 名国家邮件递送公司雇员的调查指出，领导被动回避行为是员工不合理旷工的有效预测变量，正向影响员工的不合理旷工行为。Legood 研究团队（2018）在调查和分析 250 名员工及其 23 名上司的配对数据后发现，领导者的拖延与下属的职场偏差行为呈显著正相关关系。他们同时指出，领导拖延是消极领导行为的一种明显形式，代表了跟随者工作挫折感的重要来源，工作挫折感在领导拖延与下属职场偏差行为之间起中介作用。一些有关职场不文明行为的研究认为，领导不作为行为表现为忽视了职场中的隐患与问题、对违反规范的行为未能予以有效制止与惩罚，从而会导致和加剧职场不文明行为（Lee & Jensen, 2014）。严瑜、李彤（2018）在研究中指出，根据事件系统理论，领导不作为不仅纵容职场不文明行为，而且会因未能维护公平和受害者自尊而引发受害者的攻击性，使受害者转变为实施者。置言之，消极不作为的领导行为会使包括不文明行为在内的职场偏差行为愈演愈烈。

（三）领导不真诚行为对职场偏差行为的影响

1. 领导不真诚行为的含义

在 Schilling（2009）的研究中，不真诚行为是负性领导行为的重要类别之一。他形容这类领导以牺牲他人为代价来实现个人目标，不采用直接对抗的形式，而是以隐瞒和欺骗的形式。Patel 和 Hamlin（2017）认为不真诚行为源于领导者缺乏诚实、正直、道德和透明度，是一种不真实的行为。在负性领导行为研究之初，学者们就关注到了不真诚行为，只是这些行为散见于负性领导行为的相关概念之中。Yukl（1999）观察到一些魅力型领导者滥用自己的权力来达到自我服务的目的，同时"夸大积极成就并冒领功劳……掩盖错误和失败……责怪他人犯错误……并限制批评和异议的交流"。Yukl 将这些行为称为魅力型领导的"阴暗面"，也就是本书所认为的不真诚行为。不真诚行为是典型的自我利益导向，行为主体关心的是建立自我支持而不是亲社会动因。在政府组织管理实践中，领导的不真诚行为是比较常见的。比如"领导在布置任务时，承诺会给予大力支持，到后来的具体工作中却几乎不闻不问也不给予支持"（观点来自受访者05）。又如，"当出现紧急情况时，领导一般反应是'你怎么搞的，我不是让你多注意这个事吗？'但事实上，他从没有提到要注意这些事"（观点来自受访者02），还有受访者表示"我们领导这个人太假了，经常晚上发朋友圈说工作又加班，事实上他只是晚上在办公室看球赛或新闻"（观点来自受访者08），诸如此类。

综上所述，本书将领导不真诚行为界定为：领导为实现个人目标（获得政绩或上级好评、逃避责任、保全面子等），而采取将责任推卸给下属、踩低攀高、欺骗、巧言令色、偏倚偏帮等策略的行为。不真诚行为是领导价值观存在问题的行为。

2. 领导不真诚行为与基层公务员职场偏差行为的关系

领导不真诚行为的主要表现形式有领导推卸责任给他人、踩低攀高、欺骗、巧言令色等行为。根据霍布斯社会交换理论的攻击/赞同命题，在领导与基层公务员的交换关系中，基层公务员勤奋工作，得到的是领导不履行承诺、争夺功劳、推卸责任或是冷嘲热讽等意料之外的惩罚。这样的领导行为会直接伤害基层公务员的利益或情感，也更容易激起基层公务员的负面情绪与攻击性行为。他们可能会做出故意降低工作效率、就不必要事项请假、情绪化工作等职场偏差行为，进而将其愤怒转嫁到工作、同事、服务对象上。同时，社会交换也可以以消极的方式产生作用，鼓励更具破坏性的负互惠形式。当领导者经常表现出不真诚行为时，他们培养的员工也可能常常表现怀疑、不信任、欺骗等不真诚行为（Tepper et al.，2009；Moore et al.，2012）。d'Adda 等（2017）的自然实验表明，不诚实行事的领导者更可能鼓励追随者做出不诚实行为。当员工认为他们的雇主没有履行承诺时，员工可能希望通过减少他们的积极行为并显示更多消极行为来进行"回报"（Ertas，2015）。Litzky 等人（2006）的研究表明，当管理者参与或容忍偏差行为，或者当他们创造不合理的压力来遵守或违反员工信任时，可能导致不良行为。也就是说诸如失信、排斥、欺骗等不合理的领导行为与员工职场偏差行为之间紧密相关。此外，诸多关于领导非伦理行为的研究也表明，不真诚行为作为典型的非伦理行为，会通过降低员工的道德意识或组织认同而对员工的职场偏差行为产生积极的影响（Van den Akker et al.，2009；Gok et al.，2017）。

基于以上分析，本书提出负性领导行为与基层公务员职场偏差行为之间的研究假设：

H4-1：负性领导行为对基层公务员职场偏差行为具有正向显著影响。

H4-1a：领导专制行为对基层公务员职场偏差行为具有正向显著影响。

H4-1b：领导被动履职行为对基层公务员职场偏差行为具有正向显著影响。

H4-1c：领导不真诚行为对基层公务员职场偏差行为具有正向显著影响。

二 中介效应的研究假设

"压力—紧张—后果"模型认为，紧张是个体员工对于压力环境的回应,一般分为情绪紧张、生理紧张与工作相关的紧张三个种类。本书中的情绪耗竭属于与工作环境相关的紧张,是个体处于压力性工作环境下的紧张。基于SSO模型,本部分主要就"紧张"(情绪耗竭)是否中介于"压力"(负性领导行为)和"结果"(职场偏差行为)进行假设论证。具体而言,本部分将分别论证负性领导行为对情绪耗竭的影响,以及情绪耗竭对职场偏差行为的影响,再在此基础上提出情绪耗竭在负性领导行为与职场偏差行为间关系的中介作用。对此,将做出情绪耗竭的中介假设。

情绪耗竭(emotionalexhaustion)是职业倦怠(job burnout)的一个维度。从Freudenberger(1974)将"职业倦怠"一词引入社会服务文献开始,社会工作者的倦怠已经成为学者们广泛讨论的主题。许多研究已经确定了倦怠的各种生理、行为或心理症状(Kahill,1988)。其中,学术界普遍认可Maslach和Jackson(1981)对职业倦怠的维度研究,即职业倦怠由情绪耗竭、去人格化、低成就感三个维度构成。情绪耗竭是职业倦怠最明显的表现,被定义为"因工作造成的情绪过度耗费和衰竭的感觉"(Wright & Cropanzano,1998:486)。梳理有关情绪耗竭的研究发现,人格特征(如低核心自我评价、低自尊、高神经质)、工作特征(如工作负荷、角色冲突)、职业特征(如教师、护士)、组织因素(如组织公平感、负性领导行为)是情绪耗竭的常见前因变量(张军伟,2015:7)。人们普遍认为情绪耗竭是一种由压力源引起的紧张,是对长期性压力的反应(Schaufeli & Enzmann,1998)。当员工认为他们缺乏适当的情绪储备来管理持续不断的压力时(Lee & Ashforth,1996:123),就会引发情绪耗竭。Demerouti等人(2001)通过研究发现,缺乏工作资源导致工作需求得不到满足,进一步导致情绪耗竭。

(一)负性领导行为对基层公务员情绪耗竭的影响

诸多研究共同发现,来自领导的压力对个人情绪耗竭具有显著正向预测作用。Cordes等人(1997)认为,从理论上讲,如果与领导的互动给员工造成压力,员工就会产生情绪耗竭。Li等(2016)通过248份主管—下属配对数据证明辱虐管理与职业倦怠正向相关。学者们认为,情绪耗竭与传统的压力反应(Cordes & Dougherty,1993)非常相似,可以被概念化为一种由工作场所的压力源引起的紧张(Demerouti et al.,

2001；Duffy et al.，2012；Kacmar et al.，2013）。根据 SSO 模型，情绪耗竭是一种压力应激下的常见紧张反应，SSO 模型提出者 Koeske 和 Koeske（1993）就是以情绪耗竭作为"紧张"变量来检验和论证模型的。

同时，根据资源保存理论，面临过度压力的员工将首先决定他们是否有能力或资源来应对压力。如果他们无力应对，而且他们的资源在没有补给的情况下不断消耗，员工就会形成消极的生理和情绪反应（Hobfoll，2001）。其中，情绪耗竭是对压力情况最常见的消极反应。基层公务员在面临负性领导行为造成的自尊、自信、归属感等资源损失威胁时，个体会面临心理压力。因此，基层公务员必须花费大量精力来处理和缓解领导带来的压力。这样一来，下属的心理资源可能会逐渐消耗殆尽，从而导致情绪耗竭。此外，由于个体自身的能量是有限的，基层公务员消耗自身能量应对各类负性领导行为及由此带来的一系列不合理工作任务，他们处理其他领域事务（如具体工作，与同事相处、服务群众）的精力与能量不足，进一步扩大和加剧了基层公务员的情绪耗竭程度。

此外，社会交换理论认为，所有交换都应遵守互惠与公正原则。当这两个原则遵守不到位或遭到违背时，会持续出现大量的紧张状态。在领导与基层公务员这对交换关系中，领导表现出各种负性领导行为，表明领导未能遵守互惠与公平原则，这将导致基层公务员出现心理紧张状态（如情绪耗竭）。

上述部分主要从理论层面对负性领导行为和基层公务员情绪耗竭的一般关系进行了论述。下文则将从相关文献层面分别进一步阐述领导专制行为、被动履职行为、不真诚行为这三类主要的负性领导行为与情绪耗竭的关系。

1. 领导专制行为对基层公务员情绪耗竭的影响

一般认为，当情绪需求超过个人在工作中处理人际交往的能力时，情绪耗竭就会发生（Maslach et al.，2001）。在基层政府组织中，常常表现出专制行为的领导一定程度上将基层公务员当作工具，不听取和尊重下属的意见与想法，这不仅加重基层公务员的工作负担，也妨碍基层公务员实现自身的价值，久而久之，会造成基层公务员失去工作的热情与动力。对此，越来越多的证据表明，极具攻击性的领导行为能够导致下属产生有害的结果，包括焦虑、抑郁（Tepper，2000）和倦怠（Aryee et al., 2008；Wu & Hu, 2009）。领导专制行为及与之相似的暴虐、自私、剥削行为，会对下属造成压力，从而导致职业倦怠（Ashforth & Lee, 1997；Den Hartog & De Hoogh, 2009）。Mulki 等人（2006）以美国医疗保健与社会福利服务组织的 208 名工作人员为研究对象，通过调查提出，当领导重视发挥下属的主动性，允许下属参与到组织决策中来时，下属的情绪耗竭水平会降低。因此，Mulki 和他的研究团队建议，领导者应减少专制行为，下放权力，并鼓励下属积极参与组织决策。Nauman 等人（2018）对 224 名在图书出版社工作的销售人员进行了纵向调查，bootrstrapping 分析的结果表明，领导专制行为与员工情绪耗竭呈显著的正相关关系。

2. 领导被动履职行为对基层公务员情绪耗竭的影响

领导表现出被动履职时，一般既不向员工提供任何正面的反馈，也不会真正授权员工使其成为自主决策者（Bass & Riggio, 2006）。这就造成员工不仅发挥主动性的空间有限，同时会感到迷茫或无所适从，从而引发工作倦怠。已有不少研究调查了被动履职行为与工作满意度之间的联系，表明两者之间存在负相关关系（Walumbwa et al., 2005；Berson & Linton, 2005；Erkutlu, 2008）。Derue 等使用荟萃分析也证明了两种形式的被动履职领导力和工作满意度之间的消极关系。鉴于工作满意度与工作倦怠（包括情绪耗竭）之间高度相关的对立关系进一步推论，被动回避行为与情绪耗竭可能存在正相关关系。值得一提的是，国内学者刘婧媛（2015）通过对河南省某县的实证调查发现，当基层青年公务员个体的自主性或认知与职业环境发生冲突时，其矛盾心理容易产生厌倦工作的消极情绪。这意味着，当基层公务员长期面临领导被动履职行为，现实中的领导形象（被动、低责任感）与其个体意识中理想的领导原型（一般是积极主动、有担当的）发生冲突，基层公务员会因此感到倦怠。

3. 领导不真诚行为对基层公务员情绪耗竭的影响

领导不真诚行为可以理解为领导对基层公务员的不公正待遇。即基层公务员勤奋工作和尊敬领导没有获得应有公正对待，而是受到欺骗、指责、嘲弄等不公正待遇。Brenza 和 Bobocel（2017）认为，公正待遇能一定程度上满足员工的工具和关系需求。根据心理学相关研究，当人们认识到工具性和关系性需求得到满足时，他们会经历更低水平的负面心理状态（例如，低活力、焦虑）和低水平的情绪耗竭。与之相反，不公正待遇（如不适当的批评、表扬或肯定缺位）会激发需求与满足之间的矛盾，从而产生负性心理状态，进而形成情绪耗竭（Liljegren & Ekberg, 2009; Lambert et al., 2010）。另外一些研究提出，领导与下属之间真诚地表达情感有助于减少下属的情绪耗竭（Medler-Liraz & Seger-Guttmann, 2018）。反之，从互惠原则的角度来看，领导不真诚行为破坏了领导与基层公务员之间的互惠交换关系。鉴于在基层政府组织实践中，领导与基层公务员之间领导与被领导的关系比较固定的实际，基层公务员对领导的依附关系较强。对领导来说，由于其升迁速度相对缓慢，其职位与职级变动周期长，也不太需要争取基层公务员在民主测评时给予好成绩，因而在与基层公务员相处时不需要付出太多真诚行为。当领导频频表现出虚假行为时，基层公务员会表现委屈、愤怒、失望等负性心理体现。根据 Cropanzano 和 Mitchell（2005）关于互惠原则的观点，基层公务员从组织中获得了负性的心理体验时，他们就倾向于表现出负面反馈行为，其中包括职场偏差行为。

基于此，本书提出负性领导行为与基层公务员情绪耗竭之间的研究假设：

H4-2：负性领导行为对基层公务员情绪耗竭具有正向显著影响。

H4-2a：领导专制行为对基层公务员情绪耗竭具有正向显著影响。

H4-2b：领导被动履职行为对基层公务员情绪耗竭具有正向显著影响。

H4-2c：领导不真诚行为对基层公务员情绪耗竭具有正向显著影响。

（二）情绪耗竭对职场偏差行为的影响

根据"压力—紧张—结果"模型，工作紧张会导致消极的工作结果。Tetrick 等（2005）提出，个体在长期的压力和紧张后常常会出现负面、消极的行为或心理后果。现有的 SSO 模型应用研究表明，员工的负面行为是典型的"结果"变量。据此而言，情绪耗竭作为工作紧张的一种表现形式，对职场偏差行为具有预测作用。同时，根据资源保存理论的绝望性原则（Hobfoll et al., 2018），当人们的资源被耗尽时，他们进入一种防御模式来保护自我，这种防御模式通常具有防御性、攻击性。情绪耗竭的员工投入工作上的认知、心理和情感资源减少甚至出现耗竭，这使得他们难以顾及人际和工作需求，他们出于自我防御可能表现出一些不合理的防御行为。例如，他们可能故意放慢工作节奏，损害公司财产，玷污公司声誉，提高财务成本，以及分享公司机密信息。这些员工使用回避应对方法来远离工作要求并从事不正常的行为（Van der Linden et al., 2005）。此外，Spector 和 Fox（2005）开发的压力—情绪（stressor-e-motion）模型认为，情绪是对工作压力源的重要回应，负面情绪可能导致职场偏差行为立即出现或随后出现。

诸多研究表明，当员工处于高水平的情绪耗竭状态时，他们更易从事反生产行为或职场偏差行为。Choi 等（2014）在研究中提出，情绪耗竭会产生工作抑郁、对同事漠不关心、工作不专心等一系列心理和行为问题。Jahanzeb 和 Fatima（2018）通过调查 320 名巴基斯坦服务部门人员后发现，情绪耗竭与人际偏差行为呈显著正相关关系。Van Jaarsveld 等人（2010）的研究表明，情绪耗竭的存在导致工作场所的人际功能障碍（例如，工作场所的人际偏差和反生产工作行为）。Enwereuzor 及其搭档（2017）以教师为研究对象，结果证明，情绪耗竭与职场偏差行为间的正相关关系同样适用于教师这一群体。不少国内学者也得到了相似的结果。朱晓妹等（2015）人以南昌、杭州、温州和绍兴 4 座城市 5 家企业的 226 名员工为问卷调查对象，研究结果发现，情绪耗竭与员工职场偏差行为呈显著正相关关系。台湾学者 Peng 等人（2016）在调查了 262 位台湾长期照护机构的照顾者后发现，情绪耗竭在职场欺凌行为与职场偏差行为之间起完全中介作用。孙旭等（2014）通过对 19 家企业、180 名管理者和 360 名下属的配对研究也得到了同样的结果，即员工情绪耗竭水平越高，表现出的职场偏差行为越频繁。

基于此，本书提出基层公务员情绪耗竭与职场偏差行为之间的研究假设：

H4-3：基层公务员情绪耗竭对其职场偏差行为具有正向显著影响。

（三）情绪耗竭在负性领导行为与职场偏差行为间的中介作用

基于先前假设提出，负性领导行为对基层公务员情绪耗竭具有正向显著影响，基层公务员情绪耗竭对其职场偏差行为也具有正向显著影响。因此本书提出情绪耗竭在负性领导行为与职场偏差行为之间起中介作用的研究假设：

H4-4：情绪耗竭在负性领导行为与基层公务员职场偏差行为间起中介作用。

H4-4a：情绪耗竭在领导专制行为与基层公务员职场偏差行为间起中介作用。

H4-4b：情绪耗竭在领导被动履职行为与基层公务员职场偏差行为间起中介作用。

H4-4c：情绪耗竭在领导不真诚行为与基层公务员职场偏差行为间起中介作用。

三 调节效应的研究假设

尽管上文直接效应与中介效应的理论假设解释了为什么负性领导行为对基层公务员职场偏差行为有影响以及有哪些影响，但是仍然无法解释同样面对负性领导行为，部分下属表现出职场偏差行为而部分下属没有表现出职场偏差行为或是表现出的职场偏差行为强弱程度不一。对于这一问题，Koeske 和 Koeske（1993）在提出"压力—紧张—结果"模型时指出，在"压力"与"紧张"、"压力"与"结果"之间可能存在一些调节变量，例如社会支持与个人特质。对此，本书将结合基层公务员的职业特点，慎重选择调节变量，并依据相应理论以及前文有关基层公务员的访谈分析提出本书 SSO 模型中的调节效应假设，以更好解释负性领导行为对职场偏差行为的影响机理。

根据相关文献综述，已有不少研究关注企业组织负性领导行为与员工职场偏差行为的关系，但是对负性领导行为与职场偏差行为间关系作用边界的研究不足。同时，从非参与性的实践观察来看，不同公务员个体遭遇相同或相似负性领导行为时，其职场偏差行为反应是不相同的。通过与多位基层公务员的访谈了解到，公务员的职业发展抱负、家庭支持对其遭遇负性领导行为后工作态度及情感体验、职场偏差行为的反应等有重要影响。因此，本书引入职业发展抱负、家庭支持作为调节变量，均分别从直接影响和间接影响两条路径探索其在自变量（负性领导行为）与因变量（职场偏差行为）间关系中的调节作用。其中，间接影响路径是指调节变量（职业发展抱负、家庭支持）通过调节自变量（负性领导行为）与中介变量（情绪耗竭）对因变量起影响作用。

(一) 家庭支持对负性领导行为与职场偏差行为的调节作用

1. 家庭支持的含义

工作与家庭是每个在职人员不可割裂的两个领域。然而,有关工作—家庭关系的研究并不多,早期研究主要集中在工作—家庭冲突(Greenhaus & Beutell, 1985; Frone & Rice, 1988; Netemeyer et al., 1996; Houlfort et al., 2018; 曹蓉、王磊, 2009)。近年来受积极心理学的兴起与发展的影响,才逐渐有学者关注到工作—家庭平衡(work-family balance, Clark, 2000, 2001; Saltzstein et al., 2001)、工作—家庭促进(work-family enrichment, Greenhaus & Powell, 2006; Russo & Buonocore, 2012)、工作—家庭增益(work-family enhancement, Wadsworth & Owens, 2007; Wiese et al., 2010)、工作—家庭支持(work-family support, Haar, 2004; Wayne et al., 2006; Stock et al., 2016)等积极的工作家庭关系上。其中,工作—家庭促进与工作—家庭冲突相对,被定义为"一个角色的经验改善了个人在另一个角色中的生活质量"(Greenhaus & Powell, 2006)。工作—家庭支持是工作—家庭促进的一种体现。本书的家庭支持(family support)就属于工作—家庭支持中的一部分。大部分学者认为,工作—家庭支持是一个双向的概念(李雪松, 2011),如同工作—家庭冲突一样,既包括工作领域对家庭领域支持[①],也包括家庭领域对工作领域的支持。出于研究需要,本书仅关注家庭领域对工作领域的支持,并简称之"家庭支持",关注家庭成员(如父母、配偶、子女等)对个体在工作领域的支持。从表4-1可以看出,学者们普遍认为,家庭支持可分为

---

① 工作对家庭的支持主要包括家庭福利功能(use of family friendly benefits)、家庭支持文化(family-supportive culture)两类。家庭友好好处使用是指组织通过政策、制度向员工提供满足家庭需要的支持、时间、关注或资源(如信息、服务)等的一种正式形式的福利。也有学者将其称为正式形式的工作—家庭支持(formal work-family support)。家庭支持文化是一种对家庭相关需求提供一般管理支持的文化,不会因为花时间与家人一起惩罚员工,并且组织规则不会对上班时间提出过当要求(Thompson等, 1999)。强大的家庭支持文化表现主要为(a)更大的管理支持,(b)更少的时间要求,以及(c)更少的负面职业后果。学者们也将其称为非正式的工作—家庭支持(informal work-family support)。关于工作—家庭支持的另一种分类方式是,将工作—家庭支持分为组织工作—家庭支持(organizational work-family support)和主管工作家庭支持(supervisior work-family support)。参见 Julie Holliday Wayne, Amy E. Randel, Jaclyn Stevens, "The role of identity and work-family support in work-family enrichment and its work-related consequences", *Journal of Vocational Behavior*, Vol. 69, No. 3, 2006, pp. 445–461。

家庭工具性支持（family instrumental support）和家庭情感性支持（family affective support）两类。前者指家庭成员通过帮助履行家庭角色、提供建议等行为对成员的工作提供实质性帮助；后者指家庭成员通过表现出理解、倾听、关心成员工作等情绪或行为对成员进行鼓励与支持。

在本书中，家庭支持虽然特指家庭领域对工作领域的支持，但仍会在工作—家庭领域的基础上引用一般意义的家庭支持的相关研究成果。这是因为：其一，家庭支持是社会支持的主要形式（Beehr，1985），作为社会支持概念中的家庭支持已经广泛应用于医疗卫生、心理学、社会学等研究领域，其概念内涵、影响因素及影响效果等研究成果已然相对成熟。其二，积极的工作—家庭关系本身刚刚兴起，作为工作—家庭支持概念中的家庭支持的研究成果比较缺乏，并且，现有研究大多直接引用作为社会支持表现形式之一的家庭支持的相关定义与测量量表，但并未就工作—家庭支持中的家庭支持提出新的概念或特征。

表4－1　工作—家庭研究中家庭支持概念的代表性观点

出处	定义
King 等（1995）	家庭支持是家庭成员提供的支持，包括情感性支持（对个体的工作感兴趣）和工具性支持（帮助履行家庭角色职责）两个维度
Aycan 和 Eskin（2005）	配偶支持是夫妻一方提供给另一方的支持，包括情感性支持（倾听、理解和关心等）和工具性支持（帮助料理家务和照顾孩子）两种形式
李永鑫，赵娜（2009）	家庭支持是来自家庭领域帮助个体履行工作职责的社会支持，包括情感性支持（如家人给予精神支持和鼓励）和工具性支持（如家人多承担家务）两个维度
Siu 等（2010）	家庭支持是能够增强个体工作投入的资料，家庭成员通过提供工具性建议和情感性资源帮助个体更好地实现工作目标
Boyar 等（2014）	家庭支持是家庭成员提供的支持，包括领域内支持（以情感性和工具性方式满足个体家庭领域的需求）和跨领域支持（以情感性和工具性方式满足个体工作领域的需求）

资料来源：费小兰等：《工作—生活平衡理念下的家庭支持：概念、维度及作用》，《心理科学》2017年第3期。

支持是一项重要的工作资源。在工作中或在家庭中获得支持是一种资源，它在一个领域产生积极影响，并最终提高一个领域的生活质量（Greenhaus & Powell, 2006）。尽管处于工作环境之外，家庭成员仍有独特的机会向员工提供情感鼓励和有益帮助（Adams et al., 1996），对员工在工作领域的精神状态或行为表现产生积极影响。对基层公务员而言，家庭支持是比较珍贵的资源。这是因为：一方面，大部分基层公务员的工作是比较繁重的，加班呈常态化趋势。尤其是党的十八大以来，党和政府加强了机关作风建设，推进了多项改革工作，打响了脱贫攻坚战，这些工作基本上最终下沉到基层公务员身上，其工作量明显增强。另一方面，基层公务员尤其是中西部地区的基层公务员的收入水平普遍偏低（欧阳静，2017）。上述两个方面使得基层公务员对家庭的时间贡献、精力贡献与经济贡献都受到挑战。现代生活模式的实际情况是，家庭成员共同承担承家庭责任与压力（Stock et al., 2016）。这也就是说，基层公务员工作领域的压力会影响到他们家庭责任的承担，从而引发工作—家庭冲突。在这种情况下，家庭支持的调节作用就显得尤为可贵。家庭成员的情感支持和工具性支持不仅有助于减轻基层公务员的工作—家庭冲突，而且有助于帮助基层公务员排解工作压力、调整工作状态。然而，梳理文献发现，鲜有公务员家庭支持方面的研究成果。这既是由于我国公共组织行为学起步晚的大背景，也是由于积极的工作—家庭关系研究也刚兴起不久。对此，基于家庭支持对基层公务员工作的重要性以及丰富公务员的家庭支持研究的考虑，本书有意探索家庭支持分别对基层公务员工作压力（负性领导行为）与工作紧张（情绪耗竭）、工作压力结果（职场偏差行为）间关系的调节作用。

2. 家庭支持在负性领导行为对职场偏差行为直接影响路径中的调节作用

根据资源保存护理论的原则三，当资源损失情况严重时，资源获取变得更加重要，个体会优先考虑获取资源（Hobfoll et al., 2018）。也就是说，当个体遭遇负性领导行为时，会出现自尊、积极性、自信等资源受损的情况，此时就需要及时获取资源或是得到资源补给。家庭支持是一种关键资源，可以引导个体感受到被爱、被照顾和重视（King et al., 1995），可以促进家庭中的积极感受转移到个人在工作中的运作，是给工作领域资源受损个体的一种资源补充。也就是说，当个体在工作领域经历负性领导行为而出现资源受损情况时,家庭成员通过关心、理解、倾听、鼓励等形式的情感性支持与分担家务、给予建议等形式的工具性支持对个体而言是资源补给。这既能缓解个体因资源损失而形成的紧张,也能避免个体陷入资源的损耗螺旋。同时,根据资源保存理论,个人可用的资源将影响个体对压力的反应(Grandey & Cropanzano,1999),家庭支持使基层公务员可用资源得到补充或增多,能缓解基层公务员在工作领域面临的压力,尤其是那些阻断性压力。Cohen 和 Wills(1985)在研究中指出,支持起着缓解压力的作用,充分的支持能介入压力源对压力的影响。此外,根据溢出效应(spillover effect),事物一个领域的发展能带动其他领域的发展(Boyar et al.,2003)。家庭支持不仅使基层公务员在生活领域生活幸福,而且这种幸福感可以溢出到其他领域而提高工作领域的幸福感。诸多相关文献的研究结果也支持了家庭支持对工作压力与工作紧张间关系的缓冲作用。

首先,有不少研究探索了家庭支持对员工工作压力与职场行为的影响。工作与家庭之间的兼容性是员工福祉和绩效的重要决定因素(Baltes et al.,1999;Thomas & Ganster,1995)。King 等(1995)在研究中指出,无论工具性支持还是情感性支持都指向家庭成员对员工的职场态度和行为产生影响。工具性支持表明家庭成员的行为和态度,如减轻雇员的家务劳动或以其他方式满足员工的工作要求。情感性支持与生活和工作满意度正相关,表明家庭中的情感支持可以积极地影响工作状态,帮助工作领域的个人形成积极的情绪体验或做出积极行为。Fu 和 ShaVer(2001)的研究则证明,家庭支持能使家庭成员以相对饱满的情绪相对自由地安排自己的时间和精力,保存和补充工作所需能量,从而能有效缓解工作消极性。此外,还有研究表明,家庭支持中的配偶支持或其他情感支持能积极改变个体的情感体验,并最终在工作领域内发挥作用,从而可以减轻工作压力(Erickson,1993;Noor,2002)。与这些观点相似,Carlson 等(2006)发现来自家庭的情感支持能有效预测男性和女性家庭对工作的丰富(family to work enrichment),并指出情感性支持是家庭中的一项资源,它能对个人在工作领域的积极行为做出贡献。

其次,鉴于家庭支持是社会支持的一种表现形式,现有一些关于社会支持对员工职场偏差行为影响的研究成果,为本部分探索家庭支持对基层公务员负性领导行为与职场偏差行为间关系的作用提供了依据。Wallace 等（2009）的研究表明，社会支持在阻碍性压力源对个体工作行为与工作绩效的负面影响起缓和作用。Tuzun 等人（2017）通过收集和使用来自 225 位学者的自我报告和同行报告的数据，使用结构方程模型进行统计分析发现，组织支持强烈影响两种不同形式的职场偏差行为（组织偏差和人际偏差），组织支持感降低了员工的职场偏差行为。中国学者 Chiu 等人（2015）基于中国台湾 326 对销售、客户服务雇员与他们的直接主管的配对样本的研究发现，同事支持对角色超载与人际偏差间关系有显著的负向调节作用。家庭支持与组织支持本质上同属于以情感的或实质的形式给员工以资源补充，因而，这些研究成果也说明家庭支持具有缓和工作压力对负性组织行为消极影响的作用。

最后，还有一些关于负性领导行为的研究表明，同事支持、包括家庭支持在内的社会支持等支持形式，能有效稀释负性领导行为对负性组织行为的消极影响。前述研究已经指出，社会支持的情感部分通常有利于缓冲压力对结果的负面影响（Dormann & Zapf, 1999; Sloan, 2012）。Kim 等人（2015）的研究则验证了组织支持缓和了辱虐管理与员工知识行为间的显著负性作用。

可见，从以往的研究来看，家庭支持是基层公务员的一类重要资源。对于因遭受领导专制行为、领导被动履职行为或领导不真诚行为等负性领导行为而损失心理资源（如自尊、积极性等）的基层公务员而言，家庭成员的理解、鼓励与支持既能免除基层公务员的后顾之忧，又能给予基层公务员心理和精神上的开导与安慰，从而使枯竭的心理资源得到补充。在此背景下，当家庭支持水平较高时，负性领导行为对职场偏差行为的负面影响可能减弱。反之，如果家庭支持水平较低，基层公务员在工作领域损失心理资源的同时，还受到来自家庭压力或是家庭成员的不关心、不理解与不支持，将陷入资源保存理论中的丧失螺旋，那么，负性领导行为对职场偏差行的负面影响将会增强。

基于上述讨论，本书提出家庭支持在负性领导行为与基层公务员职场偏差行为间调节作用的研究假设：

H4-5：家庭支持在负性领导行为与基层公务员职场偏差行为间起负向调节作用。家庭支持程度越强，负性领导行为对基层公务员职场偏差行为的正向影响越弱。

H4-5a：家庭支持在领导专制行为与基层公务员职场偏差行为间起负向调节作用。

H4-5b：家庭支持在领导被动履职行为与基层公务员职场偏差行为间起负向调节作用。

H4-5c：家庭支持在领导不真诚行为与基层公务员职场偏差行为间起负向调节作用。

3. 家庭支持在负性领导行为对职场偏差行为间接影响路径中的调节作用

本部分首先要论证家庭支持是否在负性领导行为与工作紧张（情绪耗竭）之间起调节作用，然后再基于工作紧张与结果的中介假设，提出家庭支持在间接影响路径的调节作用的研究假设。也就是论证家庭支持在负性领导行为（自变量）通过情绪耗竭（中介变量）对职场偏差行为（因变量）间接影响路径中的调节作用。

家庭支持是能为工作家庭成员提供资源的社会支持来源（Caplan, 1974：19）。家庭成员可以通过倾听基层公务员工作压力（如负性领导行为）来为其提供情感支持；可以提供有关如何更好地应对负性领导行为的建议（工具性支持）；可以通过多承担家庭责任（如家务劳动），来减少基层公务员家庭责任困扰，以减轻基层公务员的生活压力从而有更多的时间与精力应对来自领导的压力。除了帮助缓解工作—家庭冲突之外，根据资源保存理论，家庭支持还是补充个体资源的有效形式，使员工能够专注于任务绩效，促推他们表现出更多的积极职场行为（Muse & Pichler, 2011），从而消减工作倦怠。与压力缓冲假说相一致，Sloan（2012）证明了同事支持，特别是情感性同事支持，缓冲了主管不公平待遇与工作不满意之间的关系，以及主管不公平待遇与心理抑郁之间的关系。魏华等（2018）的研究也发现家庭支持能够有效缓解压力与网络成瘾之间的显著负相关关系。

有关研究表明，在遭遇挫折的情况下，来自家人的支持是有帮助的，可以帮助减轻痛苦（Cohen & Wills, 1985；Todt et al., 2018）。家庭成员的情感支持（如关心）或工具性帮助（如承担家务劳动、照看老人小孩等）可以帮助个人应对挫折（Harlow & Cantor, 1955）。Bonanno（1997）

提出"增加人们社会环境中重要人物的持续接触和支持，通常会减少由不良事件引起的压力感知"。家人和朋友可以帮助一个人脱离接触负面体验，例如，通过一起度过美好时光，体验亲情和喜悦这样的积极情绪（House，1981；Sonnentag & Fritz，2015）。再如，笑声和幽默可以帮助人们忘记挫折。Fredrickson（1998）认为，体验积极情绪的效果可能会进一步帮助"消除"个体面临负面事件的负面影响。当基层公务员感受到他们家人的关心和支持时，这些积极的情绪会产生安全感，减缓来自负性领导行为带来的失望、羞愧、恼怒等负面情绪。

同时，社会支持在工作压力（如负性领导行为）与工作倦怠中所起调节作用的研究也在不断深入，这为本书中家庭支持负向调节负性领导行为与职场偏差行为的推理假设提供了基础。有研究发现，工作压力—倦怠关系通过工作环境中的支持性关系（例如同事支持，上司支持）得到改善。Lu 和 Kao（1999）提出的综合性工作压力理论框架明确指出工作压力是一种主观的、个人化的现象。内部资源和人格特质可以减轻个人或组织层面工作压力的影响。Li 等人（2016）探讨了组织支持对辱虐管理与员工工作倦怠间关系的调节作用，从其对中国主要城市酒店集团收集数据（57 份主管问卷和 248 份下属问卷）的分析结果表明，当员工感受到较高的组织支持时，辱虐管理对员工工作倦怠的正相关关系得以显著缓和，而当员工感受到较低的组织支持时，辱虐管理对员工工作倦怠的正相关关系得以显著增加。

家庭支持在员工压力与紧张间关系的调节作用还得到了其他领域相关研究的论证，这些研究也在一定程度上说明高水平的家庭支持具有稀释压力的作用。柯江林和王娟（2018）的研究表明，当个体因工作超载而承受压力和精力损耗时，家庭支持因给员工补充能量而削弱工作超载的负面效应。

此外，一些有关公务员职业倦怠的研究也为本书提供了支持。王颖等（2015）以北京、江苏、贵州、陕西、山西 5 个东、中、西部典型省级行政区的 620 位公务员为调查对象进行了研究。结果表明，工作压力与职业倦怠的各个维度均呈显著正向相关关系，社会支持对公务员工作压力与职业倦怠间关系起负向调节作用。具体分析职业倦怠各个维度时发现，社会支持仅负向调节公务员工作压力对情绪耗竭的影响，职业倦怠的另外两个维度（去人格化与低成就感）分别与工作压力的交互作用对职业倦怠均没有显著影响。还有一些研究虽然未直接验证家庭支持对公务员工作压力与工作倦怠间关系的调节作用，但是研究中已经提到，领导是公务员工作倦怠的重要来源，而在纾解公务员工作倦怠的问题上，需要充分发挥个人、家庭、组织和社会的协同作用（朱嘉亮等，2018）。

综上，家庭支持在三类负性领导行为（即领导专制行为、领导被动履职行为、领导不真诚行为）与情绪耗竭间关系均起调节作用。同时，基于情绪耗竭在负性领导行为与职场偏差行为之间起中介作用（见前文假设 H4-4、H4-4a、H4-4b、H4-4c），本书可以提出如下假设：

H4-6：家庭支持负向调节负性领导行为与情绪耗竭间关系，从而调节负性领导行为对职场偏差行为的间接影响。

H4-6a：家庭支持负向调节领导专制行为与情绪耗竭间关系，从而调节负性领导行为对职场偏差行为的间接影响。

H4-6b：家庭支持负向调节领导被动履职行为与情绪耗竭间关系，从而调节负性领导行为对职场偏差行为的间接影响。

H4-6c：家庭支持调负向节领导不真诚行为与情绪耗竭间关系，从而调节负性领导行为对职场偏差行为的间接影响。

（二）职业发展抱负对负性领导行为与职场偏差行为间的调节作用

每名基层公务员均具有调节、控制和管理负面情绪反应的能力，但能力程度不一。前文已经通过访谈分析、理论分析和文献梳理得出负性领导行为可能是基层公务员职场偏差行为的重要潜在影响因素。然而，应该注意的是，基层公务员对负性领导行为的反应具有个体差异，个体因素会影响到员工对压力的反应。Einarsen（2000）提出的职场欺凌理论框架也认为，当员工认为他们受到欺凌或骚扰时，由此产生的情绪和行为反应受到组织因素或个人特征的影响。Peus 等（2012）也认为个体归因方式影响个体对负性领导行为的反应。因此，继上文探讨了家庭因素对负性领导行为与基层公务员职场偏差行为间关系的调节作用后，本部分探讨个人因素（如职业发展抱负）对负性领导行为与基层公务员职场偏差行为间关系的调节作用。

1. 职业发展抱负的含义

职业发展抱负（career advancement ambition）又被译为职业发展雄

心、职业发展欲望。专业领域不同，抱负的定义不同。根据研究需要，本书将抱负定义为欲望个体一种希望进步的愿望。① 据此，职员业发展抱负是指个体希望在人生及职业发展上不断进步、成长的愿望，反映出个体追求高水平成就的建设性个人特征（Hansson et al., 1983），也反映出个体对成功的重视。Wright 和 Larwood (1997) 是较早研究职业发展抱负的学者。他们最先关注当地主义者和世界主义者两类人群的潜在角色，研究中涉及当地主义者对工作培训和成功的重要性认知，这是职业发展抱负的雏形。Desrochers 和 Dahir (2000) 从组织承诺的视角提出职业发展抱负的四个特点：第一，职业发展抱负可以作为组织承诺与职业承诺的动机基础；第二，个体的职业发展抱负由组织发展抱负和专业发展抱负两部分构成；第三，职业发展抱负与工作满意度、离职倾向、工作承诺等变量相关；第四，职业发展抱负可以被视为是一种奖励期望。尽管 Desrochers 和 Dahir 未提出职业发展抱负的明确定义，但是其研究揭示了职业发展抱负的结构及其与工作承诺的关系，且其在 Wright 和 Larwood 研究基础上开发的职业发展抱负测量量表（Career Advancement Ambition Scale）为职业发展抱负研究做出了重要贡献②，该量表得到同行的广泛引用。

对于体制内公务员或领导干部的职业发展抱负，国内有一些与之相近的概念，如政治晋升预期（王曾等，2014）、晋升欲望（谢琳、钟文晶，2017），但是鉴于研究需要以及研究成熟度、学术性考虑，本书采用职业发展抱负这一概念，并采用中国学者任杰和路琳对职业发展抱负的定义，"个体对于自己的职业发展有着希望能够不停进步，希望能通过一切努力提升自己的地位，并且最后取得成就的一种愿望"（任杰、路琳，2010）。同时，在借鉴 Desrochers 和 Dahir (2000) 将职业发展抱负分为关于两部分结构（组织发展抱负和专业发展抱负）的基础上，结合基层公

---

① 参见任杰、路琳《以学习目标导向为中介的知识贡献行为的心理促进因素研究》，《上海管理科学》2010 年第 32 卷第 1 期，第 89—95 页。
② Wright 和 Larwood 对此存有异议，认为 Desrochers 和 Dahir 开发的晋升欲望量表的构建效度等存在问题。参见 Thomas A. Wright and Laurie Larwood, "Brief Examination of the Career and Advancement Ambition, Organizational Commitment, and Professional Commitment Scales", *Perceptual and Motor Skills*, Vol. 92, No. 3, pp. 1248 – 1250。

务员的职业特征与有关公务员晋升的法律法规，本书认为基层公务员的职业发展抱负由岗位发展抱负、职级发展抱负和专业发展抱负三个方面构成。其中，岗位发展抱负是指公务员转任到更重要的工作岗位的愿望，既包括不同级别的岗位晋升（会带来行政级别晋升的，如从镇团委书记调整为副镇长），也包括同一级别的岗位转任（行政级别没有变动，如由副镇长到镇党委副书记等），它主要反映出不同岗位的任职者所具有行政权力大小不同这一政府组织客观情况。职级发展抱负是指公务员晋升职级的愿望。本书之所以使用的是职级而非职务，是因为考虑到：一方面，基层公务员的职务晋升表现出显著的天花板效应，而职级晋升更具可行性；另一方面，职级晋升一定程度上可以反映出职务晋升。专业发展抱负是指基层公务员在具体业务上精进的愿望，比如财务专员参加相关培训，以提高会计、财务业务处理能力和更新相关专业知识。无论哪个方面，基层公务员的职业发展抱负一定程度上依赖于其直接领导的评价、推荐或提供机会。一般而言，基层公务员职业发展抱负强烈程度也与其职场表现紧密相连。可以说，基层公务员职业发展抱负是联系领导行为与公务员行为的重要纽带。因此，本书探讨基层公务员职业发展抱负对负性领导行为与职场偏差行为间关系的调节作用。

2. 职业发展抱负在负性领导行为对职场偏差行为直接影响路径中的调节作用

Emerson（1962）提出的权力—依赖理论认为，A对B的权力大小，等于B对A依赖程度的大小。B对A越依赖，A对B的权力就越大。在基层公务员与领导这对关系中，领导的权力较基层公务员大，基层公务员对领导的依赖大于领导对基层公务员的依赖。登哈特夫妇认为，"领导既服务于领导者的利益，也服务于其下属的利益。真正的领导者必须代表领导者及其下属的价值观、激励、欲望、需求、利益和期望"（登哈特等，2007：译者序7）。这也说明，下属对领导具有价值观、情感、利益等的依赖。并且，领导不仅对基层公务员的工作任务具有决定权力，而且在基层公务员的晋升与提拔中扮演着关键的角色。因而，下属对领导的依赖程度相对较大。同时，权力—依赖理论认为，一方对另一方依赖程度的大小取决于权力大的一方所掌握资源的替代性。例如，在企业与顾客的关系中，由于一般产品的可替代性强，顾客对企业与产品具有较大选择空间，因此顾客对那些生产可替代性强产品的企业的依赖性小。在基层政府情境中，由于政府组织中领导与下属相互不具有相对自由灵活的选择权，二者之间的上下级关系不会轻易变动，下属几乎没有选择领导的权力，领导的可替代性小，而领导对下属具有一定的选择权，能很大程度上决定下属在当前工作岗位上的去留，故基层公务员对领导的依赖程度高。总结而言，根据权力—依赖理论，领导的权力更大、所掌握的资源更多、可替代性更弱，作为下属的基层公务员对领导的依赖程度高。

根据权力—依赖理论，权力小而依赖性强的一方，越能自主地决定自己的行为。如徐景阳和葛晓蕾（2016）在研究中指出，离职意向强烈的员工对组织的依赖感较弱而独立性较强，因此更有可能不惧领导的打击报复而表现出职场偏差行为，其实证研究的结果亦证实了离职意向正向调节领导辱虐管理对组织导向职场偏差行为的影响。Aquino 等人（2001）通过理论与实证分析得到了类似的结论。本书认为，权力—依赖理论的上述观点同样适用于基层公务员。

以 Eermson 的话语来说，直接领导与基层公务员这对关系是一种不平衡的关系：领导对基层公务员的权力 > 基层公务员对领导的权力，基层公务员对领导的依赖 > 领导对基层公务员的依赖。权力—依赖理论认为，一方行动者对另一方行动者目标实现的影响力是决定二者权力依赖关系的重要因素。当基层公务员具有强烈的职业发展抱负时，领导实现其职业目标的影响力越大，则表明基层公务员对领导的依赖程度越高，这进一步导致基层公务员对组织的依赖增大，而基层公务员的相对权力越小。根据 Tepper 等（2009）的观点，权力越大，则越能按自己期望的方式行事。据此可以推断，当基层公务员的职业发展抱负越强时，对领导的依赖越强，越不能按自己期望的方式行事，其行为愈加受到约束，所表现出职场偏差行为的顾虑就越多。反之，当基层公务员的职业发展抱负较弱时，领导实现其职业目标的影响越小，表明基层公务员对领导的依赖程度较低、基层公务员对组织的依赖降低，这进一步表明，基层公务员的相对权力较大，其按照个人意志行事的可能性更大，这也就是说，职业发展抱负较弱的基层公务员在遭遇负性领导行为后而表现出职场偏差行为的顾虑较小。因此，相对职业发展抱负不强烈者，职业发展抱负强烈的基层公务员面临负性领导行为时，他们表现出来职场偏差行为会相对较少。

基于上述讨论，本书提出职业发展抱负在负性领导行为与基层公务员职场偏差行为之间调节作用的研究假设：

H4-7：职业发展抱负在负性领导行为与基层公务员职场偏差行为之间起调节作用。职业发展抱负越强，负性领导行为对基层公务员职场偏差行为的正向影响越弱。

H4-7a：职业发展抱负在领导专制行为与基层公务员职场偏差行为之间起负向调节作用。

H4-7b：职业发展抱负在领导被动履职行为与基层公务员职场偏差行为之间起负向调节作用。

H4-7c：职业发展抱负在领导不真诚行为与基层公务员职场偏差行为之间起负向调节作用。

3. 职业发展抱负在负性领导行为对职场偏差行为间接影响路径中的调节作用

本部分首先要论证职业发展抱负是否在工作压力（负性领导行为）与工作紧张（情绪耗竭）之间起调节作用，然后再基于工作紧张与后果的中介假设，提出职业发展抱负在间接影响路径的调节作用的研究假设。也就是论证职业发展抱负在负性领导行为（自变量）通过情绪耗竭（中介变量）对职场偏差行为（因变量）间接影响路径中的调节作用。

大多数工作压力模型都认为各种心理资源和需求可能具有重要的缓冲或加剧影响（Kahn et al., 1964）。职业发展抱负是一种积极的心理资源。根据资源保存理论，当个体面临资源损耗时，及时补充资源，将有效减少资源损耗所带来的情绪紧张。这也就是说，当经历负性领导行为而损失自身资源时，高水平职业发展抱负的基层公务员能及时给自身补充心理资源而及时止损，同时避免陷入资源丧失螺旋，故能缓解负性领导行为对情绪耗竭的消极影响。反之，对低水平职业发展抱负的基层公务员而言，同样是面临负性领导行为，由于未能及时补充心理资源而并不能缓解工作压力带给紧张的影响。并且，低水平职业发展抱负表现为对职业前景缺乏信心与规划，也可以看作心理资源的损失，这就造成这部分基层公务员在经历负性领导行为后，非但未能及时弥补负性领导行为造成的资源损失,而且其职业发展方面的心理资源也在减少,从而陷入资源的丧失螺旋。此外,自我决定理论也能为解释职业发展抱负负向调节负性领导行为与情绪耗竭提供理论依据。自我决定理论认为,当缺乏内在动机时,与行为不一致的观点或活动容易产生内部冲突,会产生压力与紧张。当内在动机强烈时,行为主体更倾向于尊重其他行为人的选择,故强内在动机可以帮助缓解紧张局势(Deci et al.,1994)。职业发展抱负是一种基层公务员力求职业上取得进步和成功的内在动机,一定程度上能缓和压力(负性领导行为)带来的紧张(即情绪耗竭)。当基层公务员具有高水平职业发展抱负时,他们更倾向于理解和尊重领导的行为,这有助于帮助他们稀释负性领导行为带来的不良情绪,从而减轻情绪耗竭。

由于有关职业发展抱负的研究起步不久,直接证明职业发展抱负对缓解来自领导的压力与情绪紧张的文献比较缺乏。尽管如此,仍有一些职业发展抱负的相关研究能为本书提供一定间接证据。Duckworth 等(2007)将毅力定义为对长久目标的坚持和激情,并在文章中提到具有毅力的人更能有效解决困难、化解压力以及保持对一项事业的热情。职业发展抱负与毅力具有一定的相似性,前者蕴含对职业取得进步与成功的坚持与激情,因而 Duckworth 等人的观点也具有借鉴意义。任杰、路琳(2010)以上海某高校 215 名 MBA 学生为样本探索了职业发展抱负对学习目标导向(learning goal orientation)的正向预测作用,具有学习目标导向的个体视学习为一种目的,关注自身能力发展,致力于发展掌握新技能以适应新环境。该研究表明,高水平职业发展抱负的个体能一定程度上相对乐观迎接来自领导的压力、保持工作中的学习热情与工作热情,进而达到缓解负性领导行为对工作情绪不良影响的目的。杜旌、李难难和龙立荣(2014)认为当个体拥有更高的自我效能水平时,情绪耗竭水平更低。易明等人(2018)在研究中指出,乐观的员工会缓和时间压力对情绪耗竭的影响。职业发展抱负强烈的基层公务员更加乐观和具有更高的自我效能感,在面临领导专制行为、被动履职行为和不真诚行为时,他们会更加注重立足自身的职责、使命与目标,产生情绪耗竭的程度要更低。因此,职业发展抱负强烈的基层公务员更愿意接受具有挑战性的工作,保持对职业发展积极乐观的前景。即使面临诸如来自领导的专制行为、被动履职行为、不真诚行为等工作压力，他们也倾向于积极"消化"工作压力以及保持相对旺盛的工作情绪。相反，职业发展抱负低下的基层公务员经历上述负性领导行为后，加之缺乏对职业的憧憬而带来的工作动力，更容易失去工作热情、耗尽工作情绪与精力。

综上，职业发展抱负在三类负性领导行为（即领导专制行为、领导被动履职行为、领导不真诚行为）与情绪耗竭间关系均起调节作用。基于情绪耗竭在负性领导行为与职场偏差行为之间起中介作用（见前文假设 H4-4、H4-4a、H4-4b、H4-4c），本书可以提出如下假设：

H4-8：职业发展抱负负向调节负性领导行为与情绪耗竭间关系，从而调节负性领导行为对职场偏差行为的间接影响。

H4-8a：职业发展抱负负向调节领导专制行为与情绪耗竭间关系，从而调节负性领导行为对职场偏差行为的间接影响。

H4-8b：职业发展抱负负向调节领导被动履职行为与情绪耗竭间关系，从而调节负性领导行为对职场偏差行为的间接影响。

H4-8c：职业发展抱负负向调节领导不真诚行为与情绪耗竭间关系，从而调节负性领导行为对职场偏差行为的间接影响。

第三节 本章小结

本章的主要目的在于构建负性领导行为对基层公务员职场偏差行为影响机理的理论模型。对此，第一节基于"压力—紧张—结果"模型提出负性领导行为影响基层公务员职场偏差行为的理论模型，即"压力"因素对应于三类负性领导行为，"紧张"因素对应于情绪耗竭，"结果"因素对应于职场偏差行为，职业发展抱负与家庭支持为两个调节变量。第二节依据资源保存理论、社会交换理论、权力—依赖理论、溢出效应等理论，就负性领导行为对基层公务员职场偏差行为影响机理的直接效应、中介效应与调节效应提出具体假设并进行相关理论分析。

第 五 章

负性领导行为对职场偏差行为影响机理的验证

本章的主要工作是分别采用质性研究和量化研究方法，验证第四章所提出的诸多假设，其中，质性研究为辅，量化研究为主。首先，本章通过访谈多位代表性基层公务员获取研究资料，采用多案例分析法初步验证负性领导行为对职场偏差行为的影响机理。其次，本章通过合理选择研究工具、发放大样本调查问卷获取实证数据，采用比较规范的统计分析方法分别对直接效应、中介效应和调节效应的相关假设进行检验。最后，结合文献与实践，对假设检验结果进行分析与讨论。

第一节 质性研究：对影响机理的初步验证

多案例研究是一种常用的质性研究方法，其原理在于通过全面了解案例的不同方面，获得对研究结论的重复支持。① 多案例研究比较适合回答"如何"以及"为什么"的问题，常用于过程和机理类问题的研究；同时，多案例研究从多个案例中归纳出结论，一般具有较高的信效度水平。多案例分析的上述特点与功能符合本书从质性研究角度初步验证负性领导行为对职场偏差行为影响机理的研究需求。

---

① 参见彭本红等《服务型制造项目治理的影响机理研究——基于扎根理论的探索性案例分析》，《工业技术经济》2016 年第 5 期。

一 研究设计与方法

（一）案例选择

本部分研究目的在于初步验证第四章关于负性领导行为对基层公务员职场偏差行为影响机理理论模型。模型中的焦点变量均与基层公务员的认知、情感及行为有关，据此确定本部分的案例对象为基层公务员。多案例研究的最佳案例数是3—6个，考虑到本研究的案例对象为个体而非组织，故将案例数适当增至8个。因此，从第一阶段的25名基层公务员访谈对象[①]中，采取系统随机抽样的方法，确定了其中的8位作为本部分的案例研究对象。这8位受访者的序号分别是01、03、04、06、08、14、20、22。受访者的个人资料见本书第三章表3-1。

（二）资料收集

本研究于2018年3—4月进行第二阶段的访谈，通过半结构访谈的形式获取研究资料。该阶段访谈的主要内容是请受访基层公务员谈谈对于负性领导行为是否会影响及如何影响基层公务员职场偏差行为的认知。由于第四章已对影响机理作出具体假设，故访谈员会将领导专制行为、领导被动履职行为、情绪耗竭、家庭支持、职业发展抱负等变量介绍给受访者并请他们发表相关意见。访谈过程及相关注意事项依照第一阶段的相关操作（见第三章第一节）进行，此部分不再赘述。特别说明的是，访谈时负性领导行为的主体不限于受访基层公务员目前的直接领导，而是扩及受访者进入公务员系统以来的所有相关领导。

（三）数据分析方法

本部分采用数据编码方法对所获访谈文本资料进行整理。为增强数据信度，由两位管理学博士研究生共同整理资料，并由两位独立进行编码。编码的原则是：(1) 对8位基层公务员的资料依次分别记为a—h（如01号受访者的资料代号为a）；(2) 将理论模型中涉及的相关变量进行编码，即将领导专制行为、领导被动履职行为、领导专制行为、情绪耗竭、职场偏差行为、家庭支持、职业发展抱负分别编码LDB、PDB、LUB、EE、

[①] 前文第三章第一节为获取有关基层公务员职场偏差行为表现的一手资料，对25位典型基层公务员和10位公众进行了深度访谈，为本研究第一阶段访谈。

WDB、FS、CAA；（3）对涉及两个变量间相关关系的语料使用两个变量名编码由"－"连接起来的形式表示，如将涉及领导专制行为对职场偏差行为影响的语料编码为"LDB-WDB"；（4）调节效应的直接路径以"自变量 – di – 调节变量名"的形式编码，调节效应的间接路径以效应以"自变量 – in – 调节变量名"的形式编码，如对涉及家庭支持直接调节领导专制行为与职场偏差行为间关系的语料编码为"LDB-di-FS"。

二 案例分析与发现

（一）负性领导行为对职场偏差行为的影响

表 5 – 1　负性领导行为与职场偏差行为直接关系的资料举例

序号	语料及编码
受访者 01	（a-LDB-WDB）我们领导一直在乡镇工作，作风很强势，经常不分场合地批评工作人员，让大家心里很难接受，我们的工作积极性也因此受到很大打击，单位的风气也不够团结和谐
受访者 03	（b-LUB-WDB）我的科长为人过于随和，一点也不严肃，给人一副不真诚、伪和善的面孔，在我们眼里没有什么威信，我们的感觉工作也只要得过且过、完成任务
受访者 04	（c-PDB-WDB）我的领导是一个接近五十岁的女同志，她每天在办公室无所事事，刚开始我还有点反感，后面也就习惯了，也参与到这些无聊的事中
受访者 06	（d-PDB-WDB）我看到周边的同事特别是领导们在执法过程中经常睁一只眼闭一只眼，他们的工作开展也比较顺利，渐渐地，我也学会了比较随意的执法方式
受访者 08	（e-LUB-WDB）刚参加工作时，我写稿子很用心，总是加班加点完成交给领导审阅，可是后来我发现我的直接领导在我们书记面前只说那些材料都是他写的，出现过几次这样的情况后，我写材料也就没那么上心了，基本应付一下就交了
受访者 14	（f-PDB-WDB）我们单位领导对年终考核工作很散漫，就让大家把一年来的工作总结总结，最后的考核结果也是搞平衡，完全不是依据工作付出和成绩来评价干部，广大干部的工作积极性受到很大打击
受访者 20	（g-LDB-WDB）记得有一次，县上领导到我们镇上检查工作，县领导在检查过程中对几项工作不是很满意，批评了我的直接领导。检查结束后，他就把我们这些具体办事的人批评了一顿，我回到办公室后，刚好遇到一名前来办事的群众，我的服务态度就不是很好

续表

序号	语料及编码
受访者22	(h-PDB-WDB) 我们领导平时不怎么管事，一些具体的业务都是由我们下面的人操作办理，慢慢地，我在办理业务时，基本上不向领导请示汇报，也慢慢地把公权力当作了私权利，一些工作有凭自己喜好来做决定的因素，有时会引起一些同事和服务对象的不满

我国政府组织鲜明地体现出层级节制这一官僚组织特征。在政府组织中，上级领导尤其是直接领导不仅具体指派下属公务员工作任务，同时对下属的晋升、培训机会获得、考核评定等具有较大发言权。案例表明，基层公务员经历诸如领导专制行为、被动履职行为或不真诚行为等负性领导行为后，容易出现两种情况。第一种情况是，基层公务员感到气愤和恼怒，但又不能直接顶撞上级，而采取消极对待工作的策略。例如 08 号受访者因为被领导冒领功劳而采取拖延和应付战术，追求工作平稳安全而放慢工作节奏。又如 20 号受访者工作中因为被领导批评而情绪不高，将这种状态转移到办事群众身上，造成一定负面影响。第二种情况是，基层公务员感到失望和无奈，他们在接收到领导对待工作不积极、不尽责等一系列信号后，自身出现类似不尽责的想法与行为。例如 04 号受访者在领导的无形影响下，上班期间从事与工作无关的事情。事实上，上述两种情况在基层公务员的工作实践中普遍存在，它们均表明基层公务员在经历负性领导行为后会产生不同程度、不同类型的职场偏差行为。

（二）情绪耗竭的中介作用

1. 负性领导行为对工作倦怠的影响

表 5-2　负性领导行为影响基层公务员情绪耗竭的资料举例

序号	语料及编码
受访者01	(a-LUB-EE) 我的主任是一个溜须拍马的典型代表，整天就想着怎么讨好领导，办公室的业务不怎么上心，安排工作不提要求、不提意见建议，最后所有具体工作落到我们这些能干事的身上了，我们都身心俱疲

续表

序号	语料及编码
受访者03	（b-LDB-EE）我的科长工作惰性很大，也不知道体恤下属，经常要求我们帮他做一些本应该由他自己完成的工作，每年都让单位一名同事帮他完成网上法律知识培训和考试，那名同志迫于其权威，只能拿出更多的业余时间来完成
受访者04	（c-PDB-EE）我们单位领导经常迟到早退，我们下面的同事经常等不到他人，所以工作节奏经常被打乱，有时为了配合他的在岗时间常常要加班完成一些准备材料
受访者06	（d-PDB-EE）聊天时，领导会告诉我们工作灵活一点，不能太讲原则，要与各类市场主体打好交道，但这不符合我自己的行事原则。所以我既要表示出认可领导的观点，又要坚持自己的原则，我觉得很累
受访者08	（e-LUB-EE）我们单位领导每次开会都说，单位一定不会亏待刻苦工作的人。可我付出了这么多，比自己差的都提拔了，太不公正了。和这样的领导共事，我很受折磨
受访者14	（f-PDB-EE）我们领导工作没有规划，布置任务随意性很强，经常白天不布置任务，快到下午下班回家了把大家叫到办公室布置任务，大家不得不晚上加班，我们被搞得心神疲惫，工作只能以完成任务为主
受访者20	（g-LDB-EE）我们的副镇长是土生土长的北方人，喜欢喝酒，总叫着我们陪他喝酒，总是教导我们说在这里工作不会喝酒怎么行，要适应本地的酒文化……所以，我既要努力工作，还要积极陪领导喝酒，有时候喝完一场还要回办公室加班。我感觉我很辛苦
受访者22	（h-LUB-EE）我的分管领导就是一个业务水平一般、素质不高但是还喜欢吹嘘的人。听到他吹牛我就反感，什么时候可以换个领导

从8位受访者的访谈案例样本来看，负性领导行为极易消耗基层公务员的时间与精力。那些具有强制性、剥削性的领导专制行为，多表现为要求下属无条件完成领导布置的各种任务，其中包括大量的领导私人事务或者不合理的工作要求，如要求下属代为完成网上的学习任务（见受访者03）或是临近下班的时候布置任务并要求第二天上班之前完成（见受访者14），这将侵占基层公务员的正常休息时间，容易引发基层公务员的情绪耗竭。同时，也有一些领导专制行为带有强烈的官僚主义色彩，如要求下属察其言、观其色，这容易造成基层公务员情绪上的紧张

与疲惫（见受访者 20）。"甩手掌柜"式的被动履职行为同样会消耗基层公务员的时间与精力。受访者 01 表明，当工作缺乏领导的指导时，工作推进的难度大幅度增长，工作倦怠感将变得十分强烈。此外，领导不真诚行为会使基层公务员产生被背叛的感觉（见受访者 08），从而造成基层公务员在情感上对工作、领导甚至组织产生排斥感。可见，上述几种常见的负性领导行为会给基层公务员的时间或精力增添额外的负担，加剧基层公务员的情绪耗竭。

2. 情绪耗竭对职场偏差行为影响

表 5-3　　情绪耗竭与职场偏差行为直接关系的资料举例

序号	语料及编码
受访者 01	（a-EE-WDB）领导只会不停地布置任务、施加压力，久而久之我也不经意间形成了得过且过的心态，自己的工作标准越来越低，工作的随意性也有所增长
受访者 03	（b-EE-WDB）我工作中也经常会出现不耐烦的情况，工作任务多了就感觉心烦意乱，有时任务多得无从下手，曾经一度出现焦虑症状
受访者 04	（c-EE-WDB）我的资历在我们单位是最浅的，工作中分管我的领导很多，每个领导都会或多或少地给我布置任务，自己的压力很大，甚至有过辞职打算，工作也只能是忙于应付
受访者 06	（d-EE-WDB）我们单位每天都会面对和处理各种各样复杂又烦琐的事务，加之经常性加班，还要轮流值夜班，时间长了，就会自然而然地表现出疲惫状态，很容易忘掉领导交代的一些工作，经常遭到领导批评
受访者 08	（e-EE-WDB）每天都感觉有开不完的会、写不完的材料。久而久之就麻木了，也就产生了混日子的思想
受访者 14	（f-EE-WDB）我们平时大多时间都跑在第一线，加之工作任务又多又烦琐，心里渐渐地产生了不耐烦心理，根本没心思和时间去学习提升，还是用以前的老观念、老办法去工作
受访者 20	（g-EE-WDB）我经常保持高强度工作状态，累得没有白天黑夜，但是我又常常觉得自己并没有收获什么，在基层干再多也难有出头之日。所以一想到这些，我就没动力干活了，工作应付一下就好了，有时还会适当在能力范围内照顾一下亲友
受访者 22	（h-EE-WDB）我们县地处西部，单位领导的思想也比较保守，对我们提出的一些有创造性的建议一般都不会采用，对我们的打击是比较严重的，身上渐渐多了老气横生，工作中也故步自封、很少有机会去创新

对于情绪耗竭是否会滋生职场偏差行为，受访者们几乎给出了一致的肯定回答。首先，情绪耗竭本质上是工作倦怠的典型维度，当基层公务员处于工作疲惫、倦怠时会放松对自己的要求、降低工作标准，难以维持高效甚至基本的工作状态。正如受访者01所言，当工作强度达到一定程度后，工作质量就会很难得到保证。换言之，情绪耗竭一定程度上可被认定为部分职场偏差行为（例如受访者06提到的工作遗忘行为）产生的生理原因。其次，情绪耗竭会催生基层公务员对开展工作与提供服务的抵触意愿，基层公务员踏实工作的初心和动力亦会受到不同程度的影响。这是因为较高水平的情绪耗竭容易引发基层公务员对自己及工作价值的思考，容易产生付出与回报不对等的想法（如受访者20所述）。一旦出现这些想法，基层公务员无法全身心投入工作与服务，容易出现应付、偷懒、拖延、谋取私利等职场偏差行为。因此，从案例资料来看，情绪耗竭通过对生理和心理产生不良影响，进而诱发基层公务员产生职场偏差行为。

（三）家庭支持的调节作用

1. 家庭支持对负性领导行为与职场偏差行为间关系的调节作用

绝大部分受访者肯定了家庭支持对缓和负性领导行为对职场偏差行为消极影响的积极作用，究其原因：第一，家庭成员能帮助基层公务员化解负性领导行为带来的负面情绪或心理紧张。受访者08指出，当基层公务员工作不顺利或者被领导批评、不认可时，心理会产生比较大的波动，家人的适时介入可以有效减缓心理波动带来的负面影响、促进其尽快调整心态。第二，家庭成员能为基层公务员应对负性领导行为提供实质性帮助，包括精神和物质两方面帮助，帮助基层公务员解决问题、朝着积极的方向发展。正如受访者22所述，当基层公务员陷于紧张的家庭经济情况和单位领导的负面影响之中时，极容易发生职场偏差行为，此时家人的理解、支持与鼓励既可改善基层公务员的生活难题，也可避免其走向犯错的道路。第三，当基层公务员受负性领导行为影响而表现出职场偏差行为时，家庭成员能有效发挥监督与纠正的作用。正如受访者01所述，当在工作中放松对自己的要求时，家人第一时间对其进行教育提醒，遏制了其走向违纪犯错道路的倾向。

第五章 负性领导行为对职场偏差行为影响机理的验证 / 149

表 5-4 家庭支持调节负性领导行为与职场偏差行为关系的资料举例

序号	语料及编码
受访者 01	(a-PDB-di-FS) 有时看到我的一个领导把什么工作都丢给其他人，既不指导也不担责，我心里就很气愤，也想撂挑子不管或是随便应付一下。当我把自己的想法告诉父母时，他们会开导我要做好自己的本职工作，要有大志向、大抱负……
受访者 03	(b-PDB-di-FS) 我爷爷是一名老党员，很关心我的工作情况和思想动态，当他感觉我因为对领导的不满或者受领导的影响，工作表现出一股随意、懈怠情绪时，总会找机会找我聊天，告诫我要牢记党的恩情，本本分分做人、踏踏实实工作
受访者 04	(c-LUB-di-FS) 在看到我们一个领导的虚假面目之后，我经常有想撕破脸的冲动。每次都是想到我母亲平时对我的鼓励：做好自己、与人为善，我才没有做出冲动的事
受访者 06	(d-LDB-di-FS) 我们领导布置工作非常任性、经常下班前布置工作要求第二天早上看到结果，所以我经常晚上加班到一两点才回去，但是我的妻子从来都没有抱怨过，她只是默默替我担心、帮我照顾着父母和小孩……正是因为这，我心里一直有着一股干劲和温暖，也不会因为工作的不顺和领导的批评等而懈怠工作
受访者 08	(e-PDB-di-FS) 领导的不重视、不公平、不举荐，让我好几次自己都想破罐子破摔，但是父母和妻子每次都提醒我不能因为一时之得失而不作为，正是他们的鼓励和激励，我才没有因为领导的影响而一蹶不振
受访者 14	(f-LDB-di-FS) 我经常陪着领导下乡和出差，每次下乡基本上都会喝酒。有时回到家里会借着酒劲说一些不讲道理、不太文明的话，但是媳妇没有抱怨过，每次都会等我酒醒后告诉我喝酒要注意一点，领导更看重的是自身素质和工作表现，而不是陪领导喝酒的表现
受访者 20	(g-PDB-di-FS) 刚参加工作时，看到单位好多领导只有周一才来单位，平时基本上都不在单位，我也就有了去找关系承包几个小工程挣点零花钱的想法，但是当我给父母说了后，他们告诉我，家里经济条件虽然不宽裕，但也能够支持我，警告我不能羡慕别人而犯错
受访者 22	(h-LUB-di-FS) 我们以前的一个领导没几句是真的。有次，他承诺我做好这项工作，下次一有学习机会就推荐我去。结果他还是将机会留给了他自己。我很气愤，是我家人开解我、安慰我，我才没有将负面情绪带到工作中

2. 家庭支持对负性领导行为与情绪耗竭间关系的调节作用

通过梳理访谈资料发现，受访者大多认可家庭支持能帮助基层公务员减缓负性领导行为对基层公务员工作造成的压力和情绪耗竭。持这种态度的受访者所给出的理由在本质上是以家庭支持的二维结构（情感性支持与工具性支持）为核心展开，即家庭支持在调节负性领导行为与情绪耗竭间关系通过情感性支持和工具性支持发挥作用。一方面，家庭成员为基层公务员提供情感性支持，帮助其摆正心态、舒缓心情，鼓励其奋发向上。如受访者08所述，当基层公务员感到付出和收获不成正比、自己受到不公正待遇、工作没有得到认可甚至被忽视时，就会表现处情绪低落、动力不足等问题，家人的支持可帮助他们度过当前困难时期，尽快成熟成长。另一方面，家庭成员能为基层公务员提供工具性支持，帮助其解决物质性困难，提供破解难题的思路与举措等，支持其心无旁骛、兢兢业业履行职责。如受访者06所述，基层公务员必须服从上级领导的管理和命令，往往身不由己地会犯一些错误，面对这种情况，家庭成员尤其是长辈传授的人生经验，能为基层公务员提供参考，进而减轻心理负担和压力。

表5-5　家庭支持调节负性领导行为与情绪耗竭关系的资料举例

序号	语料及编码
受访者01	（a-LDB-in-FS）我们领导经常要求我们干一些他分内的工作，我自己的工作本来就够多了，这让我忙上加忙。幸亏家人很体谅我，也开导我再忙，工作质量也要保证好。所以我才有精力做好各项工作，当然，也包括领导布置的那些任务
受访者03	（b-PDB-in-FS）我的科长能力一般，不怎么管事，科室每年评比名次都很低，让我很失望，工作也没有了积极性。父母总是不厌其烦地给我做思想工作，教育我要有远大抱负和目标，要尊重领导、创造性开展工作，我才重新对工作有了热情
受访者04	（c-LDB-in-FS）我调到县直机关工作后，发现责任和压力更大了，领导一味依据自己的想法布置任务，根本不顾及我新来还不熟悉业务。所以我有一段时间感觉很压抑很累。我爱人发现我的状态后，就不断地和我谈心，并且一力承担家里的各种困难，让我得以较快调整工作状态

续表

序号	语料及编码
受访者 06	(d-LDB-in-FS) 我的领导资历比较老，作风比较强势，他经常要求我们做一些不合规矩的事情，但我们又没有其他办法，这给我造成了一定的心理负担。父母发现后，他们就从自己的工作经验发出，给我教方法应对这种情况
受访者 08	(e-LUB-in-FS) 自己一直踏踏实实从事文字撰写工作，但是领导给我的感觉就是在利用我，要我写材料时讲得很好听，任务过去了就对我不闻不问。和部分大学同学相比，我提升得很慢，自己的心里落差就会越来越大，工作积极性受到很大影响。在这种情况下，家人一直默默支持自己，并告诉我只要自己继续努力，当能力达到一定水平，抓住机会，就可以跳出现在的圈子，到更大的平台去发展
受访者 14	(f-PDB-in-FS) 我以前的一个领导是个甩手掌柜，我在他底下工作非常不适应，甚至反感，找不到工作的意义和价值。家人知道这些情况后，警告自己要坚持，要处理好工作和领导的关系，只有这样才能比较顺利地开展工作、实现自己的理想
受访者 20	(g-LUB-in-FS) 我曾经的一个领导为了往上爬，习惯性攀高踩低，当面一套、背面一套。我把这些情况说给家人，他们让我提防自己也变成这样的人，我才及时纠正自己的一些错误思想和做法
受访者 22	(h-LDB-in-FS) 有一段时间，新上来的分管领导经常颐指气使地吩咐我干这干那，我常常憋了一肚子气，回到家，我先生还不理解我，经常怪我没有顾到家，所以我情绪更糟糕，工作老出错，有时甚至会和同事闹矛盾

（四）职业发展抱负的调节作用

1. 职业发展抱负对负性领导行为与职场偏差行为间关系的调节作用

表 5-6　职业发展抱负调节负性领导行为与职场偏差行为间关系的资料举例

序号	语料及编码
受访者 01	(a-PDB-di-CAA) 以前的领导对我们工作的指导很少，他还很保守，导致我们整个办公室在排名时常常处在后游，其他人工作也没有动力，而我比较年轻，对自己的政治发展还有一定想法，所以工作相对比大家认真，没有放纵自己
受访者 03	(b-LDB-di-CAA) 我参加工作以来，每年都会给自己确定一个小目标，然后围绕这个目标不断地提升自己、完善自己。每当被领导批评、工作压力大时，都会在内心鞭策自己坚持、坚持、再坚持，工作中也尽可能地提醒自己不要犯错误、出问题

续表

序号	语料及编码
受访者04	(c-PDB-di-CAA) 我们单位许多领导和同事都没什么抱负,干工作也没有激情。在这样的环境下,我个人也受到了一定的影响,但是我心里始终憋着一口气,始终提醒自己不能放弃自己,要干好工作,要向努力提升自我
受访者06	(d-LUB-di-CAA) 我们科室领导总是打压和诋毁我,但是我一直没有放弃自己的奋斗目标,总是想办法通过工作和其他方式,改善与领导的关系,进而朝着积极的方向发展
受访者08	(e-LDB-di-CAA) 有段时间被领导压榨和折磨得比较厉害,加上几次遴选考试都不理想,我有点灰心,工作也不上心、消沉了一段时间
受访者14	(f-LUB-di-CAA) 我是一个比较有上进心的青年,尽可能多地给自己加压,不让自己闲下来、空下来。比如,我利用晚上和周末时间复习考取了硕士研究生,目的就是提升自身的学识、增加竞争的砝码。而且,我发现,有了职业发展目标后,再面对领导有意制造的一些小麻烦时,我也能处理得更好一些
受访者20	(g-LUB-di-CAA) 我参加工作时,遇到一个虚伪的领导,有段时间很不开心,也不想好好工作,总觉得在被他利用,但是后来我确定了自己不断通过考试发展职业生涯的路径后,我找到了方向,工作质量和效率有很大提高
受访者22	(h-PDB-di-CAA) 我以前的支队,单位领导普遍年纪比较大,都在混日子。我自己也没什么大的追求,久而久之,也就和大家一起混日子了。比较幸运的是后面调动了工作,及时清醒了过来

从受访者的回答来看,绝大部分受访者倾向于认为高水平职业发展抱负能稀释负性领导行为对职场偏差行为的不良影响。他们认为,基层公务员对自己的职业发展期待越高,就会越依赖领导与组织,这种情况下基层公务员的行为与组织、领导的关系非常紧密,行为受到的约束和限制越高,基层公务员从职业长期发展的角度出发,就越不能随心所欲做出偏差行为。因此,该群体心理承受能力相对比较强,即使面对领导的不公正待遇或者受到挫折不会轻易放弃职业发展追求,而是会根据具体情况进行自我反思和改进提升,进而缓和负性领导行为带来的职场偏差行为。如受访者04因为树立了较高的职业目标,在面对负性领导时没有随波逐流,而是不忘奋斗、坚持奋斗,进而有效减缓了负性领导行为对职场偏差行为的负面影响。

2. 职业发展抱负对负性领导行为与情绪耗竭间关系的调节作用

表5-7　职业发展抱负调节负性领导行为与情绪耗竭关系的资料举例

序号	语料及编码
受访者01	(a-PDB-in-CAA) 我工作的起点就是县直部门，所以自己的视野也就比较宽阔。工作中，我的部分领导身上表现出一些消极拖延等负能量，我一度也受到影响，庆幸的是，自己对照最初的理想进行了及时反省，后面慢慢改变了这些问题，比较好地保持了初心和干劲
受访者03	(b-PDB-in-CAA) 我现在的领导胸无大志、一副碌碌无为的样子，直接影响到我们这些下面人。不过，我因为有自己个人职业发展上较高的奋斗目标，所以我不能和其他人一样消极应对，我要提醒自己保持学习和积极工作的状态
受访者04	(c-LDB-in-CAA) 我一个分管领导经常来我们办公室指导工作，还经常训斥我们的一点小失误，大家都很反感他，也不愿意好好完成他交代的工作。但是，我考虑到自己如果要进步还得依靠他的支持，所以就会主动去承担他交代给我们办公室的工作
受访者06	(d-LUB-in-CAA) 我们领导经常干一些让我们下属"背锅"的事，这样几次之后大家认清了他的真面目，也不愿意认真工作，有些还会故意拖延工作。但我一直还想往上提一提，所以不敢这么做
受访者08	(e-PDB-in-CAA) 我周围的部分领导表现出的碌碌无为、作风不实、贪污腐败等行为，我既气愤又无奈，自己的上进心也会受到一定影响，甚至也会有随波逐流的倾向。每当这个时候，自己就会回想自己的过往和曾经的理想，就会提醒自己要克制、要坚持，不能颓废犯错
受访者14	(f-PDB-in-CAA) 我以前的领导本来是有很好发展条件的，但是他由于一些短板限制了他的发展空间。他喜欢带着我去下乡，还总是把自己为人处世原则有意无意地向我灌输，主要是一些怎么逃脱责任的方法，但是我始终告诫自己要立大志、干大事，所以我还没怎么用上过他教的方法
受访者20	(g-LUB-in-CAA) 我的一个领导喜欢吹嘘和开空头支票，给我们许的承诺没几个兑现了的，现在同事们都对那位领导的指示基本爱答不理或是能拖就拖，我因为还想进步，不能表现得和大家一样消极，毕竟还需要他到时投我一票
受访者22	(h-LDB-in-CAA) 我以前遇到过一个很专制的领导，做什么事情都不听取下边的意见，相处一段时间，大家都开始摸出了门道，尽力吹捧他，不提对立意见。但是，我那会儿还一心想着考出去，所以并没有和大家一样，而是把心思多放在提升业务能力上，因为去哪里都需要真本事

从受访者反馈的情况可以得出：职业发展抱负对负性领导行为与情绪耗竭间关系具有重要的调节作用，职业发展抱负能够缓减负性领导行为对情绪耗竭的影响，即职业发展抱负负向调节负性领导行为与情绪耗竭间关系。受访者认为职业发展抱负作为一种给人以奋斗目标、引导个体进取的激励性元素，对基层公务员的积极价值判断和行为取向具有直接影响，而且呈正相关关系。如果基层公务员树立了较高层次的职业发展抱负，他们会提早设想自己在工作中可能面临的困难、思考破解的办法，当领导的负性行为降临在自己身上时，他们倾向于采取积极行动破解这种困局。也就是说，基层公务员的职业发展抱负水平越高，负性领导行为对基层公务员情绪耗竭的正向影响越弱。如受访者01，因为树立了正确的理想目标和价值观、世界观，面对负性领导行为时，能进行对照反思，保持初心和干劲，负性领导行为对其职场偏差行为的影响得以减少。

第二节　量化研究：对影响机理的全面验证

一　研究样本与测量工具

（一）研究样本

使用第三章探索性因子分析和验证性因子分析两部分独立样本共同作为本章定量分析的样本。即样本数量为 N = 1355。另外，由于第三章通过探索性因子分析与验证性因子分析后得到了最终的基层公务员职场偏差行为测量模型，因而本部分使用该模型测量基层公务员职场偏差行为。由于第三章已详细介绍问卷发放与回收概况，以及独立样本A和独立样本B的样本特征（见第三章第二节），且两份独立样本的人口学特征具有极高的相似性，故在此不再赘述。

（二）测量工具

本章研究包括基层公务员感知的负性领导行为（自变量）、职场偏差行为（因变量）、情绪耗竭（中介变量）、职业发展抱负（调节变量）、家庭支持（调节变量）、尽责性（控制变量）、组织程序公平（控制变量）和组织对偏差行为的容忍（控制变量）等主要变量。其中，负性领导行为由领导专制行为、领导被动履职行为和领导不真诚行为三个子变量构成。对基层公务员职场偏差行为的测量使用前文第三章所开发量表，对其他变量的测量则尽可能参考和使用国内外已有成熟量表，以确保测量工具的科学性、权威性和有效性。在具体选取相关变量的量表时，优先考虑国内在政府组织中已经检验过的国内外成熟量表；当缺乏政府组织的量表检验背景时，将结合专家意见对量表进行适当修订。另外，本书涉及多个负性行为或认知变量，因而需要采用一些事前控制技术以尽可能避免社会赞许性偏差（social desirability bias）[①]。首先，题项描述在还原原表语义的基础上力求客观简洁，力争符合基层公务员的话语体系。因此，邀请5名基层公务员对问卷题项表述提出修改意见，在征询专家意见后，对晦涩表达与涉及敏感内容的题项与题干进行重新描述。其次，对部分变量设计了反向计分题项，以提高量表的测量效度，并作为验证量表真实性的一个筛选依据。最后，本章对上述其他变量的测量基本采用李克特五点量表法。之所以是采用五点法，而不是三点法或七点法或九点法，是因为五点法有助于帮助受调查者产生可信的回答指示，选项太少或太多反而会阻碍受调查者对选项做出可信区分（布拉德伯恩等，2011：202；博斯劳，2016：149）。并且，本书中大部分变量的经典测量量表采用的就是五点法。

1. 领导专制行为

关于专制行为的测量，有多个版本。其中，有的版本来自大量表的一个部分，如在家长式领导（郑伯勋等，2000）、破坏性领导（Einarsen et al., 2007）的测量量表中均包含有专制行为的部分；有的版本是学者针对专制行为修订或构建而成的独立量表，学者们多根据各自研究需求选取量表。基于本书中专制行为的定义与调查对象，主要采用 De Hoogh 和 Den Hartog（2008）制作的领导专制行为测量量表。该量表改编自 Hanges 和 Dickson（2004）对全球领导力量表的探索，包含6个项目，且在不少后续研究（Erkutlu & Chafra, 2018；De Clercq et al., 2018）中获

[①] 社会赞许性偏差是指在问卷调查中，受试者为了维护自尊、给他人留下好印象或者避免他人批评及惩罚而在测量反应中表现出描述自己积极一面或迎合社会规范或期望的倾向（参见 Daniel C. Ganster et al., "Social desirability response effects: Three alternative models", *The Academy of Management Journal*, Vol. 26, No. 2, 1983, pp. 321–331）。

得了较好的信度和效度支持。另需说明的是，由于缺少经典的中文译本，本书在翻译时参考了郑伯埙等人（2000）有关威权领导测量题项①的部分表述。量表内容见表5-8。

表5-8　　　　　　　　　领导专制行为测量量表

序号	测量题项
1	作出决策或布置工作任务以自我为中心，不考虑下属的实际情况
2	直接下达命令或布置工作，不允许我们质疑他（她）的决定
3	在我们面前，他（她）表现出很威严的样子
4	单位（科室）内大小事情都由他（她）独自决定
5	开会时都会照他（她）的意思作最后决定
6	对反对他（她）意见的人进行冷嘲热讽等打击行为

资料来源：Annebel H. B. De Hoogh and Deanne N. Den Hartog, "Ethical and despotic leadership, relationships with leader's social responsibility, top management team effectiveness and subordinates' optimism: A multi-method study", *Leadership Quarterly*, Vol. 19, No. 3, 2008, p. 309。

2. 领导被动履职行为

1985年，Bass开发了多因素领导问卷（the Multifactor Leadership Questionnaire, MQL, Bass, 1985b），并得到许多学者的认可与引用。Avolio和Bass之后对该表进行了修订（即"MLQ-5X"），主要解决了早期版本的项目措辞、部分领导因素间区分度不够等问题（Avolio et al, 1999）。后来许多学者（如Den Hartog et al., 1997）对MLQ-5X进行了重测或运用，结果普遍显示，该量表的内部一致性良好。该表中测量领导被动回避行为的题项有8项，之后有关领导被动行为的针对性研究（Zacher et al., 2012；Chenevert et al., 2013）也多采用此表，其信度与效度得以证实。因此，本书也使用该表来测量基层公务员感知的领导被动履职行为，并参考毛歆（2008：69）的翻译版本。在"MLQ-5X"表中有关被动回避行为的8个题项中，"只有在目标完成时，领导才采取行为"这一题项与政府组织实际较不相符，故予以删除。另根据被访谈基

---

① 量表内容参见杨术《威权领导、员工沉默行为与员工绩效关系研究》，博士学位论文，吉林大学，2016年，第183页。

层公务员有关消极怠工的描述,在征询专家意见后增加2道领导不积极工作的题项,如"工作拖拉,效率不高"。领导被动履职行为测量量表见表5-9,共9个题项。

表5-9　　　　　　　领导被动履职行为测量量表

序号	测量题项
1	直到问题变得严重才做出回应
2	不主动修改规则与惯例,除非出现大变故
3	只关注一些常规性问题
4	不愿花太多心力在工作上,尽量减少工作投入
5	被需要时,他(她)不能及时出面
6	优柔寡断,尽量避免做决策
7	对紧急问题不敏锐,反应比较迟缓
8	工作拖拉,效率不高
9	应付式对待上级布置的任务

资料来源:Bruce J. Avolio, Bernard M. Bass and Dong I. Jung, "Re-examining the components of transformational and transactional leadership using the Multifactor Leadership Questionnaire", *Journal of Occupational and Organizational Psychology*, Vol. 72, No. 4, 1999, pp. 441-462。

3. 领导不真诚行为

本书对领导不真诚行为的测量综合参考 Schilling(2009)、Patel 和 Hamlin(2017)的研究成果。在 Schilling 的研究中,领导不真诚行为的特征包括"表现出背信弃义""不公正地/不公平地对待追随者""不支持追随者"等6项。在 Patel 和 Hamlin 归纳的3类负性领导行为,领导不真诚行为具体包括"提名自己或副手参加外部在职培训课程,而不是工作人员""以不公平或不一致的方式约束人员"等5条行为描述。通过对比发现,这两个研究中关于不真诚行为的描述具有高度重合性,因此,综合二者而采用下述6个题项测量基层公务员感知的领导不真诚行为。

表 5-10　　　　　　　领导不真诚行为测量量表

序号	测量题项
1	区别或不公正对待下属
2	说漂亮话，答应的事情不放在心上或做不到
3	夸大或隐瞒一些信息，而不将工作动态真实情况告知下属
4	为了自己的面子或形象，把过错推给下属
5	将功劳或机会揽到自己身上，而不考虑下属
6	只布置工作而不提供相应支持

参考资料：Jan Schilling, "From ineffectiveness to destruction: A qualitative study on the meaning of negative leadership", *Leadership*, Vol. 5, No. 1, 2009, pp. 102 – 128; Taran Patel and Robert G. Hamlin, "Toward a unified framework of perceived negative leader behaviors insights from French and British educational sectors", *Journal of Business Ethics*, Vol. 146, No. 1, 2017, pp. 157 – 182。

4. 情绪耗竭

本书采用李超平和时勘（2003）根据 Maslach 和 Jackson 的职业倦怠测量量表（Maslach Burnout Inventory-General Survey, MBI-GS）[①] 修订的中国版职业倦怠量表。MBI-GS 在学术界的认可度极高，共 16 个题项，其中包含 8 个评估员工情绪耗竭的题项。研究者们在开展情绪耗竭的研究时多采用此表。针对 Maslach 和 Jackson 的量表，不少中国学者编制或修订了中国组织情境下的职业倦怠量表，如李永鑫等（2005）编制的工作倦怠问卷。其中，李超平和时勘（2003）修订的中国版职业倦怠量表应用最为广泛。不少中国学者（赵慧军、席燕平，2017；郭慧慧、于萍，2017）在研究中使用该表，且测得的内部一致性系数较高，基本都在 0.90 以上。并且，不少有关公务员职业倦怠的研究（李景平等，2012；宋俣珈等，2014；洪炜等，2015；文华，2016）亦证实了该表的高信度。因此，本书采用此表测量基层公务员的情绪耗竭。

[①] 1981 年，Maslash 和 Jackson 编制了 MBI（Maslash Burnout Inventory）量表（Christina Maslach1 and Susan E. Jackson, "The measurement of experienced burnout", *Journal of Occupational Behavior*, Vol. 2, No. 2, 1981, pp. 99 – 113）。后经不断修订，MBI 分为 MBI-SS、MBI-ES、MBI-GS 三种类型，其中，MBI-SS（Service Survey）和 MBI-ES（Educators Survey）分别是专门针对服务和教育行业的职业倦怠量表，MBI-GS（General Survey）是适用于普通人群的通用量表。

表 5-11　　　　　　　　情绪耗竭测量量表

序号	测量题项
1	工作让我感觉身心疲惫
2	下班的时候我感觉精疲力竭
3	早晨起床不得不去面对一天的工作时，我感觉非常累
4	整天工作对我来说确实压力很大
5	工作让我有快要崩溃的感觉

资料来源：李超平、时勘：《分配公平与程序公平对工作倦怠的影响》，《心理学报》2003年第5期。（量表内容来自李超平教授指导的硕士论文，方伟：《工作要求—资源模型与工作倦怠：心理资本调节作用的实证研究》，硕士学位论文，中国人民大学，2008年，第73页。）

5. 职业发展抱负

国外有关职业发展抱负的研究主要参考 Desrochers 和 Dahir（2000）所编制的职业发展抱负量表（Career Advancement Ambition Scale）。该量表是 Desrochers 和 Dahir 基于 Wright 和 Larwood（1997）所开发测量员工对工作培训欲望与职业成功欲望量表而修订的。Desrochers 和 Dahir 的职业发展抱负量表一共4个题项，其中2个题项测量员工在公司获得成功和晋升的重要性（即组织抱负），2个题项测量员工专业领域获得成功和进步的重要性（即专业抱负）。Desrochers 和 Dahir 在实证调查中测得该量表的 Cronbach α 值为0.88，表明其内部一致性较高。在职业发展抱负的后续研究中，许多学者多采用此表或对此表作一定修订，例如 Chng 和 Wang（2016），Chgn 等（2012），Jensen 和 Martinek（2009），Boswell 和 Olson-Buchanan（2007），Wright 和 Larwood（2001）等。此外，也有国内学者将此表引入本土研究。任杰和路琳（2010）利用 Desrochers 和 Dahir 所开发的"职业发展抱负量表"对上海某高校在职 MBA 学生的职业发展抱负进行了测量，研究结果证明了该量表的跨文化适用性。因此，本书主要采用此表测量基层公务员职业发展抱负。同时，结合基层公务员的职业特点与职业发展规律，基层公务员的职业发展抱负不仅体现为一般意义的在组织中成功与专业领域的进步，而且还体现为职级、岗位上的调整。其中，职级的调整主要是指根据《公务员法》及相关规定对基层公务员职级上的向上变动；而岗位上的调整则是指基层公务员任职职位的变动，主要是从原岗位调整到更为重要的岗位，如从副镇长调整为常务副镇长（虽然这两个岗位都是副科级，但一般认为常务副镇长比副镇长更重要）。此外，参考谢琳和钟文晶（2017）在测量村干部的晋升欲望时所使用的自编量表（涉及"A1 不远的未来我希望能够晋升到更高一级"和"A2 我期望未来频频被提升"2 个题项）。因此，本书对基层公务员职业发展抱负的测量在参考 Desrochers 和 Dahir 所开发的"职业发展抱负量表"的基础上，并将组织内进一步具体为职级上升和岗位优化两个方面。由此，本书中对基层公务员职业发展抱负的测量一共包括 6 个题项，见表 5 - 12。

表 5 - 12　　　　　基层公务员职业发展抱负测量量表

序号	测量题项
1	调整到更重要的岗位对我而言非常重要
2	我希望一定时期内能调整到更重要的岗位上
3	职级上升一个级别对我而言非常重要
4	我希望在不久的将来我的级别能上升一个层次
5	在专业领域（或业务上）获得成功对我而言非常重要
6	我希望在专业领域（或业务上）能更加精进

资料来源：Stephan Desrochers and Veronica Dahir, "Ambition as a motivational basis of organizational and professional commitment: Preliminary analysis of a proposed career advancement ambition scale", *Perceptual and Motor Skills*, Vol. 91, No. 2, 2000, pp. 563 - 570。

6. 家庭支持

国外已有不少成熟的家庭支持测量量表（如 Scheier & Carver, 1985），国内学者也开发了一些适用于中国文化背景的本土化量表（肖水源，1994；李永鑫、赵娜，2009）。其中，应用较为广泛的是李永鑫和赵娜（2009）编制的《工作—家庭支持问卷》。该问卷立足于工作与家庭的整体视角，考察个体在工作和家庭领域中获得的社会支持。后续多个国内实证数据样本（柯江林等，2017；叶宝娟等，2018）的检验结果表明，该量表具有较高的信效度。因此，本书采用李永鑫和赵娜编制的《工作—家庭支持问卷》中涉及家庭支持的题项来测量基层公务员的家庭支持变量。相关题项共 10 道，其中 6 道测量情感支持、4 道测量工具性支持。这些题项描述了家庭对基层公务员工作的支持情况，聚焦于家庭对工作领域的支持，具有针对性，且符合本书的研究需求。

表 5-13　　　　　　　　　家庭支持测量量表

序号	测量题项
1	对我工作上的问题，家人经常提供不同的意见和看法
2	当工作有烦恼时，家人总是能理解我的心情
3	当工作上出现困难时，家人总是和我一起分担
4	当我工作很劳累时，家人总是鼓励我
5	当工作上遇到问题时，我总是会给家人说
6	工作上出现问题时，家人总是安慰我
7	工作之余，家人总能给一些个人的空间
8	当我某段时间工作很忙时，家人总是多做些家务活
9	我与家人谈及有关工作上的事情时很舒服
10	家人对我所做的工作比较感兴趣

资料来源：李永鑫、赵娜：《工作—家庭支持的结构与测量及其调节作用》，《心理学报》2009 年第 9 期。

7. 职场偏差行为

采用第三章第二节新开发的基层公务员职场偏差行为量表。

8. 控制变量

人口学特征变量。已有研究发现性别、年龄、工作年限、学历等人口学特征与职场偏差行为显著相关（Bal，2008；Jung & Yoon，2012；Agarwal & Bhargava，2013；Brienza & Bobocel，2017）。因此本书将性别、工作年限、学历等常见人口学特征变量作为控制变量。对于性别变量，将男女性别分别编码为 1 和 2。对于工作年限分为 5 年以下、6—10 年、11—20 年、21—30 年、30 年以上五个类别，分别记作 1、2、3、4、5。考虑到党员身份和党内组织生活也可能对基层公务员职业行为表现产生影响，本书将是否为中国共产党党员或中共预备党员作为控制变量，如果是则编码为 1，否则编码为 2。由于中国不同地区间经济发展程度存在明显差异、基层政府公共服务水平与组织管理水平呈现区域差异，基层公务员的职场偏差行为表现与程度亦可能存在区别，因而将地区差异同样作为控制变量。具体做法是，根据各地区经济发展特征，参考"七五"计划等历史惯例及《西部大开发"十三五"规划》等权威文件，本书将地区差异划分为东部地区、中部地区和西部地区三个区域以及港澳台地区。①

任职特征变量。从以往有关公务员行为的文献来看，基层公务员的任职特征也会影响到其职场偏差行为的表现，故将基层公务员的行政级别、职位类别作为控制变量。笔者在对基层公务员的深度访谈中了解到，公务员所在系统类型不同（依据公务员法，公务员可分为综合管理类、行政执法类、专业技术类三大类别），其表现出的职场偏差行为可能也有差异，因此将职位类别亦纳入控制变量。具体编码方法是将综合管理类、行政执法类、专业技术类分别记为1、2、3。同时，根据公务员分类管理改革的最新成果，本书所界定的基层公务员的行政级别涉及科员及以下、副科级、正科级，分别编码为1、2、3。又考虑到当前有关公安警察等其他专业技术类和行政执法类的管理改革正在如火如荼地进行，因而特别列出另一行政级别选项"其他"，并要求受调查者填写其级别。

岗位特征变量。考虑到岗位特征对基层公务员职场偏差行为的影响，本书将基层公务员所在机关类别和机关层级纳入控制变量范畴。其中，单位类别（党群机关、行政机关、人大机关、政协机关、司法机关）的分类是基于论文前文对基层公务员的定义中得到的。同时，根据2015年中办下发的《关于县以下机关建立公务员职务与职级并行制度的意见》中对县以下机关的指定，本书将基层公务员所在机关层级划分县（市、区、旗）、乡（镇、街道）（分别编号为1、2）。

人格特征变量。除上述人口统计学变量及工作特征变量外，根据前人相关研究，一些个人特征也会影响到个体职场偏差行为的表现，其中

---

① 2017年，国务院正式批复同意《西部大开发"十三五"规划》，将全国的12个省区市纳入西部大开发的范围，即四川、重庆、贵州、云南、西藏、陕西、甘肃、青海、宁夏、新疆、广西、内蒙古。在此基础上，根据"七五"计划等历史惯例，中部地区则包括山西、吉林、黑龙江、安徽、江西、河南、湖北、湖南8个省级行政区，东部地区包括北京、天津、河北、辽宁、上海、江苏、浙江、福建、山东、广东和海南11个省（市），港澳台地区则单独列出来。

最具代表性的一个变量是作为大五人格之一的尽责性。Enwereuzor 等（2017）、Guay 等（2016）、Kluemper 等（2015）的研究均表明，尽责性与个体的职场偏差行为呈现负相关。因此，本书也将尽责性作为控制变量，采用国际上广泛使用的大五人格简短量表 BFI-10（Big Five Inventory-10）中涉及尽责性的 2 个题项进行测量，样本题项如"我认为我是一个工作十分严谨的人""我认为我有些挑剔，喜欢找别人的毛病"。BFI-10 由 Rammstedt 和 John（2007）从 BFI-44（John et al., 1991）中每个维度中提取 2 道题目而组成的 10 题项量表，不仅在信度上被普遍证明具有一定的接受性（Althuizen, 2018；Kircaburun & Griffiths, 2018），而且具有测量时间上的优势，其跨文化一致性也得到了验证（陈基越等，2015）。

组织特征变量。根据职场偏差行为的已有相关研究（Skarlicki & Folger, 1997；El Akremi et al., 2010；Menard et al., 2011；Michel & Hargis, 2017），组织程序公平感是职场偏差行为重要预测因子，本书亦将程序公平感列入控制变量之列。根据 Aquino 等（1999）、刘亚等（2003）的研究，本书用以下 4 题来测量公务员感知的程序公平："我所在部门的晋升机会与程序是公平的""单位对我们的绩效考核是科学规范的""我所在部门的福利发放是合理透明的""我们部门所有人在纪律制度面前是平等的"。另外，根据 Thau 等（2009）的经验，本书还控制了组织对偏差行为的容忍情况。为了评估这一变量，本书根据 Bingham 和 Scherer（1993）的研究修订了 3 个题项，这些题项测量了组织内部对偏差行为的宽容程度。这些项目是："同事之间会明显制止彼此违反组织管理规定的行为（反向测评）""一些违反组织管理规定的行为实际上不会受到应有惩处""我的领导对下属违反组织管理规定的行为睁一只眼闭一只眼"。

其他控制变量。本书还测量基层公务员的特质负面情感，因为具有消极情感性格倾向的下属可能会经历更多的负性领导行为，并且更有可能从事职场偏差行为（Aquino et al., 1999）。基于此，在问卷设计时特别设计了 5 道消极情绪测量题项［选自 Watson 等人（1988）编制的 PANAS 情绪量表］。这项措施要求受访基层公务员报告他们最近一个月经历的五类消极情绪状态（例如，恼怒，沮丧，内疚，紧张，担惊受怕）的频率。

综上，本书在设计问题时设置了性别、工作年限、学历等 14 个控制变量，且这些变量涵盖到基层公务员的人口学特征、人格特征、任职特征、岗位特征、组织特征等多个方面。不过，后文将综合方差分析及相关性分析结果，确定回归分析的正式控制变量。

二 研究样本的质量分析

本部分使用的统计软件主要是 IBMSPSS（23.0 版）。该软件具有便捷的操作模式与较强大的统计分析功能，是国际上最有影响的"三大"统计软件之一（张黎，2017：36），也是组织行为学领域学者们在研究中广泛使用的一款软件。并且，SPSS 新增了 PROCESS 插件，可提供 Bootstrapping 分析和 Sobel 分析，这进一步扩展了 SPSS 的统计分析功能。因此，SPSS 能满足本章研究所需要的统计技术支持。具体来说，本节主要使用 SPSS23.0 来进行数据质量分析、变量间的相关分析与回归分析，以及构建结构方程模型等。

在进行检验模型假设之前，先要对量表和数据的质量进行查验和确认。因此，本书先对各个主要变量测量量表的信度分析（检验纠正的项目总相关系数与 Cronbach α 值）与效度分析（采用探索性因子分析与验证性因子分析），再对问卷数据进行同源偏差检测与多重共线性检验。由于问卷调查的主要变量均采用 Likert 五点量表进行打分，故本部分无需对数据进行标准化处理。

（一）量表的信度与效度分析

社会调查中的信度是指采用相同的测量手段重复测量同一对象时所得结果的前后一致程度（吴增基等，2009：79）。参考以往学者们的普遍做法，本章使用纠正的项目总相关系数（corrected-item total correlation，CITC）与内部一致性系数 Cronbach α 值来共同评估各主要变量测量量表的信度情况。根据第三章第二节对二者的介绍，当某题项的 CITC 值小于 0.3 时，表示该题项与量表的同质性较低，应予以删除；当 Cronbach α 值大于 0.7 时，表示量表的内部一致性可以被接受。

社会调查中的效度是指测量工具或测量手段准确反映量度事物属性的程度（风笑天，2008：90）。效度越高，说明测量的准确性越高，与事物本身属性越吻合。尽管研究中所使用的量表大部分是国内外的成熟量表,并请专家就英文翻译或具体情境运用进行审查或细节性修改,但这些量表在基层政府组织这一特定情境中的适用性仍需进一步验证。因此,本书先使用通过 KMO 值与 Bartlett 球形检验确认测量样本是否适合进行探索性因子分析,再在具体的探索性因子分析中,检验各题项的标准化因子载荷(应大于 0.5)与量表的累计方差解释百分比(应大于 55.0%,吴明隆,2010)。

1. 领导专制行为测量量表的质量分析

首先,对领导专制行为的 6 个题项进行可靠性分析。检验结果显示,各题项 CITC 值介于 0.715—0.827(均大于 0.30),总量表的 Cronbach α 值为 0.921(大于 0.70),且删除任何题项均不会增加 Cronbach α 值。可见,该量表信度良好。同时,探索性因子分析结果显示,领导专制行为量表的 KMO 值为 0.909(大于 0.70);在 Bartlett 球形检验中,领导专制行为量表的卡方值为 5610.678,自由度为 15,p 值非常显著(小于 0.01)。可见,领导专制行为量表适合进行探索性因子分析。而后通过最大方差法的正交旋转方式、依据特征值大于 1 的原则进行主成分因子提取。结果显示,6 个题项的因素载荷介于 0.799—0.886(均大于 0.50);萃取出 1 个特征值大于 1 的共同因子(领导专制行为),且累计方差解释百分比为 71.773%(大于 55%)。这些统计值表明,领导专制行为量表具有良好的聚合效度。此外,经结构方程模型分析,该量表的 RMSEA 值为 0.055,RMR 值为 0.022,CFI 值为 0.994,IFI 值为 0.994,NFI 值为 0.993。[①] 这些拟合数值均达到模型拟合度良好的判别值(具体见第三章第二节),因此本书认为,领导专制行为量表具有良好的测量效度。

2. 领导被动履职行为测量量表的质量分析

首先,对领导被动履职行为的 9 个题项进行可靠性分析。检验结果显示,各题项的 CITC 值介于 0.727—0.817,总量表的 Cronbach α 值为 0.947,且删除任何题项均不会增加 Cronbach α 值。可见,该量表信度良好。同时,探索性因子分析结果显示,领导被动履职行为量表的 KMO 值为 0.945;在 Bartlett 球形检验中,领导被动履职行为量表的卡方值为

[①] 此为在题项 1 的残差与题项 2 的残差之间建立共变关系从而修正模型后的结果。

10122.975，自由度为36，p值非常显著（小于0.01）。可见，领导被动履职行为量表适合进行探索性因子分析。而后通过最大方差法的正交旋转方式、依据特征值大于1的原则进行主成分因子提取。结果显示，9个题项的因素载荷介于0.782—0.862；萃取出1个特征值大于1的共同因子（领导被动履职行为），且累计方差解释百分比为70.352%。这些统计值表明，领导被动履职行为量表具有良好的聚合效度。此外，经结构方程模型分析，该量表的RMSEA值为0.071，RMR值为0.024，CFI值为0.986，IFI值为0.986，NFI值为0.984。[①] 这些拟合数值均达到模型拟合度良好或可以接受的判别值，这表明，领导被动履职行为量表具有较好的测量效度。

3. 领导不真诚行为测量量表的质量分析

首先，对领导不真诚行为的6个题项进行可靠性分析。检验结果显示，各题项CITC值介于0.843—0.912，总量表的Cronbach α值为0.964，且删除任何题项均不会增加Cronbach α值。可见，该量表信度良好。同时，探索性因子分析结果显示，领导不真诚行为量表的KMO值为0.933；在Bartlett球形检验中，领导不真诚行为量表的卡方值为9632.654，自由度为15，p值非常显著（小于0.01）。可见，领导不真诚行为量表适合进行探索性因子分析。而后通过最大方差法的正交旋转方式、依据特征值大于1的原则进行主成分因子提取。结果显示，6个题项的因素载荷介于0.890—0.941；萃取出1个特征值大于1的共同因子（领导不真诚行为），且累计方差解释百分比为84.724%。这些统计值表明，领导不真诚行为量表具有良好的聚合效度。此外，经结构方程模型分析，该量表的RMSEA值为0.077，RMR值为0.016，CFI值为0.994，IFI值为0.994，NFI值为0.993。[②] 这些拟合数值均达到模型拟合度良好或可以接受的判别值，这表明，领导不真诚行为量表具有较好的测量效度。

---

① 此为在题项1的残差与题项2的残差之间、题项1的残差与题项3的残差之间建立共变关系从而修正模型后的结果。

② 此为分别在题项1的残差与题项2的残差之间、题项4的残差与题项5的残差之间建立共变关系从而修正模型后的结果。

4. 情绪耗竭测量量表的质量分析

首先，对情绪耗竭的 5 个题项进行可靠性分析。检验结果显示，各题项 CITC 值介于 0.862—0.880，总量表的 Cronbach α 值为 0.953，且删除任何题项均不会增加 Cronbach α 值。可见，该量表信度良好。同时，探索性因子分析结果显示，情绪耗竭量表的 KMO 值为 0.902；在 Bartlett 球形检验中，情绪耗竭量表的卡方值为 7023.431，自由度为 10，p 值非常显著（小于 0.01）。可见，情绪耗竭量表适合进行探索性因子分析。而后通过最大方差法的正交旋转方式、依据特征值大于 1 的原则进行主成分因子提取。结果显示，5 个题项的因素载荷介于 0.913—0.925；萃取出 1 个特征值大于 1 的共同因子（情绪耗竭），且累计方差解释百分比为 59.973%。这些统计值表明，情绪耗竭量表的聚合效度可以接受。此外，经结构方程模型分析，该量表的 RMSEA 值为 0.046，RMR 值为 0.006，CFI 值为 0.999，IFI 值为 0.999，NFI 值为 0.998。[①] 这些拟合数值均达到模型拟合度良好的判别值，这表明，情绪耗竭量表具有良好的测量效度。

5. 职业发展抱负测量量表的质量分析

首先，对职业发展抱负的 6 个题项进行可靠性分析。检验结果显示，各题项 CITC 值介于 0.728—0.862，总量表的 Cronbach α 值为 0.938，且删除任何题项均不会增加 Cronbach α 值。可见，该量表信度良好。同时，探索性因子分析结果显示，职业发展抱负量表的 KMO 值为 0.873；在 Bartlett 球形检验中，职业发展抱负量表的卡方值为 7568.833，自由度为 15，p 值非常显著（小于 0.01）。可见，职业发展抱负量表适合进行探索性因子分析。而后通过最大方差法的正交旋转方式、依据特征值大于 1 的原则进行主成分因子提取。结果显示，6 个题项的因素载荷介于 0.873—0.909；萃取出 1 个特征值大于 1 的共同因子（职业发展抱负），且累计方差解释百分比为 76.426%。这些统计值表明，职业发展抱负量表具有良好的聚合效度。此外，经结构方程模型分析，该量表的 RMSEA 值为 0.070，RMR 值为 0.011，CFI 值为 0.996，IFI 值为 0.996，NFI 值为

---

① 此为在题项 1 的残差与题项 2 的残差之间、题项 4 的残差与题项 5 的残差之间建立共变关系从而修正模型后的结果。

0.996。① 这些拟合数值均达到模型拟合度良好或可以接受的判别值,这表明,职业发展抱负量表具有较好的测量效度。

6. 家庭支持测量量表的质量分析

首先,对家庭支持的 10 个题项进行可靠性分析。检验结果显示,第一个指标的 CITC 值小于 0.30,故将其删除。然后再进行信度分析、探索性因子分析与验证性因子分析。在删除第一个题项后,题项的 CITC 值介于 0.639—0.816,总量表的 Cronbach α 值为 0.926,且删除任何题项均不会增加 Cronbach α 值。可见,该量表信度良好。其次,探索性因子分析结果显示,家庭支持量表的 KMO 值为 0.945;在 Bartlett 球形检验中,家庭支持量表的卡方值为 8170.293,自由度为 36,p 值非常显著(小于 0.01)。可见,家庭支持量表适合进行探索性因子分析。而后通过最大方差法的正交旋转方式、依据特征值大于 1 的原则进行主成分因子提取。结果显示,9 个题项的因素载荷介于 0.707—0.868;萃取出 1 个特征值大于 1 的共同因子(家庭支持),且累计方差解释百分比为 63.259%。这些统计值表明,家庭支持量表具有较好的聚合效度。同时,经结构方程模型分析,该量表的 RMSEA 值为 0.066,RMR 值为 0.027,CFI 值为 0.985,IFI 值为 0.985,NFI 值为 0.982。② 这些拟合数值均达到模型拟合度良好或可以接受的判别值,这表明,家庭支持量表具有良好的测量效度。

7. 基层公务员职场偏差行为测量量表的质量分析

首先,对第三章得到的 19 题项基层公务员职场偏差行为测量量表进行可靠性分析。检验结果显示,各题项 CITC 值介于 0.396—0.604,总量表的 Cronbach α 值为 0.884,且删除任何题项均不会增加 Cronbach α 值。可见,该量表信度良好。同时,探索性因子分析结果显示,KMO 值为 0.901;在 Bartlett 球形检验中,卡方值为 9907.314,自由度为 171,p 值非常显著(小于 0.01)。可见,职场偏差行为量表适合进行探索性因子分

---

① 此为在题项 1 的残差与题项 2 的残差之间、题项 1 的残差与题项 4 的残差之间、题项 5 的残差与题项 6 的残差之间建立共变关系从而修正模型后的结果。

② 此为在题项 3 的残差与题项 4 的残差之间、题项 8 的残差与题项 9 的残差之间、题项 6 的残差与题项 7 的残差之间建立共变关系从而修正模型后的结果。

析。而后通过最大方差法的正交旋转方式、依据特征值大于 1 的原则进行主成分因子提取。结果显示，萃取出 4 个特征值大于 1 的共同因子，19 个题项对应各自共同因子的因素载荷介于 0.615—0.801，且累计方差解释百分比为 59.973%。这一结果不仅表明基层公务员职场偏差行为量表的聚合效度可以接受，同时也表明第三章所构建基层公务员职场偏差行为维度与所得 19 题项基层公务员职场偏差行为测量量表能够经受住大样本的检验。此外，经结构方程模型分析，该量表的 RMSEA 值为 0.053，RMR 值为 0.048，CFI 值为 0.943，IFI 值为 0.943，NFI 值为 0.929。这些拟合数值均达到模型拟合度良好的判别值，这表明，基层公务员职场偏差行为量表具有良好的测量效度。

8. 偏差行为组织容忍测量量表的质量分析

首先，对偏差行为组织容忍的 3 个题项进行可靠性分析。检验结果显示，各题项 CITC 值介于 0.478—0.540，总量表的 Cronbach α 值为 0.694，且删除任何题项均不会增加 Cronbach α 值。可见，该量表信度勉强可以接受。同时，探索性因子分析结果显示，偏差行为组织容忍量表的 KMO 值为 0.667；在 Bartlett 球形检验中，偏差行为组织容忍量表的卡方值为 695.601，自由度为 3，p 值非常显著（小于 0.01）。可见，偏差行为组织容忍量表勉强适合进行探索性因子分析。而后通过最大方差法的正交旋转方式、依据特征值大于 1 的原则进行主成分因子提取。结果显示，3 个题项的因素载荷介于 0.762—0.792；萃取出 1 个特征值大于 1 的共同因子（偏差行组织容忍），且累计方差解释百分比为 62.119%。这些统计值表明，偏差行为组织容忍量表的聚合效度尚可以接受。由于偏差行为组织容忍量表的测量指标只有 3 个，进行验证性因子分析时必然成饱和模型，故此处不再进行验证性因子分析。

9. 尽责性测量量表的质量分析

由于控制变量尽责性的测量量表仅由 2 个题项组成，题项太少而不宜进行 CITC 分析与因子分析，因此，仅检验该量表的内部一致性。结果显示，总量表的 Cronbach α 值为 0.910。可见，该量表信度可以接受。

10. 组织程序公平测量量表的质量分析

首先，对组织程序公平的4个题项进行可靠性分析。检验结果显示，各题项CITC值介于0.605—0.712，总量表的Cronbach α值为0.837，且删除任何题项均不会增加Cronbach α值。可见，该量表信度良好。同时，探索性因子分析结果显示，组织程序公平量表的KMO值为0.762；在Bartlett球形检验中，组织程序公平量表的卡方值为2290.689，自由度为6，p值非常显著（小于0.01）。可见，组织程序公平量表适合进行探索性因子分析。而后通过最大方差法的正交旋转方式、依据特征值大于1的原则进行主成分因子提取。结果显示，4个题项的因素载荷介于0.767到0.855之间；萃取出1个特征值大于1的共同因子（组织程序公平），且累计方差解释百分比为67.587%。这些统计值表明，组织程序公平量表具有较好的聚合效度。此外，经结构方程模型分析，该量表的RMSEA值为0.021，RMR值为0.006，CFI值为1.000，IFI值为1.000，NFI值为0.999①。这些拟合数值均达到模型拟合度良好的判别值，这表明，组织程序公平量表具有良好的测量效度。

（二）共同方法偏差检验

共同方法偏差（common method biases）是指"因为同样的数据来源或评分者、同样的测量环境、项目语境以及项目本身特征所造成的预测变量与效标变量之间人为的共变"（周浩、龙立荣，2004：942），是一种难以避免的系统误差。由于本部分研究所涉及变量数据全由受调查基层公务员个人以自我报告的方式收集，这可能存在干扰研究结果的共同方法偏差问题。对此，为了控制共同方法偏差对研究结果的影响，在问卷设计与填写阶段做了以下努力：第一，在职场偏差行为、偏差行为组织容忍等变量中设计了正反题项；第二，在问卷发放和指导被试者填写过程中向被试者反复强调问卷为匿名填写且仅以整体分析的方式用作科研，以打消被试者的心理顾虑，以反映受试者的真实情况与客观想法；第三，对各个测量问题的题目设置了不同的反应语句，有的是符合程度，有的是频度，还有的是数量。尽管如此，研究中仍然可能存在共同方法偏差的风险。为了确定共同方法偏差是否存在问题，采用哈曼的单因素检验

---

① 此为在题项3的残差与题项4的残差之间建立共变关系从而修正模型后的结果。

方法（Harman，1976）来检验大多数方差是否可以用一个一般因子来解释。该方法也是研究者们控制共同方法偏差的常见方法（Podsakoff et al.，2003；熊红星等，2012）。具体做法为：对调查所得的领导专制行为、领导被动履职行为、领导不真诚行为、情绪耗竭、职场偏差行为、家庭支持、职业发展抱负采用主成分分析法执行探索性因子分析。结果表明，在未旋转情况下析出1个特征值大于1的共同因子，且第一个因子解释的变异量为23.737%，小于40%的临界标准（Harris et al.，2013），说明共同方法偏差不明显。

（三）多重线性检验

本书在下文进行直接效应、中介效应与调节效检验时，均给出了各种变量中最大的方差膨胀因子（variance inflation factor，VIF），见表5-17至表5-20、表5-24、表5-26、表5-28、表5-30、表5-32、表5-34。经检验，各变量的VIF值均小于5。可见，本章中各主要变量的多重线性问题并不严重。

三 描述性统计分析和相关分析

（一）正态性检验

由于后文的假设检验涉及回归分析，而回归分析要求数据满足正态分布，因此本部分先进行数据的正态性检验。本书通过检验样本数据各变量的偏度、峰度及带正态分布概率密度曲线的直方图后发现，所有变量的分布都满足正态分布，适合进行下一步的分析。

（二）变量的描述性统计

本研究样本的极值、均值与标准差如表5-14所示。从表中可以看出，职场偏差行为、领导专制行为、领导被动履职行为、领导不真诚行为的均值分别为2.623、2.804、2.692、2.678，表明这四个消极组织行为在实践中比较普遍。组织程序公平、尽责性、职业发展抱负、家庭支持四个反映正面特征的变量均值在3.000以上，这比较符合实际情况。此外，偏差行为组织容忍、情绪耗竭的均值分别为2.852、2.764，表明组织对职场偏差行为容忍度、基层公务员的职业倦怠程度相对较高。

表 5-14　　　各变量的描述性统计量（N=1355）

	极小值	极大值	平均值	标准差
	统计量	统计量	统计量	统计量
地区	1.000	3.000	1.668	0.831
性别	1.000	2.000	1.466	0.499
年龄	1.000	4.000	2.272	0.686
婚姻	1.000	3.000	1.779	0.449
工作年限	1.000	5.000	2.155	1.033
学历	1.000	5.000	4.033	0.702
政治面貌	1.000	4.000	1.452	0.905
行政级别	1.000	3.000	1.500	0.716
职位类别	1.000	3.000	1.474	0.759
机关类别	1.000	6.000	2.525	1.812
机关层级	1.000	2.000	1.532	0.695
偏差行为组织容忍	1.000	5.000	2.852	0.854
组织程序公平	1.000	5.000	3.020	0.983
尽责性	1.000	5.000	3.446	0.670
领导专制行为	1.000	5.000	2.804	1.081
领导被动履职行为	1.000	5.000	2.692	1.003
领导不真诚行为	1.000	5.000	2.678	1.203
职业发展抱负	1.000	5.000	3.888	0.900
家庭支持	1.000	5.000	3.300	0.898
情绪耗竭	1.000	5.000	2.764	1.154
职场偏差行为	1.000	5.000	2.623	0.613

注：N=1355；有效个案数：1355。

（三）人口统计学变量的方差分析

在前文已经验证本研究数据符合正态分布的基础上，根据人口学统计变量的题项设置，在检验不同性别、不同所在机关层级的基层公务员职场偏差行为是否具有显著差异时采取独立样本 T 检验方法，其他因素则进行单因数方差分析（相关统计值如表 5-15 所示）。结果显示：(1) 性别与职场偏差行为的差异未通过方差齐性检验，在假定方差不相等时的 t 值为 4.732，显著性 <0.001；所在机关层级与职场偏差行为通过

方差齐性检验，在假定方差相等时的 t 值为 0.114，显著性 <0.05。这说明，不同性别和不同所在机关层级的基层公务员表现出的职场偏差行为均存在显著差异。（2）地区、年龄、婚姻状态、政治面貌、行政级别与基层公务员职场偏差行为的差异通过方差齐性检验，经 LSD 多重比较，不同地区、年龄、婚姻状态、政治面貌、行政级别的基层公务员职场偏差行为并不具有显著差异，而不同学历与不同机关层级的基层公务员职场偏差行为存在显著差异。在学历方面，初中及以下学历与大学本科、研究生及以上学历程度的基层公务员在职场偏差行为方面存在明显差异，但与高中/中专、大学专科学历的基层公务员的差异不明显；高中/中专、大学专科学历的基层公务员与其他学历公务员的职场偏差行为均不存在明显差别。（3）工作年限、职位类别、机关类别与基层公务员职场偏差行为的差异未能通过方差齐性检验。经 Tamhane 多重比较，不同机关类别、职位类别的基层公务员职场偏差行为不具有显著差异，而不同工作年限的基层公务员职场偏差行为存在显著差异。在工作年限方面，工作年限达 30 年以上的基层公务员与工作工作年限为 5 年以下和 11—20 年的基层公务员表现出的职场偏差行为具有显著差异。综上所述，不同性别、学历、工作年限、机关层级基层公务员的职场偏差行为存在显著差异，故将这四个变量纳入控制变量范畴。

表 5-15　　　　　　　　　　单因素方差分析

	方差齐性检验 sig.	F	显著性
地区	0.637	2.211	0.110
年龄	0.373	0.438	0.726
婚姻	0.429	0.002	0.998
工作年限	0.003	2.390	0.049
学历	0.704	2.563	0.037
政治面貌	0.139	1.700	0.165
行政级别	0.244	0.544	0.581
职位类别	0.002	0.382	0.821
机关类别	0.028	0.524	0.758
机关层级	0.201	3.528	0.030

(四) 相关性分析

将本书中的所有潜变量进行 Pearson 相关系数分析。从表 5-16 所示分析结果可知，本书中的自变量（领导专制行为、领导被动履职行为、领导不真诚行为）、中介变量（情绪耗竭）、因变量（职场偏差行为）之间存在显著的正相关关系。这既与前文的理论假设观点一致，也为后文进一步进行直接效应与中介效应提供了一定依据。并且，偏差行为组织容忍、组织程序公平、尽责性三个变量或与中介变量（情绪耗竭）、或与因变量（职场偏差行为）之间存在显著的相关关系，因此，本书将这三个变量亦作为下文影响机理模型验证的控制变量。

表 5-16 变量的 Person 相关分析

	1	2	3	4	5	6	7	8	9	10
1PP	1									
2PJ	-0.503**	1								
3CP	0.103**	-0.031	1							
4LDB	0.093**	-0.084**	0.023	1						
5PDB	0.127**	-0.072**	0.031	0.531**	1					
6LUB	0.129**	-0.092**	0.028	0.651**	0.685**	1				
7CAA	0.017	-0.030	0.065*	0.151**	0.175**	0.185**	1			
8FS	0.014	-0.031	-0.042	-0.001	-0.022	-0.035	-0.033	1		
9EE	0.024	-0.077**	0.069*	0.292**	0.305**	0.330**	0.209**	-0.099**	1	
10WDB	0.091**	-0.052	0.038	0.282**	0.288**	0.301**	0.000	-0.023	0.226**	1
Mean	2.852	3.020	3.446	2.804	2.692	2.678	3.888	3.300	2.764	2.623
SD	0.854	0.983	0.670	1.081	1.003	1.203	0.900	0.898	1.154	0.613

注：N=1355；* $p<0.05$；** $p<0.01$；PP 表示偏差行为组织容忍，PJ 表示组织程序公平，CP 表示尽责性，LDB 表示领导专制行为，PDB 表示领导被动履职行为，LUB 表示领导不真诚行为，CAA 表示职业发展抱负，FS 表示家庭支持，WDB 表示职场偏差行为。

四 直接效应的检验

根据上文的方差分析与相关性分析结果，本书最终将性别、学历、工作年限、机关层级、偏差行为组织容忍、组织程序公平、尽责性这七个变量作为负性领导行为对职场偏差行为影响机理中的控制变量。

(一) 自变量对结果变量的效应分析

本书以"压力—紧张—结果"模型为研究框架，本部分将对"压力"（三类负性领导行为）与"结果"（职场偏差行为）之间关系进行检验。本部分将采用多元回归分析分别检验领导专制行为、被动履职行为与不真诚行为这三类负性领导行为与基层公务员职场偏差行为之间的直接作用关系，即检验假设 H4-1。首先，把性别、学历、工作年限、机关层级、偏差行为组织容忍、组织程序公平、尽责性等控制变量作为自变量，职场偏差行为作为因变量，构建回归模型 M_{1-1}，并采用进入法进行回归分析。其次，以上述七个控制变量分别与领导专制行为、领导被动履职行为与领导不真诚行为三类负性领导行为共同作为自变量，以职场偏差行为为因变量，分别构建回归模型 M_{1-2}、M_{1-3}、M_{1-4}，同样采用进入法进行回归分析。根据回归分析的要点，本书主要关注两个方面：其一，负性领导行为的加入是否使职场偏差行为的方差变异发生改变；其二，作为自变量的三类负性领导行为在回归模型 M_{1-2}、M_{1-3}、M_{1-4} 中标准化回归系数的显著性及其符号。

表 5-17 负性领导行为对基层公务员职场偏差行为影响的回归分析

	M_{1-1}		M_{1-2}		M_{1-3}		M_{1-4}	
	Estimate	SE	Estimate	SE	Estimate	SE	Estimate	SE
控制变量								
性别	-0.016	0.034	-0.021	0.033	-0.018	0.033	-0.020	0.033
工作年限	-0.054	0.017	-0.060*	0.016	-0.051	0.016	-0.051	0.016
学历	-0.043	0.024	-0.034	0.023	-0.047	0.023	-0.039	0.023
机关层级	0.076**	0.022	0.061*	0.021	0.077**	0.021	0.058*	0.021
组织容忍	0.085**	0.023	0.067*	0.022	0.051	0.022	0.053	0.022
组织程序公平	-0.003	0.020	0.010	0.019	0.001	0.019	0.007	0.019
尽责性	0.036	0.025	0.031	0.024	0.031	0.024	0.030	0.024
自变量								
领导专制行为			0.272**	0.015				

续表

	M_{1-1}		M_{1-2}		M_{1-3}		M_{1-4}	
	Estimate	SE	Estimate	SE	Estimate	SE	Estimate	SE
领导被动履职行为					0.281**	0.016		
领导不真诚行为							0.290**	0.013
F	3.705**		17.043**		17.977**		18.874**	
R^2	0.019		0.092		0.097		0.101	
ΔR^2			0.073		0.078		0.082	
(MAX) VIF	1.363		1.367		1.378		1.375	

注：因变量：职场偏差行为；N=1355；M_{1-2}、M_{1-3}、M_{1-4} 中的 ΔF、ΔR^2 均以 M_{1-1} 为比较对象；*$\rho<0.05$；**$\rho<0.01$。

从表5-17中模型 M_{1-1} 的回归结果来看，控制变量机关层级、组织容忍对基层公务员的职场偏差行为具有显著影响，其他控制变量（如性别、工作年限、学历等）则无显著影响。在控制了所有控制变量对基层公务员职场偏差行为的作用基础上分别增加领导专制行为、领导被动履职行为、领导不真诚行为三类负性领导行为为自变量（分别见模型 M_{1-2}、M_{1-3}、M_{1-4}），其回归结果如表5-17所示，三类负性领导行为对职场偏差行为均具有显著的正向影响（领导专制行为，Estimate = 0.272，SE = 0.015，$\rho<0.01$；领导被动履职行为，Estimate = 0.281，SE = 0.016，$\rho<0.01$；领导不真诚行为，Estimate = 0.290，SE = 0.013，$\rho<0.01$）。同时，模型 M_{1-2}、M_{1-3}、M_{1-4} 较模型 M_{1-1} 的方差解释度分别提高7.3%、7.8%和8.2%，M_{1-2}、M_{1-3}、M_{1-4} 的F值均显著，这表明该模型的拟合度较好，三类负性领导行为对基层公务员场偏差行为均具有显著的解释能力，因而假设H4-1a、H4-1b和H4-1c都得到支持。

(二) 自变量对中介变量的效应分析

根据"压力—紧张—结果"模型，本部分将对"压力"（三类负性领导行为）与"紧张"（情绪耗竭）之间关系进行检验。本部分将采用多元回归分析分别检验领导专制行为、被动履职行为与不真诚行为这三类负性领导行为与情绪耗竭之间的作用关系，即检验假设H2。首先，把性别、学历、工作年限、机关层级、偏差行为组织容忍、组织程序公平、尽责性等控制变量作为自变量，情绪耗竭为因变量，构建回归模型 M_{2-1}，并采用进入法进行回归分析。其次，以上述七个控制变量分别与领导专制行为、领导被动履职行为与领导不真诚行为三类负性领导行为共同作为自变量，以情绪耗竭为因变量，分别构建回归模型 M_{2-2}、M_{2-3}、M_{2-4}，同样采用进入法进行回归分析。根据回归分析的要点，主要关注两个方面：其一，负性领导行为的加入是否使因变量（情绪耗竭）的方差变异发生改变；其二，作为自变量的三类负性领导行为在回归模型 M_{2-2}、M_{2-3}、M_{2-4} 中标准化回归系数的显著性及其符号。

从表5-18中模型 M_{2-1} 的回归结果来看，控制变量性别、组织程序公平、尽责性对情绪耗竭具有显著影响，其他控制变量（如工作年限、学历等）则无显著影响。在控制了所有控制变量对基层公务员情绪耗竭的作用基础上分别增加领导专制行为、领导被动履职行为、领导不真诚行为三类负性领导行为为自变量（分别见模型 M_{2-2}、M_{2-3}、M_{2-4}）。其回归结果如表5-18所示，三类负性领导行为对情绪耗竭均具有显著的正向影响（领导专制行为，Estimate = 0.289，SE = 0.028，$\rho < 0.01$；领导被动履职行为，Estimate = 0.305，SE = 0.030，$\rho < 0.01$；领导不真诚行为，Estimate = 0.328，SE = 0.025，$\rho < 0.01$）。同时，模型 M_{2-2}、M_{2-3}、M_{2-4} 较模型 M_{2-1} 的方差解释度分别提高 8.2%、9.2% 和 10.5%，M_{2-2}、M_{2-3}、M_{2-4} 的 F 值均显著，这表明该模型的拟合度较好，三类负性领导行为对基层公务员情绪耗竭均具有显著的解释能力，因而假设 H4-2a、H4-2b 和 H4-2c 都得到支持。

表5-18　负性领导行为对情绪耗竭（压力对紧张）影响的回归分析

	M_{2-1}		M_{2-2}		M_{2-3}		M_{2-4}	
	Estimate	SE	Estimate	SE	Estimate	SE	Estimate	SE
控制变量								
性别	-0.068*	0.065	-0.073**	0.062	-0.070**	0.061	-0.072**	0.061
工作年限	-0.053	0.032	-0.059*	0.030	-0.049	0.030	-0.049	0.030

续表

	M_{2-1}		M_{2-2}		M_{2-3}		M_{2-4}	
	Estimate	SE	Estimate	SE	Estimate	SE	Estimate	SE
学历	-0.028	0.046	-0.018	0.044	-0.032	0.044	-0.023	0.043
机关层级	0.038	0.041	0.023	0.040	0.039	0.039	0.018	0.039
组织容忍	-0.029	0.043	-0.048	0.041	-0.066*	0.041	-0.065*	0.040
组织程序公平	-0.082**	0.037	-0.068*	0.035	-0.078**	0.035	-0.071*	0.035
尽责性	0.071**	0.047	0.067*	0.045	0.066*	0.045	0.065*	0.044
自变量								
领导专制行为			0.289**	0.028				
领导被动履职行为					0.305**	0.030		
领导不真诚行为							0.328**	0.025
F	3.608**		18.773**		20.800**		23.776**	
R^2	0.018		0.100		0.110		0.124	
ΔR^2			0.082		0.092		0.105	
(MAX) VIF	1.363		1.367		1.378		1.375	

注：因变量：情绪耗竭；N = 1355；M_{2-2}、M_{2-3}、M_{2-4} 中的 ΔF、ΔR^2 均以 M_{2-1} 为比较对象；* $p<0.05$；** $p<0.01$。

(三) 中介变量对结果变量的效应分析

根据"压力—紧张—结果"模型，本部分将对"紧张"（情绪耗竭）与"结果"（职场偏差行为）之间关系进行检验。本部分将采用多元回归分析分别检验中基层公务员情绪耗竭与职场偏差行为之间的作用关系，即检验假设 H4-3。首先，把性别、学历、工作年限、机关层级、偏差行为组织容忍、组织程序公平、尽责性等控制变量作为自变量，职场偏差行为为因变量，构建回归模型 M_{3-1}，并采用进入法进行回归分析。其次，以上述七个控制变量分别与情绪耗竭共同作为自变量，以职场偏差行为为因变量，构建回归模型 M_{3-2}，同样采用进入法进行回归分析。根据回归分析的要点，主要关注两个方面：其一，情绪耗竭的加入是否使因变量（职场偏差行为）的方差变异发生改变；其二，作为自变量的情绪耗竭在回归模型 M_{3-2} 中标准化回归系数的显著性及其符号。

表 5-19 情绪耗竭对职场偏差行为（紧张对结果）影响的回归分析

	M_{3-1}		M_{3-2}	
	Estimate	SE	Estimate	SE
控制变量				
性别	-0.016	0.034	-0.001	0.033
工作年限	-0.054	0.017	-0.043	0.016
学历	-0.043	0.024	-0.037	0.024
机关层级	0.076**	0.022	0.067*	0.021
组织容忍	0.085**	0.023	0.091**	0.022
组织程序公平	-0.003	0.020	0.015	0.019
尽责性	0.036	0.025	0.020	0.024
中介变量				
情绪耗竭			0.219**	0.014
F	3.705**		11.911**	
R^2	0.019		0.066	
ΔR^2			0.047	
(MAX) VIF	1.363		1.364	

注：因变量：职场偏差行为；N=1355；*$p<0.05$；**$p<0.01$。

从表 5-19 中模型 M_{3-1} 的回归结果来看，控制变量机关层级、组织容忍对基层公务员的职场偏差行为具有显著影响，其他控制变量（如性别、工作年限、学历等）则无显著影响。在控制了所有控制变量对基层公务员职场偏差行为的作用基础上增加情绪耗竭为自变量（见模型 M_{3-2}）。其回归结果如表 5-19 所示，情绪耗竭对职场偏差行为具有显著的正向影响（Estimate=0.219，SE=0.014，$p<0.01$）。同时，模型 M_{3-2} 较模型 M_{3-1} 的方差解释度提高了 4.7%，M_{3-2} 的 F 值显著，这表明该模型的拟合度较好，基层公务员情绪耗竭对其职场偏差行为具有显著的解释能力，因而假设 H3 得到支持。

五 中介效应的检验

（一）中介效应检验的说明

根据"压力—紧张—结果"这一研究框架，本部分将检验"紧张"（情绪耗竭）在"压力"（负性领导行为）与"结果"（职场偏差行为）之间起的中介作用，也就是验证假设 H4-4。

关于中介效应的检验，学者们普遍使用的一种方法是逐步检验法（Baron & Kenny, 1986）。其操作步骤主要是：首先进行自变量对因变量的回归，检验回归系数 c 的显著性（条件 1：c 显著）；其次进行自变量对中介变量的回归，检验回归系数 a 的显著性（条件 2：a 显著）；再次进行中介变量对因变量的回归，检验回归系数 b 的显著性（条件 3：b 显著）；最后进行自变量对因变量的回归，检验回归系数 c′ 的显著性（条件 4：c′ 相较 c 变小或变得不显著）。如果 c′ 显著且小于 c，则证明是部分中介，如果 c′ 不显著则是完全中介。尽管该方法便于理解与操作，但由于条件 1 可能错过部分中介效应（如自变量通过完全中介作用而影响因变量，但不与因变量有直接相关关系，Preacher & Hayes, 2004；温忠麟等，2004）。

对此，近年来有越来越多的国内外学者使用 Sobel 检验和拔靴法（Bootstrapping 法，Preacher & Hayes, 2008；Hayes, 2013）来弥补逐步检验的不足。这两种方法都属于系数乘积法（product of coefficients approach），即检验 ab 乘积是否显著不为 0，无须以自变量对因变量的回归系数 c 显著为检验的前提条件，可直接提供中介效应的点估计和置信区间，统计功效优于逐步检验法。两者的不同在于，Sobel 检验法是基于中介效应的抽样分布为正态分布，而拔靴法是基于中介效应的抽样，无须考虑样本分析是否为正态分布。二者的检验原理如下：Sobel 检验法是用中介效应估计值 ab 除以中介效应估计值 ab 的标准误（即 S_{ab}，$S_{ab} = \sqrt{b^2 S_a^2 + a^2 S_b^2}$，其中，$S_a^2$ 和 S_b^2 分别为系数 a 标准误的平方与系数 b 标准误的平方）得到一个 Z 值（$Z = ab/S_{ab}$），将这个 Z 值和基于标准正态分布的临界 Z 值进行比较，如果 Z 值大于临界 Z 值，说明中介效应存在，如果 Z 值小于临界 Z 值，说明中介效应不存在；或构建一个对称的置信区间，如果置信区间不包括0，说明有中介效应存在。Bootstrapping法对抽样样本没有正态分布的要求，其原理是：以样本来代表总体，在此样本中进行放回抽样直至抽取n个（如100个），组成一个样本。这样的程序反复进行多次（k次），亦即产生多个样本，每个样本都可以算出一个间接作用估计值，由此可以算出k个值，形成一个实际的分布。这个分布近似于从原始总体中取样的分布。一般建议最少抽样1000次（亦即k=1000），推荐抽样5000次。这种程序产生的置信区间（confidence interval，CI）的估计有可能会产生偏差。可以用CI的偏差调整（bias corrected）或偏差调整和加速（bias corrected and accelerated）调整上限值和下限值。不管使用何种程序，如果0不在上下限区间之内，可以说有CI%的可信度认为中介作用不是0。也就在100%—CI%的显著性水平，拒绝中介作用真值为0的虚无假设。Bootstrapping法的特点是对分布假设不做要求，能有效解决系数乘积法可能违反分布假设的问题[1]，因此是当前比较受肯定和受欢迎的中介检验方法。

基于上述方法各有优缺点，本书将先通过逐步检验法检验情绪耗竭在负性领导行为与职场偏差行为之间的中介作用，再借助SPSS中的PROCESS插件使用Sobel检验法和Bootstrapping法予以辅助证明。

（二）使用逐步检验法的中介效应分析

前文表5-17显示，自变量（三类负性领导行为）对因变量（职场偏差行为）有显著正向影响（领导专制行为，Estimate = 0.272，SE = 0.015，$\rho<0.01$；领导被动履职行为，Estimate = 0.281，SE = 0.016，$\rho<0.01$；领导不真诚行为，Estimate = 0.290，SE = 0.013，$\rho<0.01$），因此，逐步检验法的条件1满足。表5-18显示，自变量（三类负性领导行为）对中介变量（情绪耗竭）有显著正向影响（领导专制行为，Estimate = 0.289，SE = 0.028，$\rho<0.01$；领导被动履职行为，Estimate = 0.305，SE = 0.030，$\rho<0.01$；领导不真诚行为，SE = 0.025，Estimate = 0.328，$\rho<0.01$），因此，逐步检验法的条件2满足。表5-19显示，中介变量（情绪耗竭）对因变量（职场偏差行为）有显著正向影响（Esti-

---

[1] 转引自王孟成《潜变量建模与MPLUS应用·基础篇》，重庆大学出版社2014年版，第42—43页。

mate $=0.219$, SE $=0.014$, $p<0.01$),因此,逐步检验法的条件3满足。在此基础上,本部分进一步考察在加入中介变量后,自变量对因变量的回归系数发生何种变化(即检验条件4)。

表5-20　　　　　　　　　中介效应的回归分析

	M_{4-1}		M_{4-2}		M_{4-3}		M_{4-4}		M_{4-5}		M_{4-6}	
	Estimate	SE	Estimate	SE	Estimate	SE	Estimate	SE	Estimate	SE	Estimate	SE
控制变量												
性别	-0.021	0.033	-0.010	0.033	-0.018	0.033	-0.008	0.033	-0.020	0.033	-0.010	0.033
工作年限	-0.060*	0.016	-0.051	0.016	-0.051	0.016	-0.044	0.016	-0.051	0.016	-0.044	0.016
学历	-0.034	0.023	-0.032	0.023	-0.047	0.023	-0.043	0.023	-0.039	0.023	-0.036	0.023
机关层级	0.061*	0.021	0.058*	0.021	0.077**	0.021	0.071**	0.021	0.058*	0.021	0.055*	0.021
组织容忍	0.067*	0.022	0.075*	0.022	0.051	0.022	0.061*	0.022	0.053	0.022	0.062*	0.022
组织程序公平	0.010	0.019	0.020	0.019	0.001	0.019	0.012	0.019	0.007	0.019	0.017	0.019
尽责性	0.031	0.024	0.021	0.024	0.031	0.024	0.021	0.024	0.030	0.024	0.021	0.024
自变量												
LDB	0.272**	0.015	0.228*	0.015								
PDB					0.281**	0.016	0.236**	0.017				
LUB									0.290**	0.013	0.244**	0.014
中介变量												
情绪耗竭			0.153**	0.014			0.147**	0.014			0.140**	0.015
F	17.043**		19.061**		17.977**		19.597**		18.874**		19.983**	
R^2	0.092		0.113		0.091		0.110		0.101		0.181	
ΔR^2			0.021				0.019				0.017	
(MAX) VIF	1.367		1.370		1.378		1.3383		1.375		1.380	

注:因变量:职场偏差行为;N=1355;* $p<0.05$;** $p<0.01$。

从表5-20的回归结果来看,M_{4-2}在M_{4-1}的基础上加入情绪耗竭这一变量后,R^2值增加了2.1%($p<0.01$),且领导专制行为对职场偏差行为的标准化回归系数估计值由0.272下降到0.228。同样,M_{4-4}在M_{4-3}的基础上加入情绪耗竭这一变量后,R^2值增加了1.9%($p<0.01$),且领导

被动履职行为对职场偏差行为的标准化回归系数估计值由 0.281 下降到 0.236。M_{4-6} 在 M_{4-5} 的基础上加入情绪耗竭这一变量后，R^2 值增加了 1.7%（$p<0.01$），且领导专制行为对职场偏差行为的标准化回归系数估计值由 0.290 下降到 0.244。也就是说，在加入情绪耗竭变量后，三类负性领导行为对基层公务员职场偏差行为的显著性均仍然存在，但显著性有所下降。因此，中介效应的条件 4 得以满足。根据上文逐步检验法的 4 个判别条件可以得出，情绪耗竭在负性领导行为对基层公务员职场偏差行为的过程中发挥中介作用。

（三）使用 Sobel 检验与 Bootstrapping 法的中介效应分析

本部分使用 Andrew Hays 开发的 Process 插件进行 Sobel 检验与 Bootstrapping 分析，以进一步检验情绪耗竭在负性领导行为与职场偏差行为间的中介作用。同时，本书参考学者们的通常做法，在 Bootstrapping 分析中将检取样本数量设置为 5000，将置信区间的区间度设置为 95%，同时采取偏差较正的非参数百分位法（Bias Corrected）进行相关分析。

1. 情绪耗竭在领导专制行为与职场偏差行为间的中介效应分析

从表 5-21 的 Bootstrapping 分析结果可以看出，在控制了控制变量及其他两类负性领导行为的基础上，情绪耗竭在领导专制行为与职场偏差行为之间的中介效应具有显著性（Estimate = 0.025，SE = 0.006，95% CI = 0.015，0.038）；Sobel 检验的结果（见表 5-21）也表明，情绪耗竭的中介效应显著（Sobel Z = 5.025，SE = 0.005，$p<0.01$）。因此，假设 H4-4a 成立。并且，Bootstrapping 法的结果表明，在情绪耗竭作为控制变量后，领导专制行为对职场偏差行为的直接效应有所减少但仍然显著（Estimate = 0.129，SE = 0.015，95% CI = 0.099，0.160）。综上所述，情绪耗竭在领导专制行为和职场偏差行为间起部分中介作用。

表 5-21　情绪耗竭在领导专制行为与职场偏差行为间中介效应检验

检验方法	检验结果			
中介效应的 Bootstrapping 分析	Estimate	SE	LLCI	ULCI
LDB→EE→WDB	0.025	0.006	0.015	0.038

续表

检验方法	检验结果			
中介效应的 Sobel 检验	Estimate	SE	Z	p
LDB→EE→WDB	0.025	0.005	5.025**	0.000
直接效应的 Bootstrapping 分析	Estimate	SE	LLCI	ULCI
LDB→WDB	0.154	0.015	0.125	0.184
LDB→WDB（以 EE 为控制变量）	0.129	0.015	0.099	0.160

注：LDB 为领导专制行为，EE 为情绪耗竭，WDB 为职场偏差行为；N=1355；**$p<0.01$；CI 为置信区间；Bootstrapping 样本规模=5000。

2. 情绪耗竭在领导被动履职行为与职场偏差行为间的中介效应分析

从表 5-22 的 Bootstrapping 分析结果可以看出，在控制了控制变量及其他两类负性领导行为的基础上，情绪耗竭在领导被动履职行为与职场偏差行为之间的中介效应具有显著性（Estimate=0.027，SE=0.006，95% CI=0.016，0.041）；Sobel 检验的结果（见表 5-22）也表明，情绪耗竭的中介效应显著（Sobel Z=4.904，SE=0.006，$p<0.01$）。因此，假设 H4-4b 成立。并且，Bootstrapping 法的结果表明，在情绪耗竭作为控制变量后，领导被动履职行为对职场偏差行为的直接效应有所减少但仍然显著（Estimate=0.144，SE=0.017，95% CI=0.112，0.177）。综上所述，情绪耗竭在领导被动履职行为和职场偏差行为间起部分中介作用。

表 5-22　情绪耗竭在领导被动履职行为与职场偏差行为间中介效应检验

检验方法	检验结果			
中介效应的 Bootstrapping 分析	Estimate	SE	LLCI	ULCI
PDB→EE→WDB	0.027	0.006	0.016	0.041
中介效应的 Sobel 检验	Estimate	SE	Z	p
PDB→EE→WDB	0.027	0.006	4.904**	0.000
直接效应的 Bootstrapping 分析	Estimate	SE	LLCI	ULCI
PDB→WDB	0.172	0.016	0.140	0.203
PDB→WDB（以 EE 为控制变量）	0.144	0.017	0.112	0.177

注：PDB 为领导被动履职行为，EE 为情绪耗竭，WDB 为职场偏差行为；N=1355；**$p<0.01$；CI 为置信区间；Bootstrapping 样本规模=5000。

3. 情绪耗竭在领导不真诚行为与职场偏差行为间的中介效应分析

从表5-23的Bootstrapping分析结果可以看出，在控制了控制变量及其他两类负性领导行为的基础上，情绪耗竭在领导不真诚行为与职场偏差行为之间的中介效应具有显著性（Estimate = 0.023，SE = 0.006，95% CI = 0.013，0.035）；Sobel检验的结果（见表5-23）也表明，情绪耗竭的中介效应显著（Sobel Z = 4.725，SE = 0.005，$p < 0.01$）。因此，假设H4-4c成立。并且，Bootstrapping法的结果表明，在情绪耗竭为控制变量后，领导不真诚行为对职场偏差行为的直接效应有所减少但仍然显著（Estimate = 0.124，SE = 0.014，95% CI = 0.097，0.151）。综上所述，情绪耗竭在领导不真诚行为和职场偏差行为间起部分中介作用。

表5-23 情绪耗竭在领导不真诚行为与职场偏差行为间中介效应检验

检验方法	检验结果			
中介效应的Bootstrapping分析	Estimate	SE	LLCI	ULCI
LUB→EE→WDB	0.023	0.006	0.013	0.035
中介效应的Sobel检验	Estimate	SE	Z	ρ
LUB→EE→WDB	0.023	0.005	4.725**	0.000
直接效应的Bootstrapping分析	Estimate	SE	LLCI	ULCI
LUB→WDB	0.147	0.013	0.121	0.174
LUB→WDB（以EE为控制变量）	0.124	0.014	0.097	0.151

注：LUB为领导不真诚行为，EE为情绪耗竭，WDB为职场偏差行为；N = 1355；** $\rho < 0.01$；CI为置信区间；Bootstrapping样本规模 = 5000。

六 调节效应的检验

由于本部分在运用层级回归方法检验调节效应时会产生自变量与调节变量的乘积项，而乘积项往往与其对应的自变量和调节变量高度相关。因此，直接使用原始数据可能产生多重线性问题。尽管前文经过检验得到了多重共线性问题不严重的结论，但是为了进一步减弱回归方程中的多重共线性，本部分对所有自变量（领导专制行为、领导被动履职行为、领导不真诚行为）和调节变量（家庭支持、职业发展抱负）进行数据中心化处理。

(一) 调节效应检验的说明

鉴于以往对负性领导行为与职场偏差行为间关系调节变量研究不足的现状，本书将重点分析负性领导行为对基层公务员职场偏差行为影响的调节效应。根据前文的理论假设，本书涉及家庭支持、职业发展抱负对负性领导行为影响基层公务员职场偏差行为的调节作用，而每一个调节变量又涉及对主效应（负性领导行为对职场偏差行为）的调节与对中介效应第一阶段（负性领导行为对情绪耗竭）的调节两个部分。因此，本书调节效应的检验参考 Edwards 和 Lambert（2007）曾提出关于"第一阶段和直接效应的调节的中介模型"（a first-stage and direct moderation model）的检验方法。该检验方法得到许多学者（如叶超，2016）的认可与引用。Edwards 和 Lambert 的这一模型，其概念模型与统计模型分别如图 5-1 和图 5-2 所示。

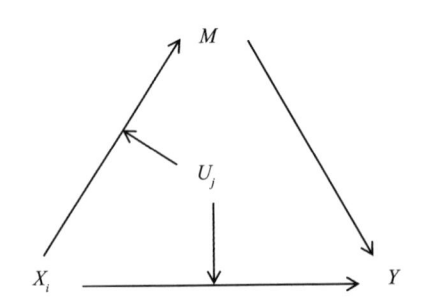

图 5-1　一阶段和直接效应调节的概念模型

其中，X_i 为自变量（即领导专制行为、领导被动履职行为、领导不真诚行为三类负性领导行为），M 为中介变量（即情绪耗竭），U_j 为调节变量（即家庭支持、职业发展抱负），C 为控制变量。在本部分调节效应的检验中，为最大体现出某类负性领导行为对职场偏差行为的影响（包括直接路径与间接路径），本书在检验调节效应时将其他两类负性领导行为亦纳入控制变量范畴。例如，在检验家庭支持是否调节领导专制行为与职场偏差行为间关系，将领导被动履职行为与领导不真诚行为均作为控制变量。

根据 Edwards 和 Lambert（2007）所提出的调节和中介相结合的分析

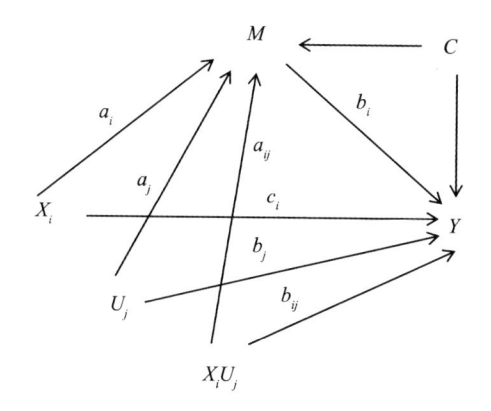

图 5-2　一阶段和直接效应调节的统计模型

框架，本书的检验思路是：假设调节变量分别调节"压力"对"紧张"（即负性领导行为对情绪耗竭）的直接影响，以及"压力"对"结果"（即负性领导行为对职场偏差行为）的直接影响。在路径分析方法（Path Analytic Methods，Alwin & Hauser，1975）框架下，本部分中的模型主要涉及两个公式，即

$$M = a_0 + a_i X_i + a_j U_j + a_{ij} X_i U_j + e_a \tag{1}$$

$$Y = b_0 + c_i X_i + b_j U_j + b_{ij} X_i U_j + b_i M + e_b \tag{2}$$

将式（1）代入式（2），可得：

$$\begin{aligned} Y &= b_0 + c_i X_i + b_j U_j + b_{ij} X_i U_j + b_i (a_0 + a_i X_i + a_j U_j + a_{ij} X_i U_j + e_a) + e_b \\ &= b_0 + c_i X_i + b_j U_j + b_{ij} X_i U_j + b_i a_0 + b_i a_i X_i + b_i a_j U_j + b_i a_{ij} X_i U_j + b_i e_a + e_b \\ &= b_0 + b_i a_0 + (c_i + b_i a_i) X_i + (b_j + b_i a_j) U_j + (b_{ij} + b_i a_{ij}) X_i U_j + b_i e_a + e_b \end{aligned} \tag{3}$$

对上式（3）进行变化，可得：

$$\begin{aligned} Y &= b_0 + b_i a_0 + (b_j + b_i a_j) U_j + [(c_i + b_i a_i) + (b_{ij} + b_i a_{ij}) U_j] X_i + b_i e_a + e_b \\ &= [b_0 + b_j U_j + (a_0 + a_j U_j) b_i] + [(c_i + b_{ij} U_j) + (a_i + a_{ij} U_j) b_i] X_i + b_i e_a + e_b \end{aligned} \tag{4}$$

公式（4）的含义是，在一阶段和直接效应均调节的中介模型中，调节变量 U_j 通过两个路径来调节自变量 X_i 对因变量 Y 的影响。第一条路径

是：自变量X_i对因变量Y直接影响路径的调节，从式（4）可以看出，直接效应取决于$(c_i + b_{ij}U_j)$。第二条路径是：自变量X_i通过中介变量M对因变量Y的间接影响路径的调节，从式（4）可以看出，间接效应取决于$(a_i + a_{ij}U_j)\ b_i$。

根据组织行为学研究者们的经验，本书采用条件间接效应分析法（conditional indirect effects analysis, Preacher & Hayes, 2008）来检验两条路径的调节效应。该方法的核心原理是：在代入不同水平的W值后，比较中介效应是否发生强弱变化。对此，Edwards和Lambert（2008）推荐使用拔靴法（bootstrapping）来检验当W处于不同水平（一般以W的平均值加一个标准差为高水平，以W的平均值减一个标准差为低水平）时中介效应的差异〔主要看$c_i + b_{ij}U_j$和$(a_i + a_{ij}U_j)\ b_i$的差异〕是否显著。

（二）家庭支持调节效应的检验

1. 家庭支持在领导专制行为对职场偏差行为影响路径中的调节作用

在该模型中，自变量是领导专制行为，中介变量是情绪耗竭，因变量是职场偏差行为，调节变量是家庭支持，并且，家庭支持调节着领导专制行为对职场偏差行为的间接影响路径与直接影响路径。对此，本部分首先采用层级回归方法来检验家庭支持在模型中的调节作用，然后使用拔靴法来进一步检验领导专制行为对职场偏差行为的间接和直接效应是否会随家庭支持水平高低的不同有所变化。

表5-24　家庭支持调节下领导专制行为对职场偏差行为影响模型

	M_{5-1}（情绪耗竭）		M_{5-2}（职场偏差行为）	
	Estimate	SE	Estimate	SE
控制变量				
性别	-0.076**	0.060	-0.014	0.032
工作年限	-0.050	0.030	-0.047	0.016
学历	-0.024	0.042	-0.037	0.023
机关层级	0.021	0.039	0.057*	0.021

续表

	M_{5-1} (情绪耗竭)		M_{5-2} (职场偏差行为)	
	Estimate	SE	Estimate	SE
组织容忍	-0.070*	0.040	0.056	0.021
组织程序公平	-0.071*	0.034	0.017	0.018
尽责性	0.058*	0.044	0.021	0.023
领导被动履职行为	0.131**	0.040	0.118**	0.022
领导不真诚行为	0.160**	0.037	0.097*	0.020
自变量				
领导专制行为	0.111**	0.036	0.111**	0.019
中介变量				
情绪耗竭			0.111**	0.015
调节变量				
家庭支持	-0.090**	0.032	-0.006	0.017
领导专制行为×家庭支持	-0.081**	0.026	-0.075**	0.014
F		20.970**		16.881**
R^2		0.158		0.141
ΔR^2		0.007		0.006
(MAX) VIF		2.429		2.460

注：$N=1355$；$*\rho<0.05$；$**\rho<0.01$。

表 5-25　不同家庭支持水平调节下领导专制行为对职场偏差行为的影响

调节变量水平	间接路径			直接路径		
	effect	95%CI		effect	95%CI	
FS_{mean}	0.007**	0.002	0.016	0.063**	0.025	0.101
FS_{low}	0.012**	0.004	0.024	0.101**	0.056	0.145
FS_{high}	0.002	-0.003	0.010	0.025	-0.021	0.071
Difference between FS_{high} and FS_{low}	-0.010			-0.076		

注：$N=1355$；$**\rho<0.01$；FS 表示家庭支持（family support）；中心化处理后的家庭支持高、低值分别为 0.899（均值以上一个标准差）和 -0.899（均值以下一个标准差）；抽取样本数量：5000；取样方法：Bias Corrected（偏差较正的非参数百分位法）。

(1) 家庭支持在领导专制行为对职场偏差行为间接影响路径中的调节作用

如表5-24的模型M_{5-1}所示，在控制性别、工作年限、学历、机关层级、组织容忍、程序公平、尽责性等控制变量及领导被动履职行为、领导不真诚行为两个核心变量的情况下，领导专制行为与家庭支持交互作用对情绪耗竭具有显著的预测作用（Estimate = -0.081，SE = 0.026，$\rho < 0.01$），因此，家庭支持负向调节领导专制行为与情绪耗竭间的关系。同时，为了进一步证明家庭支持在间接路径中的调节作用，同时进行了拔靴分析。表5-25列出了情绪耗竭为中介变量时，高、低家庭支持水平下领导专制行为对职场偏差行为间接影响的简单效应及其差异。具体而言，低家庭支持水平下（均值减一个标准差及以下，下同），领导专制行为对职场偏差行为的间接影响显著（Estimate = 0.012，95% CI = 0.004，0.024）；高家庭支持水平下（均值加一个标准差及以上，下同），领导专制行为对职场偏差行为的间接影响不显著（Estimate = 0.002，95% CI = -0.003，0.010），这说明，当家庭支持处于不同水平时，领导专制行为对职场偏差行为的间接影响具有显著差异。从表5-25可以看出，高、低家庭支持水平下，领导专制行为通过情绪耗竭这一中介变量间接对职场偏差行为的影响的简单差异为-0.010（0.002-0.012），这意味着，家庭支持水平越低，领导专制行为通过情绪耗竭对职场偏差行为的间接影响越强，因此，假设H4-6a得到支持。

(2) 家庭支持在领导专制行为对职场偏差行为直接影响路径中的调节作用

通过多元层级回归（见表5-24），在以情绪耗竭为中介变量的有中介的调节模型M_{5-2}中，领导专制行为与家庭支持的交互作用对职场偏差行为具有显著预测作用（Estimate = -0.075，SE = 0.014，$\rho < 0.01$）；并且，拔靴分析结果显示，低家庭支持水平下，领导专制行为对职场偏差行为的直接影响显著（Estimate = 0.101，95% CI = 0.056，0.145）；高家庭支持水平下，领导专制行为对职场偏差行为的直接影响不显著（Estimate = 0.025，95% CI = -0.021，0.071）。从表5-25可以看出，高、低家庭支持水平下，领导专制行为对职场偏差行为直接影响的简单差异为-0.076（0.025-0.101），这意味着：在以情绪耗竭为中介变量时，当家庭支持

处于不同水平时,领导专制行为对职场偏差行为的直接影响有显著差异;家庭支持越低,领导专制行为对职场偏差行为的直接效应将越大。综上所述,领导专制行为对职场偏差行为的直接影响路径受到家庭支持的调节,因此,假设 H4-5a 成立。

2. 家庭支持在领导被动履职行为对职场偏差行为直接影响路径中的调节作用

在该模型中,自变量是领导被动履职行为,中介变量是情绪耗竭,因变量是职场偏差行为,调节变量是家庭支持,并且,家庭支持调节着领导被动履职行为对职场偏差行为的间接影响路径与直接影响路径。对此,本部分首先采用层级回归方法来检验家庭支持在模型中的调节作用,其次使用拔靴法来进一步检验领导被动履职行为对职场偏差行为的间接和直接效应是否会随家庭支持水平高低的不同有所变化。

(1) 家庭支持在领导被动履职行为对职场偏差行为间接影响路径中的调节作用

如表 5-26 的模型 M_{6-1} 所示,在控制性别、工作年限、学历、机关层级、组织容忍、程序公平、尽责性等控制变量及领导专制行为、领导不真诚行为两个核心变量的情况下,领导被动履职行为与家庭支持交互作用对情绪耗竭具有显著的预测作用(Estimate = -0.103,SE = 0.029,ρ < 0.01),因此,家庭支持调节领导被动履职行为与情绪耗竭间的关系。同时,为了进一步证明家庭支持在间接路径中的调节作用,进行了拔靴分析。表 5-27 列出了情绪耗竭为中介变量时,高、低家庭支持水平下领导被动履职行为对职场偏差行为间接影响的简单效应及其差异。具体而言,低家庭支持水平下,领导被动履职行为对职场偏差行为的间接影响显著(Estimate = 0.015,95% CI = 0.007,0.030);高家庭支持水平下,领导被动履职行为对职场偏差行为的间接影响不显著(Estimate = 0.003,95% CI = -0.004,0.011)。这说明,当家庭支持处于不同水平时,领导被动履职行为对职场偏差行为的间接影响具有显著差异。从表 5-27 可以看出,高、低家庭支持水平下,领导被动履职行为通过情绪耗竭这一中介变量间接对职场偏差行为的影响的简单差异为 -0.012(0.003 - 0.015)。这意味着,家庭支持水平越低,领导被动履职行为通过情绪耗竭对职场偏差行为的间接影响越强,因此,假设 H6b 得到支持。

表 5-26 家庭支持调节下领导被动履职行为对职场偏差行为影响模型

	M_{6-1}（情绪耗竭）		M_{6-2}（职场偏差行为）	
	Estimate	SE	Estimate	SE
控制变量				
性别	-0.076**	0.060	-0.013	0.032
工作年限	-0.048	0.029	-0.047	0.016
学历	-0.021	0.042	-0.036	0.023
机关层级	0.023	0.039	0.060*	0.021
组织容忍	-0.070*	0.040	0.056	0.021
组织程序公平	-0.072*	0.034	0.016	0.018
尽责性	0.054*	0.044	0.020	0.024
领导专制行为	0.114**	0.036	0.114**	0.019
领导不真诚行为	0.153**	0.037	0.093*	0.020
自变量				
领导被动履职行为	0.130**	0.040	0.119**	0.022
中介变量				
情绪耗竭			0.114**	0.015
调节变量				
家庭支持	-0.085**	0.032	-0.005	0.017
领导被动履职行为×家庭支持	-0.103**	0.029	-0.036	0.016
F	21.578**		16.274**	
R^2	0.162		0.136	
ΔR^2	0.010		0.001	
(MAX) VIF	2.431		2.459	

注：$N=1355$；$*p<0.05$；$**p<0.01$。

表 5-27 不同家庭支持水平调节下领导被动履职行为对职场偏差行为的影响

调节变量水平	间接路径			直接路径		
	effect	95% CI		effect	95% CI	
FS_{mean}	0.009**	0.003	0.019	0.073**	0.031	0.116
FS_{low}	0.015**	0.007	0.030	0.094**	0.043	0.144
FS_{high}	0.003	-0.004	0.011	0.053*	0.002	0.104

续表

调节变量 水平	间接路径		直接路径	
	effect	95% CI	effect	95% CI
Difference between FS$_{high}$ and FS$_{low}$	-0.012		-0.041	

注：N=1355；*ρ<0.05；**ρ<0.01；FS 表示家庭支持（family support）；中心化处理后的家庭支持高、低值分别为 0.899（均值以上一个标准差）和 -0.899（均值以下一个标准差）；抽取样本数量：5000；取样方法：Bias Corrected（偏差较正的非参数百分位法）。

（2）家庭支持在领导被动履职行为对职场偏差行为直接影响路径中的调节作用

通过多元层级回归（见表5-26），在以情绪耗竭为中介变量的有中介的调节模型M_{6-2}中，领导被动履职行为与家庭支持的交互作用对职场偏差行为预测作用不显著（Estimate = -0.036，SE = 0.016，ρ > 0.05）；并且，拔靴分析结果（见表5-27）显示，高、低家庭支持水平下，领导被动履职行为对职场偏差行为的直接影响虽显著但差异仅为 -0.041（0.053 - 0.094）。这意味着：在以情绪耗竭为中介变量时，家庭支持水平高低并不显著调节领导被动履职行为对职场偏差行为直接效应的大小。综上所述，领导被动履职行为对职场偏差行为的直接影响路径不受家庭支持的调节，因此，假设 H4-5b 不成立。

3. 家庭支持在领导不真诚行为对职场偏差行为影响路径中的调节作用

在该模型中，自变量是领导不真诚行为，中介变量是情绪耗竭，因变量是职场偏差行为，调节变量是家庭支持，并且，家庭支持调节着领导不真诚行为对职场偏差行为的间接影响路径与直接影响路径。对此，本部分首先采用层级回归方法来检验家庭支持在模型中的调节作用，然后使用拔靴法来进一步检验领导不真诚行为对职场偏差行为的间接和直接效应是否会随家庭支持水平高低的不同有所变化。

表 5-28　家庭支持调节下领导不真诚行为对职场偏差行为影响模型

	M_{7-1}（情绪耗竭）		M_{7-2}（职场偏差行为）	
	Estimate	SE	Estimate	SE
控制变量				
性别	-0.073**	0.060	-0.012	0.032
工作年限	-0.050	0.029	-0.048	0.016
学历	-0.022	0.042	-0.037	0.023
机关层级	0.021	0.039	0.060*	0.021
组织容忍	-0.068*	0.040	0.056	0.021
组织程序公平	-0.069	0.034	0.017	0.018
尽责性	0.052*	0.044	0.021	0.024
领导专制行为	0.117**	0.036	0.114**	0.019
领导被动履职行为	0.129**	0.040	0.121**	0.022
自变量				
领导不真诚行为	0.153**	0.037	0.094*	0.020
中介变量				
情绪耗竭			0.118**	0.015
调节变量				
家庭支持	-0.086**	0.032	-0.006	0.017
领导不真诚行为×家庭支持	-0.099**	0.024	0.001	0.013
F		21.468**		16.105**
R^2		0.161		0.135
ΔR^2		0.010		0.000
(MAX) VIF		2.431		2.459

注：N=1355；$*p<0.05$；$**p<0.01$。

表 5-29　不同家庭支持水平调节下领导不真诚行为对职场偏差行为的影响

调节变量水平	间接路径			直接路径		
	effect	95% CI		effect	95% CI	
FS_{mean}	0.009**	0.003	0.019	0.048*	0.009	0.088
FS_{low}	0.015**	0.006	0.027	0.048*	0.002	0.093

续表

调节变量水平	间接路径			直接路径		
	effect	95% CI		effect	95% CI	
FS$_{high}$	0.004	-0.002	0.012	0.048	-0.002	0.095
Difference between FS$_{high}$ and FS$_{low}$	-0.011			0.000		

注：N=1355；* $p<0.05$；** $p<0.01$；FS 表示家庭支持（family support）；中心化处理后的家庭支持高、低值分别为 0.899（均值以上一个标准差）和 -0.899（均值以下一个标准差）；抽取样本数量：5000；取样方法：Bias Corrected（偏差较正的非参数百分位法）。

（1）家庭支持在领导不真诚行为对职场偏差行为间接影响路径中的调节作用

如表 5-28 的模型 M_{7-1} 所示，在控制性别、工作年限、学历、机关层级、组织容忍、程序公平、尽责性等控制变量及领导专制行为、领导被动履职行为两个核心变量的情况下，领导不真诚行为与家庭支持交互作用对情绪耗竭具有显著的预测作用（Estimate = -0.099，SE = 0.024，$p<0.01$），因此，家庭支持调节领导不真诚行为与情绪耗竭间的关系。同时，为了进一步证明家庭支持在间接路径中的调节作用，同时进行了拔靴分析。表 5-29 列出了情绪耗竭为中介变量时，高、低家庭支持水平下领导不真诚行为对职场偏差行为间接影响的简单效应及其差异。具体而言，低家庭支持水平下，领导不真诚行为对职场偏差行为的间接影响显著（Estimate = 0.015，95% CI = 0.006，0.027）；高家庭支持水平下，领导不真诚行为对职场偏差行为的间接影响不显著（Estimate = 0.004，95% CI = -0.002，0.012）。这说明，当家庭支持处于不同水平时，领导不真诚行为对职场偏差行为的间接影响具有显著差异。从表 5-29 可以看出，高、低家庭支持水平下，领导不真诚行为通过情绪耗竭这一中介变量间接对职场偏差行为的影响的简单差异为 -0.011（0.004—0.015）。这意味着，家庭支持水平越低，领导不真诚行为通过情绪耗竭对职场偏差行为的间接影响越强，因此，假设 H4-6c 得到支持。

（2）家庭支持在领导不真诚行为对职场偏差行为直接影响路径中的

调节作用

通过多元层级回归（见表5-28），在以情绪耗竭为中介变量的有中介的调节模型 M_{7-2} 中，领导不真诚行为与家庭支持的交互作用对职场偏差行为预测作用不显著（Estimate = -0.001，SE = 0.013，$\rho > 0.05$）；并且，拔靴分析结果（见表5-29）显示，高、低家庭支持水平下，领导不真诚行为对职场偏差行为的直接影响虽显著但差异接近0.000（0.048—0.048）。这意味着：在以情绪耗竭为中介变量时，家庭支持水平高低并不显著调节领导不真诚行为对职场偏差行为直接效应的大小。综上所述，领导不真诚行为对职场偏差行为的直接影响路径不受家庭支持的调节，因此，假设H4-5c不成立。

（三）职业发展抱负调节效应的检验

1. 职业发展抱负在领导专制行为对职场偏差行为影响路径中的调节作用

在该模型中，自变量是领导专制行为，中介变量是情绪耗竭，因变量是职场偏差行为，调节变量是职业发展抱负，并且，职业发展抱负调节着领导专制行为对职场偏差行为的间接影响路径与直接影响路径。对此，本部分首先采用层级回归方法来检验职业发展抱负在模型中的调节作用，其次使用拔靴法来进一步检验领导专制行为对职场偏差行为的间接和直接效应是否随职业发展抱负水平高低的不同而变化。

表5-30 职业发展抱负调节下领导专制行为对职场偏差行为影响模型

	M_{8-1}（情绪耗竭）		M_{8-2}（职场偏差行为）	
	Estimate	SE	Estimate	SE
控制变量				
性别	-0.073**	0.060	-0.013	0.032
工作年限	-0.049	0.029	-0.049	0.016
学历	-0.029	0.042	-0.031	0.023
机关层级	0.028	0.039	0.056*	0.021
组织容忍	-0.067*	0.040	0.055	0.021
组织程序公平	-0.065*	0.034	0.014	0.018

续表

	M_{8-1} （情绪耗竭）		M_{8-2} （职场偏差行为）	
	Estimate	SE	Estimate	SE
尽责性	0.055*	0.044	0.025	0.023
领导被动履职行为	0.124**	0.040	0.125**	0.022
领导不真诚行为	0.148**	0.037	0.106**	0.020
自变量				
领导专制行为	0.106**	0.036	0.119**	0.019
中介变量				
情绪耗竭			0.133**	0.015
调节变量				
职业发展抱负	0.143**	0.033	-0.099**	0.018
领导专制行为×职业发展抱负	0.013	0.027	-0.076**	0.015
F	21.648**		14.873**	
R^2	0.162		0.151	
ΔR^2	0.000		0.005	
MAX（VIF）	2.441		2.470	

注：N=1355；*$p<0.05$；**$p<0.01$。

表5-31　不同职业发展抱负水平调节下领导专制行为对职场偏差行为的影响

调节变量水平	间接路径			直接路径		
	effect	95% CI		effect	95% CI	
CAA_{mean}	0.008**	0.002	0.017	0.068**	0.030	0.106
CAA_{low}	0.007**	0.001	0.017	0.107**	0.060	0.153
CAA_{high}	0.009**	0.001	0.020	0.029	-0.017	0.074
Difference between CAA_{high} and CAA_{low}	0.002			-0.078		

注：N=1355；**$p<0.01$；CAA表示职业发展抱负（career advancement ambition）；中心化处理后的职业发展抱负高、低值分别为0.9004（均值以上一个标准差）和-0.9004（均值以下一个标准差）；抽取样本数量：5000；取样方法：Bias Corrected（偏差较正的非参数百分位法）。

(1) 职业发展抱负在领导专制行为对职场偏差行为间接影响路径中的调节作用

如表 5-30 的模型 M_{8-1} 所示,在控制住人口变量、程序公平、尽责性等控制变量及领导被动履职行为、领导不真诚行为两个核心变量的情况下,领导专制行为与职业发展抱负交互作用对情绪耗竭不具有显著的预测作用(Estimate = 0.013, SE = 0.027, $\rho > 0.05$),因此,职业发展抱负不调节领导专制行为与情绪耗竭间的关系。为了进一步验证职业发展抱负在间接路径中的调节作用,同时进行了拔靴分析。表 5-31 列出了情绪耗竭为中介变量时,高、低职业发展抱负水平下领导专制行为对职场偏差行为间接影响的简单效应及其差异。具体而言,低职业发展抱负水平下,领导专制行为对职场偏差行为的间接影响显著(Estimate = 0.007, 95% CI = 0.001, 0.017);高职业发展抱负水平下,领导专制行为对职场偏差行为的影响显著(Estimate = 0.009, 95% CI = 0.001, 0.020);然而,高、低职业发展抱负水平下,领导专制行为通过情绪耗竭这一中介变量间接对职场偏差行为的影响的简单差异为 0.002(0.009—0.007)。这意味着,职业发展水平的高低,并不影响领导专制行为通过情绪耗竭对职场偏差行为的间接影响,因此,假设 H4-8a 没有得到支持。

(2) 职业发展抱负在领导专制行为对职场偏差行为直接影响路径中的调节作用

通过多元层级回归(见表 5-30),在以情绪耗竭为中介变量的有中介的调节模型 M_{8-2},领导专制行为与职业发展抱负的交互作用对职场偏差行为具有显著预测作用(Estimate = -0.076, SE = 0.015, $\rho < 0.01$)。因此,职业发展抱负调节领导专制行为与职场偏差行为间的关系。同时,表 5-31 列出的拔靴分析结果显示,低职业发展抱负水平下,领导专制行为对职场偏差行为的直接影响显著(Estimate = 0.107, 95% CI = 0.060, 0.153);高职业发展抱负水平下,领导专制行为对职场偏差行的直接影响不显著(Estimate = 0.029, 95% CI = -0.017, 0.074)。这说明,当职业发展抱负处于不同水平时,领导专制行为对职场偏差行为的直接接影响具有显著差异。从表 5-31 可以看出,高、低职业发展抱负水平下,领导专制行为对职场偏差行为直接影响的简单差异为 -0.078(0.029—0.107)。综上所述,领导专制行为对职场偏差行为的直接影响路径受到

职业发展抱负的负向调节，因此，假设 H4－7a 得到支持。

2. 职业发展抱负在领导被动履职行为对职场偏差行为间接影响路径中的调节作用

在该模型中，自变量是领导被动履职行为，中介变量是情绪耗竭，因变量是职场偏差行为，调节变量是职业发展抱负，并且，职业发展抱负调节着领导被动履职行为对职场偏差行为的间接影响路径与直接影响路径。对此，本部分首先采用层级回归方法来检验职业发展抱负在模型中的调节作用，然后使用拔靴法来进一步检验领导被动履职行为对职场偏差行为的间接和直接效应是否会随职业发展抱负水平高低的不同有所变化。

（1）职业发展抱负在领导被动履职行为对职场偏差行为间接影响路径中的调节作用

如表 5－32 的模型 M_{9-1} 所示，在控制住人口变量、程序公平、尽责性等控制变量及领导专制行为、领导不真诚行为两个核心变量的情况下，领导被动履职行为与职业发展抱负交互作用对情绪耗竭不具有显著的预测作用（Estimate = －0.047，SE = 0.031，ρ > 0.05），因此，职业发展抱负不调节领导被动履职行为与情绪耗竭间的关系。同时，拔靴分析结果（如表 5－33）显示，低职业发展抱负水平下，领导专制行为对职场偏差行为的间接影响显著（Estimate = 0.013，95% CI = 0.005，0.027）；高职业发展抱负水平下，领导专制行为对职场偏差行为的影响不显著（Estimate = 0.007，95% CI = －0.000，0.017）。也就是说，高、低职业发展抱负水平下，领导专制行为通过情绪耗竭这一中介变量间接对职场偏差行为的影响的简单差异为 －0.006（0.007－0.013）。这意味着，职业发展水平的高低对领导被动履职行为通过情绪耗竭对职场偏差行为的间接效应有一定影响，但影响并不十分显著。综上所述，职业发展抱负在领导被动履职行为对职场偏差行为间接影响路径中不起调节作用，因此，假设 H8b 没有得到支持。

表5-32　职业发展抱负调节下领导被动履职行为对职场偏差行为影响模型

	M_{9-1} （情绪耗竭）		M_{9-2} （职场偏差行为）	
	Estimate	SE	Estimate	SE
控制变量				
性别	-0.074**	0.060	-0.012	0.032
工作年限	-0.050	0.029	-0.050	0.016
学历	-0.027	0.042	-0.032	0.023
机关层级	0.028	0.038	0.057*	0.021
组织容忍	-0.069*	0.040	0.052	0.021
组织程序公平	-0.068*	0.034	0.011	0.018
尽责性	0.056*	0.044	0.027	0.023
领导专制行为	0.105**	0.036	0.114**	0.019
领导不真诚行为	0.152**	0.037	0.107**	0.020
自变量				
领导被动履职行为	0.129**	0.040	0.133**	0.022
中介变量				
情绪耗竭			0.128**	0.015
调节变量				
职业发展抱负	0.130**	0.034	-0.100**	0.018
领导被动履职行为×职业发展抱负	-0.047	0.031	-0.070**	0.017
F	21.953**		17.694**	
R^2	0.164		0.146	
ΔR^2	0.002		0.005	
MAX（VIF）	2.442		2.470	

注：$N=1355$；$*\rho<0.05$；$**\rho<0.01$。

表5-33　不同职业发展抱负水平调节下领导被动履职行为对职场偏差行为的影响

调节变量水平	间接路径			直接路径		
	effect	95% CI		effect	95% CI	
CAA_{mean}	0.010**	0.004	0.020	0.081**	0.039	0.124
CAA_{low}	0.013**	0.005	0.027	0.122**	0.068	0.175

续表

调节变量水平	间接路径			直接路径		
	effect	95% CI		effect	95% CI	
CAA_{high}	0.007	-0.000	0.017	0.041	-0.009	0.091
Difference between CAA_{high} and CAA_{low}	-0.006			-0.081		

注：N=1355；**$p<0.01$；CAA 表示职业发展抱负；中心化处理后的职业发展抱负高、低值分别为 0.9004（均值以上一个标准差）和 -0.9004（均值以下一个标准差）；抽取样本数量：5000；取样方法：Bias Corrected（偏差较正的非参数百分位法）。

（2）职业发展抱负在领导被动履职行为对职场偏差行为直接影响路径中的调节作用

通过多元层级回归（见表 5-32），在以情绪耗竭为中介变量的有中介的调节模型 M_{9-2}，领导被动履职行为与职业发展抱负的交互作用对职场偏差行为具有显著预测作用（Estimate = -0.070，SE = 0.017，$p < 0.01$）。因此，职业发展抱负调节领导被动履职行为与职场偏差行为间的关系。同时，表 5-33 列出的拔靴分析结果显示，低职业发展抱负水平下，领导被动履职行为对职场偏差行为的直接影响显著（Estimate = 0.122，95% CI = 0.068，0.175）；高职业发展抱负水平下，领导被动履职行为对职场偏差行的直接影响不显著（Estimate = 0.041，95% CI = -0.009，0.091）。这说明，当职业发展抱负处于不同水平时，领导被动履职行为对职场偏差行为的直接接影响具有显著差异。从表 5-33 可以看出，高、低家庭支持水平下，领导被动履职行为对职场偏差行为直接影响的简单差异为 -0.081（0.041—0.122）。综上所述，领导被动履职行为对职场偏差行为的直接影响路径受到职业发展抱负的调节，因此，假设 H4-7b 得到支持。

3. 职业发展抱负在领导不真诚行为对职场偏差行为影响路径中的调节作用

在该模型中，自变量是领导不真诚行为，中介变量是情绪耗竭，因变量是职场偏差行为，调节变量是职业发展抱负，并且，职业发展抱负调节着领导不真诚行为对职场偏差行为的间接影响路径与直接影响路径。

本部分首先采用层级回归方法检验职业发展抱负在模型中的调节作用，然后使用拔靴法进一步检验领导不真诚行为对职场偏差行为的间接和直接效应是否随职业发展抱负水平高低的不同有所变化。

（1）职业发展抱负在领导不真诚行为对职场偏差行为间接影响路径中的调节作用

如表5-34的模型M_{10-1}所示，在控制住性别、工作年限、学历、机关层级、程序公平、尽责性等控制变量及领导专制行为、领导被动履职行为两个核心变量的情况下，领导不真诚行为与职业发展抱负交互作用对情绪耗竭不具有显著的预测作用（Estimate = -0.011，SE = 0.027，ρ > 0.05），因此，职业发展抱负不调节领导不真诚行为与情绪耗竭间的关系。同时，拔靴分析结果（如表5-35）显示，高、低职业发展抱负水平下，领导不真诚行为对职场偏差行为的间接影响均显著但二者的简单差异仅为 -0.002（0.009—0.011）。综上所述，职业发展抱负在领导不真诚行为对职场偏差行为间接影响路径中不起调节作用，因此，假设H4-8c未得到支持。

表5-34　职业发展抱负调节下领导不真诚行为对职场偏差行为影响模型

| | M_{10-1} | | M_{10-2} | |
| | （情绪耗竭） | | （职场偏差行为） | |
	Estimate	SE	Estimate	SE
控制变量				
性别	-0.073**	0.060	-0.014	0.032
工作年限	-0.050	0.029	-0.052	0.016
学历	-0.028	0.042	-0.029	0.023
机关层级	0.027	0.039	0.055*	0.021
组织容忍	-0.067*	0.040	0.053	0.021
组织程序公平	-0.066*	0.034	0.011	0.018
尽责性	0.056*	0.044	0.030	0.023
领导专制行为	0.106**	0.036	0.116**	0.019
领导被动履职行为	0.124**	0.040	0.130**	0.022
自变量				

续表

	M_{10-1}（情绪耗竭）		M_{10-2}（职场偏差行为）	
	Estimate	SE	Estimate	SE
领导不真诚行为	0.150**	0.038	0.114**	0.020
中介变量				
情绪耗竭			0.131**	0.015
调节变量				
职业发展抱负	0.138**	0.034	-0.107**	0.018
领导不真诚行为×职业发展抱负	-0.011	0.027	-0.104**	0.014
F	21.642**		18.481**	
R^2	0.162		0.152	
ΔR^2	0.000		0.010	
MAX（VIF）	2.452		2.479	

注：N=1355；*$p<0.05$；**$p<0.01$。

表5-35　不同职业发展抱负水平调节下领导不真诚行为对职场偏差行为的影响

调节变量水平	间接路径			直接路径		
	effect	95% CI		effect	95% CI	
CAA_{mean}	0.010**	0.004	0.019	0.057**	0.018	0.098
CAA_{low}	0.011**	0.003	0.022	0.110**	0.061	0.158
CAA_{high}	0.009**	0.003	0.020	0.006	-0.039	0.052
Difference between CAA_{high} and CAA_{low}	-0.002			-0.104		

注：N=1355；**$p<0.01$；CAA表示职业发展抱负；中心化处理后的职业发展抱负高、低值分别为0.9004（均值以上一个标准差）和-0.9004（均值以下一个标准差）；抽取样本数量：5000；取样方法：偏差较正的非参数百分位法。

（2）职业发展抱负在领导不真诚行为对职场偏差行为直接影响路径中的调节作用

通过多元层级回归（见表5-35），在以情绪耗竭为中介变量的有中介的调节模型M_{10-2},领导不真诚行为与职业发展抱负的交互作用对职场偏差行为具有显著预测作用(Estimate = -0.104,SE = 0.014,ρ < 0.01)。因此,职业发展抱负调节领导不真诚行为与职场偏差行为间的关系。同时,表5-35列出的拔靴分析结果显示,低职业发展抱负水平下,领导不真诚行为对职场偏差行为的直接影响显著(Estimate =0.110,95%CI =0.061,0.158);高职业发展抱负水平下,领导不真诚行为对职场偏差行为的直接影响不显著(Estimate =0.006,95%CI = -0.039,0.052)。这说明,当职业发展抱负处于不同水平时,领导不真诚行为对职场偏差行为的直接影响具有显著差异。从表5-35可以看出,高、低水平职业发展抱负下,领导不真诚行为对职场偏差行为直接影响的简单差异为-0.104(0.006—0.109)。综上所述,领导不真诚行为对职场偏差行为的直接影响路径受到职业发展抱负的调节,因此,假设H4-7c成立。

第三节　结果与讨论

整理可得,负性领导行为影响基层公务员职场偏差行为理论模型的假设检验结果如表5-36所示。

表5-36　负性领导行为对职场偏差行为影响机理假设的验证结果

序号	假设描述	检验结果
	负性领导行为对基层公务员职场偏差行为的影响	
H4-1	负性领导行为对基层公务员职场偏差行为具有正向显著影响	
H4-1a	领导专制行为对基层公务员职场偏差行为具有正向显著影响	支持
H4-1b	领导被动履职行为对基层公务员职场偏差行为具有正向显著影响	支持
H4-1c	领导不真诚行为对基层公务员职场偏差行为具有正向显著影响	支持
	情绪耗竭在负性领导行为与基层公务员职场偏差行为的中介作用	
H4-2	负性领导行为对基层公务员情绪耗竭具有正向显著影响	
H4-2a	领导专制行为对基层公务员情绪耗竭具有正向显著影响	支持
H4-2b	领导被动履职行为对基层公务员情绪耗竭具有正向显著影响	支持
H4-2c	领导不真诚行为对基层公务员情绪耗竭具有正向显著影响	支持
H4-3	基层公务员情绪耗竭对其职场偏差行为具有正向显著影响	支持

续表

序号	假设描述	检验结果
H4-4	情绪耗竭在负性领导行为与基层公务员职场偏差行为之间起中介作用	
H4-4a	情绪耗竭在领导专制行为与基层公务员职场偏差行为之间起中介作用	部分支持
H4-4b	情绪耗竭在领导被动履职行为与基层公务员职场偏差行为之间起中介作用	部分支持
H4-4c	情绪耗竭在领导不真诚行为与基层公务员职场偏差行为之间起中介作用	部分支持
	家庭支持在负性领导行为与基层公务员职场偏差行为间的调节作用	
H4-5	家庭支持在负性领导行为与基层公务员职场偏差行为之间起负向调节作用	
H4-5a	家庭支持在领导专制行为与基层公务员职场偏差行为之间起负向调节作用	支持
H4-5b	家庭支持在领导被动履职行为与基层公务员职场偏差行为之间起负向调节作用	不支持
H4-5c	家庭支持在领导不真诚行为与基层公务员职场偏差行为之间起负向调节作用	不支持
H4-6	家庭支持负向调节负性领导行为与情绪耗竭间关系，从而调节负领导行为对职场偏差行为的间接影响	
H4-6a	家庭支持负向调节领导专制行为与情绪耗竭间关系，从而调节负性领导行为对职场偏差行为的间接影响	支持
H4-6b	家庭支持负向调节领导被动履职行为与情绪耗竭间关系，从而调节负性领导行为对职场偏差行为的间接影响	支持
H4-6c	家庭支持负向调节领导不真诚行为与情绪耗竭间关系，从而调节负性领导行为对职场偏差行为的间接影响	支持
	职业发展抱负在负性领导行为与基层公务员职场偏差行为间的调节作用	
H4-7	职业发展抱负在负性领导行为与基层公务员职场偏差行为之间起负向调节作用	
H4-7a	职业发展抱负在领导专制行为与基层公务员职场偏差行为之间起负向调节作用	支持
H4-7b	职业发展抱负在领导被动履职行为与基层公务员职场偏差行为之间起负向调节作用	支持

续表

序号	假设描述	检验结果
H4-7c	职业发展抱负在领导不真诚行为与基层公务员职场偏差行为之间起负向调节作用	支持
H4-8	职业发展抱负负向调节负性领导行为与情绪耗竭间关系,从而调节负性领导行为对职场偏差行为的间接影响	
H4-8a	职业发展抱负负向调节领导专制行为与情绪耗竭间关系,从而调节负性领导行为对职场偏差行为的间接影响	不支持
H4-8b	职业发展抱负负向调节领导被动履职行为与情绪耗竭间关系,从而调节负性领导行为对职场偏差行为的间接影响	不支持
H4-8c	职业发展抱负负向调节领导不真诚行为与情绪耗竭间关系,从而调节负性领导行为对职场偏差行为的间接影响	不支持

首先,本书多案例研究与回归分析的结果证实了负性领导行为与基层公务员职场偏差行为具有显著的正相关关系。这一结论与已有关于辱虐管理与职场偏差行为间关系的研究成果一致(Michel 等,2016;Erkutlu & Chafra,2018;Haider et al.,2018),进一步为前人的研究结论提供证据,并且扩展已有结论:其一,本书中的负性领导行为不同于已有研究中的辱虐管理、破坏性领导行等概念,是一个总体性概念,因此所得结论比已有相关研究的结论覆盖的前因变量范围更广;其二,验证了基层政府中领导专制行为、领导被动履职行为、不真诚行为这三类常见的负性领导行为均与职场偏差行为呈显著正相关关系。结合前文提出相关假设时的阐述以及前文通过多案例研究对假设进行初步验证,本书认为,该定量分析结果比较可靠,符合当下基层公务员职场中的实际情况。社会选择理论认为,当上下级之间的互惠原则被打破时容易产生对立,特别是当一个人的行为没有得到应有的赞赏或报酬,或是得到意料之外的惩罚时,个体会愤怒地做出攻击行为(Homans,1958)。基层政府中领导与基层公务员之间的关系比较复杂和微妙。一般而言,基层公务员要对领导表现出恭敬和温顺的态度。因此,在经历诸如领导专制行为、被动履职行为、不真诚行为等负性领导行为后,他们不会直接向领导进行"报复",而将不良情绪发泄到工作之中,从而做出不严格遵守管理制度、

消极对待工作、侵占组织财务、亵渎信仰信念等伤害组织利益、同事利益或者公众利益的行为。

其次，本书证实了情绪耗竭在负性领导行为与职场偏差行为间起中介作用。近年来关注公务员情绪耗竭的研究成果（刘泽照等，2014；于海波、安然，2018）越来越多，这反映出实践中的公务员情绪耗竭问题比较突出且值得关注，这也是本书将情绪耗竭作为负性领导行为与职场偏差行为间关系的中介变量的缘由之一。有学者认为，领导支持程度低、上下级人际相处不融洽会引发公务员产生厌恶情绪，导致公务员身心疲惫（于刚强等，2017）。具体来说，领导专制行为会挤占公务员的工作时间与精力，领导被动履职行为会加重基层公务员的工作负担，领导不真诚行为会伤害基层公务员的情感。换言之，负性领导行为会消耗基层公务员的情感资源与时间精力，造成基层公务员情绪耗竭。本书认为，情绪耗竭是基层公务员应对负性领导行为压力时产生的一种紧张情绪，其后果是进一步造成基层公务员做出职场偏差行为。这是因为，当基层公务员的情感资源与时间精力被消耗殆尽时，他们难以维系正常的工作或者难以约束自己的行为以符合组织规范。

对此，本书使用 Baron 和 Kenny（1986）的逐步检验法，逐一证实了三类主要的负性领导行为分别与基层公务员职场偏差行为的显著正相关关系、负性领导行为与情绪耗竭间的显著正相关关系、情绪耗竭与职场偏差行为间的显著正相关关系，以及在加入情绪耗竭的影响后三类负性领导行为对职场偏差行为的影响依然显著但解释率有下降，同时，本书采用 Sobel 检验和拔靴法检验情绪耗竭在负性领导行为与职场偏差行为间的关系时得到同样的结论。也就是说，情绪耗竭在负性领导行为对职场偏差行为的影响中起部分中介作用。这一结果既与前人探讨辱虐管理或破坏性领导与情绪耗竭的研究结果一致（Wu & Hu，2009；朱晓妹等，2015），也与情绪耗竭引发职场偏差行为的相关研究（黄嘉欣等，2018；Enwereuzor et al.，2017）结论一致。因此，本书认为，这一定量分析结论是可靠的。

尽管 Peng 等人（2016）的研究表明，情绪耗竭在工作场所欺凌行为中发挥完全中介作用，而负性领导行为在一定程度上具有欺凌性质。然而在本书中，情绪耗竭在三类负性领导行为与职场偏差行业中均发挥的是部分中介作用。对此,本书认为,情绪耗竭发挥部分中介作用更加贴合实际。这主要是因为在基层政府中,基层公务员与领导的关系、相处模式比较复杂。例如,同样面临直接领导安排职责外的工作任务(如领导的私事),尽管作为下属的基层公务员心里都会有埋怨,但是部分基层公务员能在正常的工作时间内高效完成领导额外布置的任务,部分基层公务员则必须延长工作时间才能完成。又如,当发现领导犹豫不决、工作缺乏魄力时,尽管均倾向于因感知到领导支持较低而在完成工作时打一定折扣,但是不同基层公务员由领导的被动消极行为所引发的精力与情感耗竭水平不一样。再如,当基层公务员感到领导虚伪的一面时,尽管基层公务员均难免产生愤怒和报复欲望,但是部分基层公务员仅将这种情绪发泄到同事身上,部分基层公务员则将这种情绪转移到工作上,形成或加剧情绪耗竭。换言之,基层公务员在面临负性领导行为时可能不完全通过情绪耗竭而作用于职场偏差行为。

再次,本书基本证实了家庭支持对负性领导行为与职场偏差行为间的调节作用。实证研究的回归分析结果表明,家庭支持均负向调节领导专制行为、领导被动履职行为、领导不真诚行为与基层公务员情绪耗竭间的关系,也就是说,家庭支持通过负向调节三类负性领导行为与情绪耗竭间关系从而调节负性领导行为与职场偏差行为关系的假设全部得到支持。这表明,当家庭成员关心、体谅基层公务员的工作,并帮助基层公务员承担一部分家庭责任时,负性领导行为对基层公务员造成的资源损耗能得到有效弥补,基层公务员由于此有更多的时间和精力应对负性领导行为和正常对待工作。这也可以认为是积极家庭关系的溢出效应的作用,这与以往关于社会支持、同事支持等研究的结论一致。

然而,家庭支持对负性领导行为与基层公务员职场偏差行为直接影响的调节作用未全部得到支持。具体情况是,家庭支持仅负向调节领导专制行为与职场偏差行为间的关系,而不显著调节领导被动履职行为、领导不真诚行为分别对基层公务员职场偏差行为的影响。这是本书的一个新发现。本书认为,这可能与三类负性领导行为本身的特征有关。对于领导专制行为来说,一方面,领导专制行为对基层公务员的负性影响在于侵占基层公务员的时间、精力,打压基层公务员的主动性与积极性,基层公务员的时间和精力在家庭支持下能得到有效补充。另一方面,部分领导专制行为可能被基层公务员解读为对自己的器重,基层公务员在经受领导专制行为以后,家庭支持可能挖掘出领导专制行为的其他含义,从而引导基层公务员往积极的方向去看待领导专制行为。这样一来,领导专制行为的不良影响在家庭支持的有效干预下得以稀释。相较领导被动履职行为切实阻碍了基层公务员的工作开展而言,领导不真诚行为严重损害领导与下属间关系。这两类负性领导行为造成的负面影响性质更为恶劣,即使家庭成员较大程度上支持基层公务员工作,也难以有效减轻领导被动履职行为和领导不真诚行为的负面影响。

不过,总体来看,较高的家庭支持对于缓解负性领导行为对基层公务员职场偏差行为的影响仍然是有一定作用的。因此,本书认为,关于家庭支持对负性领导行为与基层公务员职场偏差行为间关系起调节作用的回归分析结果是比较可靠的。

最后,本书的回归分析结果证实了职业发展抱负对负性领导行为与基层公务员职场偏差行为间关系起负向调节作用。基于权力—依赖理论的观点,相对低水平职业发展抱负者,高水平职业发展抱负的基层公务员对组织、对领导的依赖性更大,因而其行为越受约束。也就是说,即使在遭遇负性领导行为而萌生报复念头时,高水平职业发展抱负者相对会克制言行而不依据自己意志随心所欲行事。从问卷调查的回归分析来看,职业发展抱负在负性领导行为影响基层公务员职场偏差行为中起负向调节作用。这一结论可能与职业发展抱负本身特征有关。一般而言,职业发展抱负强烈的基层公务员本身较之职业发展抱负弱者拥有较强的胜任力或公共服务动机,因此他们应对不良环境(如负性领导行为)及消除不良环境带来的不良影响的能力更强。并且,由于政府组织中公务员的职业发展路径相对稳定,绝大部分公务员的职业发展机会认知(Camp & Langan,2005;王颜芳,2009)比较清晰,也能意识到领导在其职业发展抱负实现过程中所扮演的重要角色,这就意味着高水平职业发展抱负的基层公务员为了实现职业发展抱负会对负性领导行为进行"积极化"处理。这样一来,对于高水平职业发展抱负者,负性领导行为对基层公务员所产生的负性影响得到缓和。

如上所述,在实证研究的调查结果分析中,职业发展抱负在对负性领导行为影响基层公务员职场偏差行为直接路径与间接路径中的调节效应呈现出了不同结果。究其原因，作为中介变量的情绪耗竭与作为结果变量的职场偏差行为在变量主客观性方面存在差异。根据本书的定义，基层公务员职场偏差行为是基层公务员主观违反组织规范从而对组织、组织成员及公共利益造成损害的行为，是基层公务员主观有意为之的行为。而情绪耗竭被定义为"因工作造成的情绪过度耗费和衰竭的感觉"（Wright & Cropanzano, 1998：486），是一种由压力源引起的客观反映。这也就是说，职业发展抱负作为一种主观性较强的动机，在调节负性领导行为对主观性较强的职场偏差行为的影响时效果更为明显，而在调节负性领导行为对客观性较强的情绪耗竭的影响时效果相对不那么明显。因此，总体而言，本书认为关于职业发展抱负在负性领导行与基层公务员职场偏差行为间关系的调节作用的结论是比较可靠的。

第四节 本章小结

本章主要从质性研究与量化研究两个角度对负性领导行为影响基层公务员职场偏差行为的研究假设进行检验。其中，质性研究作为辅助方式。笔者通过对基层公务员的访谈获得研究资料，并采用多案例研究初步验证了负性领导行为对职场偏差行为影响机理论模型的研究假设。量化研究是主要的验证方式。本书通过综合使用多元回归分析、拔靴法等不同的定量分析方法分别检测了负性领导行为对职场偏差行为影响机理模型中相关变量的影响效应，并得到最终的影响机理模型，即领导专制行为、领导被动履职行为与领导不真诚行为这三类负性领导行为均与基层公务员职场偏差行为呈显著正相关关系，情绪耗竭在二者之间发挥部分中介作用，家庭支持通过负向调节负性领导行为与基层公务员情绪耗竭间的关系，从而负向调节负性领导行为对基层公务员职场偏差行为的影响，职业发展抱负对负性领导行为与基层公务员职场偏差行为间关系起负向调节作用。

第六章

结论与建议

本书以基层公务员职场偏差行为这一典型的消极组织行为为主要研究对象，在探索中国文化背景下基层公务员职场偏差行为的内涵、维度及其前因变量的研究过程中，通过归纳演绎和数据实证的方法分析了基层公务员职场偏差行为的结构维度，以及负性领导行为影响基层公务员职场偏差行为的作用机制和适用范围等基本问题。结合官僚制理论、资源保存理论、社会交换理论、权力—依赖理论等相关理论，以及通过梳理相关文献、深度访谈、大样本问卷调查获取的研究资料，通过综合运用理论推演、质性研究与量化研究等方法，获得了一些具有不同程度新意的研究结论。针对这些结论，本章立足基层政府的视角提出减少基层公务员职场偏差行为的一系列管理建议。此外，本章对研究过程中的可能创新、不足之处和未来研究展望进行总结与概述。

第一节 研究结论

一 基层公务员职场偏差行为由四个维度构成

基于基层公务员与企业员工职场角色存在区别这一前提，本书以质性研究和量化研究相结合的方式对基层公务员职场偏差行为的维度建构展开讨论。通过对具有代表性的基层公务员、公众进行访谈取得经验性材料，通过整理典型政策文本获得规范性材料，运用扎根理论和内容分析法初步确定基层公务员职场偏差行为的结构维度由四个方面构成。为验证这些维度，在借鉴已有量表和参考扎根理论、内容分析过程中有关观点的基础上编制问卷，通过大样本调查获取实证数据，最后通过探索性和验证性因子分析完善和证实了基层公务员职场偏差行为的四个维度。本书同时开发出由19题项组成的基层公务员职场偏差行为测量量表。

经研究发现，基层公务员职场偏差行为由生产偏差、人际偏差、权力偏差和政治偏差四个维度构成。其中，生产偏差维度强调基层公务员的工作绩效、专业素质、学习态度与创新能力等方面达不到组织规范要求，例如无故迟到早退、常规工作时间内从事与工作无关的事情、工作拖拉、效率低下、业务不精等行为。人际偏差维度指向基层公务员做出损害其他组织成员利益以及违背组织团结友爱要求的行为，如骚扰同事、随意发脾气、排挤诽谤、钩心斗角、冷漠等行为。权力偏差维度主要强调基层公务员主观上使用公共权力不当，做出损害政府利益、形象或对其他个人、组织的利益造成损害的行为，如"吃拿卡要"、有意刁难、"开后门"、缺乏服务意识等。政治偏差指向基层公务员在政治信仰、政治立场上未能完全达到组织要求而出现松懈或偏差，做出对执政党、国家等的名誉或利益造成损伤的行为，如一些体现出政治立场出现动摇、大局意识不强等的行为。

在这四个维度中，生产偏差和人际偏差两个维度为企业员工职场偏差行为所共有，本书在已有研究基础上对这两个维度的内容进行了一定拓展与深化；权力偏差与政治偏差这两个维度为基层公务员职场偏差行为所独有（相对一般意义的企业员工职场偏差行为），是本书对已有相关研究的拓展与突破。因此，这一维度结构既不同于企业员工职场偏差行为结构维度，也不同于已有公务员职场偏差行为结构维度。本书所建构基层公务员职场偏差行为的四维结构，以已有相关研究为基础，又对已有研究所提维度结构有一定发展，并一定程度上突出了基层公务员的职业特点与我国政府组织的情境特点，是本书对公共组织行为学中消极组织行为研究的理论贡献。此外，本书开发的基层公务员职场偏差行为测量量表能为后续基层公务员职场偏差行为研究提供工具参考。

二　负性领导行为正向影响基层公务员职场偏差行为

负性领导行为是基层公务员实践中的常见压力源。首先，本书依据资源保存理论与社会交换理论提出假设，三类典型负性领导行为（即领导专制行为、领导被动履职行为、领导不真诚行为）对基层公务员职场偏差行为均具有正向显著影响。然后在以多案例研究初步验证上述关系的情况下，通过对基层公务员开展大样本问卷调查获得数据，回归分析结果证实上述假设，即基层公务员感知的领导专制行为、领导被动履职行为、领导不真诚行为与其表现出职场偏差行为呈显著正相关关系，负性领导行为越频繁，基层公务员表现出职场偏差行为的可能性越大。这一结论对已有相关研究有所继承和发展：继承之处在于与以往辱虐管理等其他与负性领导行为相关概念与职场偏差行为关系研究的结论基本一致；发展之处在于本书使用三类典型负性领导行为作为职场偏差行为的前因变量，并使用了自己系统开发的职场偏差行为量表。同时，这一结论揭示了实践中基层公务员在遭受负性领导行为之后的大多数心理或行为反应，构成负性领导行为影响基层公务员职场偏差行为的直接效应。

三 情绪耗竭在负性领导行为与职场偏差行为间起中介作用

情绪耗竭是基层公务员实践中常出现的一类紧张状态。基层公务员情绪耗竭是近几年学术界与实践部门共同关心的一个问题。本书基于"压力—紧张—结果"模型，根据资源保存理论和社会交换理论提出情绪耗竭中介于负性领导行为与职场偏差行为的研究假设，先使用访谈资料进行多案例研究获得初步认知，再使用逐步检验法、Sobel 检验和拔靴法对实证数据进行检验发现，以下研究结果得到了支持：①自变量（三类典型负性领导行为）显著影响中介变量（情绪耗竭）；②中介变量（情绪耗竭）显著影响因变量（基层公务员职场偏差行为）；③情绪耗竭在三类负性领导行为与基层公务员职场偏差行为间均起部分中介作用。换言之，基层公务员情绪耗竭正向预测其职场偏差行为，基层公务员的情绪耗竭水平越高，其职场偏差行为越频繁，同时，负性领导行为部分通过基层公务员情绪耗竭作用于职场偏差行为。这一结论既与前人探讨辱虐管理或破坏性领导与情绪耗竭的研究，以及情绪耗竭引发职场偏差行为的相关研究结果一致，同时反映了基层公务员应对负性领导行为压力时产生的紧张反应，构成负性领导行为影响基层公务员职场偏差行为的作用机制。

四　家庭支持在负性领导行为与职场偏差行为间起调节作用

家庭支持是基层公务员工作领域的一类重要外部资源。本书基于"压力—紧张—结果"模型，依据资源保存理论与溢出效应提出假设，并对大样本调查数据进行回归分析与拔靴分析，结果表明：家庭支持负向调节三类负性领导行为与情绪耗竭间的关系，家庭支持仅负向调节领导专制行为与职场偏差行为间的关系，而不显著调节领导被动履职行为、领导不真诚行为分别对基层公务员职场偏差行为的影响。结合情绪耗竭在负性领导行为与基层公务员职场偏差行为间的中介作用，本书发现，家庭成员对基层公务员工作领域的支持能一定程度上缓解负性领导行为对基层公务员的影响，这一缓解作用主要是通过家庭支持负向调节负性领导行为与情绪耗竭之间关系起作用。换言之，相对于低水平家庭支持，获得高水平家庭支持的基层公务员在面临负性领导行为时产生的情绪耗竭更低，从而表现出更少的职场偏差行为。这一结论揭示了负性领导行为影响基层公务员职场偏差行为的适用范围。

五　职业发展抱负在负性领导行为与职场偏差行为间起调节作用

职业发展抱负是基层公务员一项典型个人特征因素，也是基层公务员职场中的一类重要内部资源。依据资源保存理论与权力—依赖理论，本书提出职业发展抱负对负性领导行为与基层公务员职场偏差行为间关系起负向调节作用的假设。回归分析与拔靴分析结果显示：职业发展抱负对三类负性领导行为影响基层公务员职场偏差行为的直接路径均起负向调节作用，即当基层公务员的职业发展抱负处于较高水平时，负性领导行为对其职场偏差行为的影响被弱化。本书认为，这主要是由于具有高水平职业发展抱负的基层公务员对领导与组织的依赖性更强，在面临负性领导行为时表现更为克制与隐忍，表现的职场偏差行为相对低水平职业发展抱负者更少。关注个体职业发展抱负对职场偏差行为影响的已有较少研究，这一结论丰富了公务员职场偏差行为前因变量研究。同时，这一结论揭示了负性领导行为影响基层公务员职场偏差行为的适用范围。

第二节 管理建议

本书的核心论题是基层公务员职场偏差行为，整个研究从基层公务员的职场偏差行为结构维度建构与源于负性领导行为的影响机理剖析两条主线展开。因此，针对减少基层公务员职场偏差行为，本部分根据前述研究结论提出以下管理建议。

一 加强基层公务员职业行为管理

经扎根理论、内容分析法与问卷调查及统计分析得出，基层公务员职场偏差行为由政治偏差、权力偏差、生产偏差和人际偏差四个维度构成。对此，建议基层政府从以下四个方面采取措施减少基层公务员职场偏差行为。

一是建立健全基层公务员信念教育与培树机制。建议研究制定适用于基层公务员信念教育与培树的短期与长期规划，为各地、各类基层公务员开展相关培训教育活动提供理论指导；从历次党的群众路线教育实践活动、"三严三实"专题教育等活动中汲取经验、总结不足，在基层公务员队伍中开展系列专题教育活动；出台相关工作条例或规章制度文本，使基层公务员信念教育与培树工作常态化、制度化。

二是加强对基层公务员用权的管理与监督。基层公务员的管理或监督部门应对基层公务员管理公共事务、履行公共职能过程中是否严格遵守组织规范规定的权限大小、范围与流程进行严格管理与监督。建议推进基层政府岗位职责制度化建设，细化岗位职责；明确基层政府工作规范与操作流程，为基层公务员按程序规范开展工作和相关部门监督管理提供依据；完善基层公务员考核管理制度，坚持事前、事中和事后管理相统一。

三是把握容错纠错与批评惩罚"度"的平衡。规范与管理公务员行为应当特别注意管理"适度"，以防过于苛严造成矫枉过正。对此，建议将"于法周延、于事有效"的评判原则[①]应用于具体情况之中，以结果导

---

① 习近平在《十届中央政治局第二十四次集体学习时的讲话》中指出，在完备反腐倡廉法规制度体系时要"本着于法周延、于事有效的原则制定新的法规制度、完善已有的法规制度、废止不适应的法规制度"。

向评判公务员职业行为。该原则既有助于缓解干事创业动机与干事创业风险之间的矛盾,又有助于公务员行为管理制度的严格实施。

四是加强公务员职业道德建设和组织文化建设。建议把公务员职业道德建设放在社会主义核心价值体系建设、社会道德建设之中通盘考虑;完善公务员职业道德建设法规,大范围开展公务员职业道德教育培训;将公务员职业道德与绩效考核结合起来,奖励表彰职业道德好的公务员,批评惩处职业道德差的公务员;构建和谐健康的组织文化,营造互助友爱、团结进取的组织氛围。

二 采取合理措施减少负性领导行为

研究发现,三类典型负性领导行为与基层公务员职场偏差行为均呈显著的正相关关系;对应"压力—紧张—结果"模型,负性领导行为属于压力因素。因此,基于减少压力的角度,采取措施减少负性领导行为是减少基层公务员职场偏差行为的有效途径。

一方面,对频繁表现出负性领导行为的领导进行批评教育,对拒不更正者直接撤职或者更换岗位。根据资源保存理论,当压力性损失出现时,最直接的方法是更换(replacement, Hobfoll, 1989)。鉴于负性领导行为与基层公务员职场偏差行为呈正相关关系,当负性领导行为比较严重时,更换领导是消除负性领导行为进而减缓基层公务员职场偏差行为的有效方法。在我国政府情境中,尽管基层公务员通过参与领导年度考评、监督举报等方式对领导行为具有一定的监督和约束作用,但这种作用十分有限。然而,党的十八大以来,在全面从严治党战略部署下实行从严治吏、加强领导素质与能力建设、深化监察体制改革、建立健全干部巡视巡察制度等举措,疏通了普通公务员以及公众检举反映干部不当行为的渠道,这亦使得本书提出更换领导的思路具有可行性与操作性。

另一方面,弱化领导对基层公务员的影响。资源保存理论的创始人Hobfoll(1989)指出可通过重评受到威胁或已经失去的资源的价值降低人们的损失感(第520页),例如考试失利的学生淡化考试的价值。事实上,许多压力理论都认为评估是抵抗压力的关键(Goodhart, 1985; Kobasa et al., 1981; Bulman & Wortman, 1977)。根据这一思路,要消除基层公务员职场偏差行为,应当从推促基层公务员重新评估负性领导行为的角度着眼，弱化领导在基层公务员职业发展中"分量"。例如，优化基层公务员考核评价机制，开展多元化评价方式，增加公务员同事同级评价、服务对象社会评价等评价权重，减小领导评价权重，以建立科学有效、公平公正的评价体系，降低领导在基层公务员考核评价中的话语权和决定权。对此，应科学制定岗位说明书和目标责任书，为公务员考核提供依据和用于第三方中立机构科学评估基层公务员工作绩效。

三　重视和积极对抗基层公务员工作倦怠

本书的研究结论之一是情绪耗竭在负性领导行为对基层公务员职场偏差行为的不良影响中发挥中介作用，并且家庭支持负向调节负性领导行为对基层公务员情绪耗竭的影响，并据此对负性领导行为与职场偏差行为间关系发挥调节作用。基于减少基层公务员紧张状态的考虑，呼吁基层政府重视基层公务员职业倦怠问题，采取有效措施保持和提高基层公务员的工作热情。

一是适当减轻部分基层公务员的工作负担。近年来，在全面深化改革的背景下，基层公务员承担了大量落实改革与发展政策、惠民政策和打赢脱贫攻坚战的任务，部分公务员的工作任务过于繁重。对此建议从科学分工、量化工作等方面着力，将不属于基层公务员职责的工作任务分离出去，为他们减压释重，进而促使其减缓压力、舒展心情和放松自我，尽可能减少工作倦怠。

二是完善和落实基层公务员交流与培训制度。针对基层公务员交流任职锻炼机会少、在同一岗位任职时间长、视野较窄和工作倦怠、进取心不强等问题，建议上级部门建立健全基层公务员到上级部门挂职锻炼制度。同时，制定并落实基层公务员培训教育制度，定期安排基层公务员赴外地进行培训，以更新和拓展基层公务员的专业知识与理论视野，丰富基层公务员的工作生活。

三是保障基层公务员应有福利待遇，合理确定基层公务员的薪资水平。部分地区的基层公务员薪资水平相对较低，给其家庭造成较大经济压力，不利于基层公务员保持工作热情，以至于加速基层公务员的职业倦怠。在访谈中，部分受访者表示部分津贴甚至不能及时发放。对此，人事政工部门要科学确定工资晋级晋档、职务职级并行等事项，使基层公务员薪酬保持在合理水平；财政部门要按照有关法律、政策规定，及时发放合法合规福利；加大公务员住房、医疗、子女就学等保障力度，为公务员履行职责提供坚实物质保障，确保基层公务员心无旁骛地投入工作。

四 鼓励和正确引导基层公务员的职业发展抱负

本书发现，职业发展抱负对负性领导行为和基层公务员职场偏差行为间的关系具有负向调节作用，强烈的职业发展抱负能缓解负性领导行为对基层公务员职场偏差行为的影响。这表明，增强职业发展抱负是减少基层公务员职场偏差行为的有效途径。Emerson（1962）在论述权力—依赖关系时建议，组织或高权力者可通过特殊地位奖励留住那些对组织具有重要价值，但对组织依赖性不强的成员。对此，从增强基层公务员对组织的依赖性的角度而言，建议提高基层公务员在组织中的地位。

需要指出的是，应提高基层公务员在组织中的身份地位，而非提高基层公务员的社会地位。前者是指基层公务员在政府垂直体系中受到组织其他成员，尤其是组织领导重视和尊重的程度，是基层公务员在整个政府组织中的地位。而后者是将基层公务员与社会中其他行业从业人员进行比较，是基层公务员在整个社会中的地位。

提高基层公务员在组织中地位，并非指提高基层公务员的职级，亦非改变基层公务员在整个公务员队伍中处于底层这一结构特点，而是指增强干部对下属的重视与关爱，加大上级部门从基层公务员中遴选干部的比重和频次，为基层公务员提供更多平台和机会，营造重视基层公务员工作角色以及提高基层公务员在领导干部选拔中影响力的组织氛围。党的十八大以来，党和国家出台了一系列关心基层公务员、鼓励公务员下基层的政策，如将基层工作经历作为干部晋升的必要条件、鼓励各部门开展干部流转调任等。对此，各级地方政府纷纷提出下基层活动。例如，北京市朝阳区开展"千名公务员下基层"活动，杭州市建立或研究制定新录用公务员"三访"长效机制与新录用公务员下基层锻炼制度，烟台市出台《关于关心关爱基层干部的二十八条措施》，激发基层干部干事创业的积极性和主动性。这些举措一定程度上增强了基层公务员的心理获得感和组织归属感，对基层公务员增强职业发展抱负有正面引导作用，可总结经验和尝试推广。此外，还应从完善公务员遴选机制、晋升机制与奖惩机制以及健全和落实职务与职级并行制度等方面着手，畅通基层公务员职业发展路径。

五 适当关注基层公务员的家庭生活

研究发现，家庭支持能有效缓解负性领导行为对基层公务员职场偏差行为的不良影响。这表明，增强基层公务员来自家庭的情感性支持或工具性支持有利于减少基层公务员的职场偏差行为。因此，建议基层政府适当关注基层公务员的家庭生活，特别是增强基层政府与公务员家庭的互动。

首先，建立健全公务员家访制度。基层政府部门应建立健全公务员家访制度，相关科室或负责人根据各自分管部门、单位，对基层公务员家庭进行定期或不定期的家访，了解公务员家庭基本情况，掌握有关信息。可以充分利用走访慰问、座谈会、参观会、微信微博、电话短信等多种平台和方式进行家访，与基层公务员家庭建立沟通联系，宣传各类政策法规，并听取和适当采纳公务员家庭成员对基层公务员管理、对领导的意见与建议。

其次，开展困难家庭慰问活动。在掌握干部家庭基本情况的基础上，重点关心困难家庭，可在元旦、中秋、春节等重大节日节点，开展基层公务员困难家庭慰问活动。建议基层政府党政领导到公务员家中进行走访慰问，为困难职工家庭送去必要的生活物资和慰问金，帮助困难家庭解决问题，体现基层政府对公务员的关心，增强公务员及其家庭成员对政府工作的认同感和归属感。

最后，建议表彰在理解、支持基层公务员工作方面表现突出的家庭成员，通过梳理典型与榜样鼓励家庭成员积极支持基层公务员的工作。同时，开展文明家庭、平安家庭、和谐家庭等评选活动，通过培育良好家风及其引领示范效应，提高基层公务员家庭支持水平。

第三节 可能的创新

第一，构建了中国情境下基层公务员职场偏差行为的结构维度。以往有关中国情境下公务员职场偏差行为结构维度的研究成果比较单薄。就研究过程而言，仅有的几篇研究虽概要地提出了维度结构观点，但并未提供相应的研究过程与依据。就内容及观点而言，对我国政府组织情境的体现仍有发展空间。基于此，本书在研究过程的系统性与规范性、研究观点体现我国政府组织情境两个方面做出了拓展性探索。就前者而言，本书通过深度访谈基层公务员、整理相关政策文本、开展大样本问卷调查获取研究资料，遵循扎根理论方法、内容分析法、因子分析法等研究方法的规范步骤而建构维度，研究过程具有系统性和规范性。就后者而言，本书提出，中国情境下基层公务员职场偏差行为由生产偏差、人际偏差、政治偏差、权力偏差四个维度构成。这一维度结构既不同于企业员工职场偏差行为维度结构，也不同于已有公务员职场偏差行为的维度结构，观点内容体现出一定本土化和情境化特征。

第二，开发了本土化基层公务员职场偏差行为的测量量表。尽管有不少学者探索开发了本土化职场偏差行为的测量量表，但大多是针对企业员工与企业组织情境，针对公务员与政府组织情境的量表寥寥无几。对此，本书基于基层公务员职场偏差行为结构维度，在吸收前人已有测量题项的基础上，融入在进行扎根理论与内容分析法过程中发展出的题项，编制出基层公务员职场偏差行为测量量表，并通过探索性因子分析、验证性因子分析对量表进行完善和检验，最终得到本土化基层公务员职场偏差行为测量量表，为公务员职场偏差行为研究提供工具参考。

第三，剖析了负性领导行为对基层公务员职场偏差行为的影响机理。虽然已有不少学者关注负性领导行为与职场偏差行为的关系，但既有相关研究大多仅关注中介效应或调节效应，而将中介效应与调节效应结合起来分析的研究比较少见。同时，既有研究往往从个人特征、组织特征、家庭特征等独立因素来研究负性领导行为对职场偏差行为的影响，而将这些不同因素结合起来的研究比较缺乏。本书以"压力—紧张—结果"模型为分析框架，构建基层公务员职场偏差行为的影响机理模型，该模型既将中介效应与调节效应结合起来，又将组织因素（负性领导行为）、个人因素（情绪耗竭、职业发展抱负）、家庭因素（家庭支持）等结合起来，从而对负性领导行为与职场偏差行为关系研究有所拓展，丰富了我国文化背景下公务员职场偏差行为的前因变量研究。

第四节 研究不足与展望

一 研究不足

第一,实证研究的测量方式与数据收集存在不足。由于基层公务员这一调查对象的特殊性,对焦点变量的测量数据仅来自基层公务员的横截面、自评式报告,而未收集到基层公务员的领导或同事的配对资料或是相关纵向数据。自评式报告数据可能容易出现默认(acquiescence)[①]和社会期待(social desirability)[②]这两类反应定式(卡弗、沙伊尔,2011:42—43),可能引起基层公务员职场偏差行为与其他变量的共同方法偏差,进而导致变量之间的虚假关系。横截面数据的缺点在于无法直接检验变量间的因果关系。对此,采取了多方面措施应对上述问题,提高测量信效度:(1)问卷中尽可能使用委婉的提问方式,消除被调查者的戒心;(2)设置多道反向测评问题,将未通过反向测评的问卷判定为无效问卷;(3)向被调查者强调匿名调查、调查结果只用于科研整体分析并恳请受调查者如实填答,对于现场发放、即时回收的每份问卷采用信封单独收装;(4)在问卷最后设置了5道负面情绪测量量表,并将近期负面情绪异常频繁的问卷判定为无效问卷;(5)已通过单因素检验法证明,本书的共同方法偏差不严重,所得研究结论与先前关于相互作用性质的研究一致;(6)开展相应的质性研究辅助探索研究结论;(7)扩大样本容量;(8)采用多个指标检测样本质量。尽管本书进行了上述努力,自评问卷、横截面数据的弊端以及同源偏差仍无法完全消除。

第二,未能开展随机抽样。由于客观条件的限制,无法获取一个涵盖全国或某一地区全体基层公务员的抽样框,因而无法开展随机抽样。不过,从查阅的组织行为学领域权威文献来看,少有研究实现随机抽样,大部分仍然采用便利抽样或者典型抽样。为弥补抽样方法的不完善,所

[①] 默认是指被调查者对无论什么问题都倾向于说"是"。由于涉及多个测量负面态度或行为变量(如三类负性领导行为、情绪耗竭、职场偏差行为)的题目,调查者可能无论什么都倾向于说"否"。

[②] 社会期待是指受测者按照社会认可的价值或标准来回答问题,以不真实的意愿代替真实意愿的心理倾向(参见郑日昌、孙大强《实用心理测验》,开明出版社2012年版,第102页)。

做的努力有：(1) 进行大样本问卷调查时，采用将典型抽样与滚雪球抽样结合起来的抽样方法；(2) 确定基层公务员的典型样本时，综合了性别、年龄、工作年限、学历、地区、系统、职位类别、机关层级、机关类别等多方面因素的考量；(3) 1355 份有效样本覆盖全国绝大部分省份（仅西藏、香港、澳门、台湾未覆及），样本特征比较接近于基层公务员总体分布特征；(4) 通过方差分析将对职场偏差行为有显著影响的人口统计学变量作为控制变量。即便如此，非随机抽样的隐忧仍然存在。

第三，变量选取有待进一步丰富。从已有相关文献来看，职场偏差行为的前因变量包括组织、个人特征、家庭三个层面的多个因素；单论负性领导行为与职场偏差行为间关系的中介变量而言，还存在心理契约违背、负面情绪、自我效能感等其他中介变量。然而，为深度剖视源于某一方面因素的影响机理，同时因为结合文献梳理、实践观察与著者的研究兴趣，本书确定负性领导行为作为职场偏差行为的前因变量，并从质性研究与量化研究两个方面进一步确定了三类常见的负性领导行为，即领导专制行为、领导被动履职行为、领导不真诚行为。诚然，本书亦深知仅将三类负性领导行为作为自变量不甚周全，因而进行了以下工作：考察情绪耗竭的中介作用；确定调节变量时既选取了职业发展抱负这一个人特征层面因素，又选取了家庭支持这一家庭层面因素；确定控制变量时，既考虑性别、工作年限、学历等人口统计学因素，又考虑职位类别、所在机关类型和机关层级等岗位因素，同时基于以往研究将偏差行为组织容忍（组织层面）、组织程序公平（组织层面）和尽责性（个人特征层面）三个潜变量作为控制变量。尽管进行了上述努力，但是仍然遗憾未能顾及基层公务员职场偏差行为的其他影响因素。

第四，研究对象及内容的局限性。本书重点关注基层公务员的职场偏差行为，而未扩及公务员整个群体。这主要是考虑到：不同层级的公务员表现出来的职场偏差行为表现与结构可能存在较大差异[①]；基层公务

[①] 例如，层级越高，公务员日常管理相对越严格，因而级别越高的公务员出现职场偏差行为（如迟到早退等）的情况相对较少。再如，行政职务与级别较高的公务员（其中以领导干部居多）拥有的行政权力越大，其职场偏差行为涉及更多领导职责履行不到位的失职行为等，而这类行为不适用于普通基层公务员。

员的群体规模在整个公务员队伍中所占比例最大，其职场偏差行为的危害广而大；著者接触到高级别公务员的机会与能力有限。同时，囿于研究精力，本书仅聚焦于基层公务员职场偏差行为的维度构建与源于负性领导行为影响机理两大内容的分析，并未对因基层公务员职场偏差行为的地区、性别、学历、职位类别、机关层级、机关类别、人格特质等方面差异展开论述。

二 研究展望

第一，开发领导与同事测评基层公务员职场偏差行为的配套测量量表，使基层公务员职场偏差行为的测评更加合理。领导与同事也是感知和评定基层公务员职场偏差行为的重要主体。在设计基层公务员职场偏差行为测量的领导卷与同事卷时，应定位好领导与同事各自与基层公务员职场偏差行为的交集部分，厘清各自评价基层公务员职场偏差行为的重点。

第二，通过收集多来源测评数据和纵向数据，验证和扩展本书所提出的相关结论。希望后续研究选取代表性更强、抽样方式更科学的样本，引用和验证基层公务员职场偏差行为的四个维度和19题项测量量表；以本书提出负性领导行为对基层公务员职场偏差行为的影响机理为蓝本进行纵向设计或交叉设计，为负性领导行为与职场偏差行为间的因果关系提供直接的证据；进行不同层级公务员职场偏差行为结构的比较研究以及不同人格特质、职位类别、机关类别公务员职场偏差行为的比较研究。

第三，引入其他变量，丰富负性领导行为对职场偏差行为的影响机理研究。后续研究可以从中介效应与调节效应两个方面来丰富：可能相关的中介变量有心理契约破裂、状态自尊、自我效能感等；可能相关的调节变量如权力距离、繁文缛节、公共服务动机、传统性、道德脱离等。此外，还可考虑两个调节变量所发挥联合调节效应对负性领导行为与基层公务员职场偏差行为之间关系的影响。

附　　录

附录1　基层公务员职场偏差行为访谈提纲（受访者：基层公务员）

访谈编号：第　　　号

访谈信息	调查员		录音文件名	
	访谈地点		访谈日期	
	开始时间		结束时间	
受访者基本信息	性别		年龄	
	行政单位		行政级别	
访谈说明	1. 自我介绍 2. 访谈目的与形式说明			
正式访谈	第一阶段：基层公务员职场偏差行为日常表现 1. 您在平时的工作中需要遵守的组织规范（工作要求、行为规定），包括哪些？这些规范是否有条文明确规定，是否明晰。 2. 现将公务员做出的违反组织规范的行为称为职场偏差行为，您认为公务员表现出的职场偏差行为都有哪些？ 3. 请问您的单位存在这些职场偏差行为吗？如果有，请您尽可能多地举例描述。 （可从行为对象指向组织、组织成员、公众进行引导进行半开放式提问，如： 3a 请您回忆一下，近期，您单位里是不是有这些行为，比如上班迟到早退、拿单位财物回家、上班时间从事与工作无关的事情，诸如此类。 3b 您同事的哪些行为会损害到您的立场或对您造成困扰？比如排斥、骚扰、嘲笑等。			

续表

正式访谈	3c 您同事与公众或其他单位人员（包括上下平级）接触时是否存在不合适的行为，请具体阐述。如态度不友好、骚扰、推诿、咒骂等。 3d 您单位里是否有表现出与社会主义核心价值观不太相关的行为？ 4. 面对这些职场偏差行为，您怎么看？您的领导面对这样的行为会给予警告或惩罚或其他形式的回应吗？您的同事一般怎么回应这些行为？对行为者产生不好的印象，还是制止，还是漠视？ 5. 在您看来，为什么会出现这些职场偏差行为？ 6. 您觉得，当您的领导出现负面行为时，会不会增加下属做出违反组织规范的行为的频率？ 第二阶段：负性领导行为对基层公务员职场偏差行为的影响机理 1. 请回忆一下领导的哪些不好的行为会伤害到您的情感、利益或影响您开展工作？请尽可能多地描述出来。 2. 领导的这些行为会对您的职业行为产生哪些影响？ 3. 负性领导行为会对职场行为产生影响吗？请举例阐述一下。 4. 基层公务员的工作倦怠情况如何？ 5. 负性领导行为对工作倦怠有影响吗，有何影响？请举例说明。 6. 情绪耗竭与职场偏差行为间有何关系？正相关、负相关、还是没有关系？请举例说明。 7. 家庭成员给予基层公务员在工作上的支持（包括情感支持和实际支持）情况如何？ 8. 家庭支持是否对负性领导行为与基层公务员职场偏差行为间关系具有强化或缓冲作用？请举例说明。 9. 家庭支持是否对负性领导行为与情绪耗竭间关系具有调节作用？请举例说明。 10. 基层公务员的职业发展抱负水平如何？ 11. 职业发展抱负是否对负性领导行为与职场偏差行为间关系具有强化或缓冲作用？请举例说明。 12. 职业发展抱负是否对负性领导行为与情绪耗竭间关系具有强化或缓冲作用？请举例说明。
访谈结束	向受访者表示感谢

附录2　基层公务员职场偏差行为访谈提纲（受访者：公众）

访谈编号：第　　号

访谈信息	调查员		录音文件名	
	访谈地点		访谈日期	
	开始时间		结束时间	
受访者基本信息	性别		年龄	
	职业		居住地	
访谈说明	步骤一：自我介绍 步骤二：访谈目的与形式说明			
正式访谈	1. 与基层公务员打交道的频率情况如何？ 2. 据您观察，基层公务员在提供公共服务时表现如何？存在哪些问题？ 3. 您去一些部门或窗口办理业务时，有过不令人满意的经历吗？请举例说明。 4. 您的家人或朋友去一些部门或窗口办理业务时，有过不开心经历吗？请举例说明。 5. 是否有基层公务员来上门了解信息的情况，他们当时的表现如何？ 6. 在您遇到的基层公务员执法或办理业务经历中，他们的表现是否令人满意？有无不当行为？请举例说明。 7. 如果将职场偏差行为定义为违反组织规范的行为，据观察，基层公务员的职场偏差行为表现在哪些方面？ 8. 生活中，公众对基层公务员不满意的地方主要体现在哪些方面？			
访谈结束	向受访者表示感谢			

附录3 负性领导行为调查问卷

问卷编号：_____

尊敬的公务员同志：

  您好！非常感谢您抽出宝贵时间参与本次调查。调查采用匿名形式，所得数据仅供科学研究之用。我们对您所填写的问卷予以严格保密，结果只用作整体统计分析，我们保证严格保密您提供的所有信息，故敬请您安心客观地作答。再次感谢您对本研究的鼎力协助，祝您身体健康、工作顺利！

公务员行为研究课题组

您的基本信息

  （填写说明：仅用于整体数据分析，不涉及个人隐私，请根据实际情况选择您的答案。）

1. 您的性别：①男 ②女
2. 您的年龄：①25岁以下 ②26—35岁 ③36—45岁 ④46—55岁 ⑤56岁以上
3. 您的工作年限：①0—5年 ②6—10年 ③11—20年 ④21—30年 ⑤31年以上
4. 您的学历：①初中及以下 ②高中/中专 ③大学专科 ④大学本科 ⑤研究生
5. 您的职务：①科员/办事员 ②乡科副职/副主任科员 ③乡科正职/主任科员 ④其他
6. 您所在职位类别：①综合管理类 ②专业技术类 ③行政执法类
7. 您所在单位隶属系统：①党委群团 ②行政系统 ③人大系统 ④政协系统 ⑤法检系统
8. 您所在单位隶属层级：①县（区）直机关 ②街道 ③乡（镇） ④高新区（开发区）

9. 您的工作业务和群众是否有直接接触：①是　②否

10. 您的政治面貌：①中共党员　②民主党派　③群众　④其他

11. 您所在地区：
①陕西、甘肃、青海、宁夏、新疆、四川、重庆、云南、贵州、西藏、广西、内蒙古
②山西、吉林、黑龙江、安徽、江西、河南、湖北、湖南
③辽宁、北京、天津、河北、山东、江苏、上海、浙江、福建、广东、海南
④港澳台地区

以下项目描述了领导在工作中的一些行为表现，请勾选出<u>您的直接领导</u>最常表现出的<u>四项行为</u>，并于方框内画√。

□不真诚行为
（领导采取非直接对抗而以欺骗或隐蔽的手段、以牺牲他人为代价开展工作、处理人际关系的行为）

□剥削行为
（领导采用压力、威胁、恐吓或外在奖励等"胡萝卜加大棒"的手段迫使下属完成任务的行为）

□专制行为
（领导以权力主义、地位导向为准则，要求下属顺从和服从的行为）

□领导失败行为
（领导过多干预下属日常业务、对操作性工作投入精力过多而忽略战略管理或授权管理的行为）

□限制行为
（领导执着于根据自己的意志和单位规章制行事，要求下属严格按照规则制度开展工作、不允许下属参与决策或自主创造性完成工作的行为）

□被动回避行为
（领导逃避做出决定和承担任务，或在遭到批评或抵抗时不坚持原则、随大流而随意改变立场的行为）

□积极回避行为

(领导通过设定低目标、仅给予积极的绩效评估或怪罪高层决策等方式来主动阻止与下属发生冲突或出现负面结果的行为)

□自由放任行为

(领导对岗位职责和个人责任漠不关心,对下属工作不提供指导的行为)

□羞辱贬损行为

(领导当面或当众羞辱、嘲讽、贬低下属能力或工作完成情况的行为)

□人情冷漠行为

(领导毫不关心下属职业发展与家庭生活,将下属视为工具的行为)

□贪污侵占行为

(领导利用职务之便侵占组织资源,收受或索要他人好处的行为)

□消极怠工行为

(领导低效率工作,消极执行上级布置的命令或任务的行为)

□其他伤害您利益、情感或组织利益的领导行为,请概况出来_____

附录4 基层公务员职场偏差行为调查问卷

问卷编号：_____

公务员行为及其影响因素调查问卷

尊敬的公务员同志：

您好！非常感谢您抽出宝贵时间参与本次调查。调查采用匿名形式，所得数据仅用作整体统计分析形式的科学研究。我们对您所填写的问卷予以严格保密，故敬请您安心客观地作答。每个问题答案均无对错好坏之分，如实作答就是最好的回答。您回答的真实性对本研究至关重要，所以恳请您根据您的真实感受填写问卷。

再次感谢您对本研究的鼎力协助，祝您身体健康、工作顺利！

第一部分：您的基本信息（填写说明：请在相应的序号上打"√"）

1.	您的性别：①男　②女
2.	您的年龄：①25岁以下　②26—35岁　③36—45岁　④46—55岁　⑤56岁以上
3.	您的婚姻：①未婚　②已婚　③其他
4.	您的工作年限：①5年以下　②6—10年　③11—20年　④21—30年　⑤31年以上
5.	您的学历：①初中及以下　②高中/中专　③大学专科　④大学本科　⑤研究生及以上
6.	您的政治面貌：①中共党员　②民主党派成员　③群众　④其他
7.	您所在职位类别：①综合管理类　②专业技术类　③行政执法类
8.	您的行政级别：①科员及以下　②副科级　③正科级　④副处级及以上
9.	您所在机关类别：①党群机关　②行政机关　③人大机关　④政协机关　⑤司法机关
10.	您所在机关层级：①县（市、区、旗）　②乡（镇、街道）　③其他

第二部分：公务员行为及其影响因素（填写说明：每道题都是单选题，请在相应序号上打"√"）

以下题目描述您实际工作中可能出现的感受，请判断最近三个月来这些情况发生在您身上的频率，并在最相符的序号上打"√"。	几乎没有	偶尔	比较多	频繁	几乎每天
1）工作让我感觉身心疲惫	①	②	③	④	⑤
2）下班的时候我感觉精疲力竭	①	②	③	④	⑤
3）早晨起床想到要去面对一天的工作时，我感觉非常累	①	②	③	④	⑤
4）我整天面临很大的工作压力	①	②	③	④	⑤
5）工作让我有快要崩溃的感觉	①	②	③	④	⑤

以下题目描述了工作中<u>您直接领导</u>可能出现的一些行为，请在最符合您实际情况的序号上打"√"。	非常不符合	不太符合	难以说清	基本符合	非常符合
1）做出决策或布置工作任务以自我为中心，不考虑下属的实际情况	①	②	③	④	⑤
2）直接下达命令或布置工作，不允许我们质疑他（她）的决定	①	②	③	④	⑤
3）在我们面前，他表现出很威严的样子	①	②	③	④	⑤
4）单位（科室）内大小事情都由他（她）独自决定	①	②	③	④	⑤
5）开会时都会照他的意思做最后决定	①	②	③	④	⑤
6）对反对他（她）意见的人进行冷嘲热讽等打击行为	①	②	③	④	⑤
7）直到问题变得严重才做出回应	①	②	③	④	⑤
8）不主动修改规则与惯例，除非出现大变故	①	②	③	④	⑤
9）只关注一些常规性问题	①	②	③	④	⑤

续表

以下题目描述了工作中您直接领导可能出现的一些行为，请在最符合您实际情况的序号上打"√"。	非常不符合	不太符合	难以说清	基本符合	非常符合
10）不愿花太多心力在工作上，尽量减少工作投入	①	②	③	④	⑤
11）被需要时，他（她）不能及时出面	①	②	③	④	⑤
12）优柔寡断，尽量避免做决策	①	②	③	④	⑤
13）对紧急问题不敏锐，反应比较迟缓	①	②	③	④	⑤
14）工作拖拉，效率不高	①	②	③	④	⑤
15）应付式对待上级布置的任务	①	②	③	④	⑤
16）区别或不公正对待下属	①	②	③	④	⑤
17）说漂亮话，答应的事情不放在心上或做不到	①	②	③	④	⑤
18）夸大或隐瞒一些信息，而不将工作动态真实情况告知下属	①	②	③	④	⑤
19）为了自己的面子或形象，把过错推给下属	①	②	③	④	⑤
20）将功劳或机会揽到自己身上，而不考虑下属	①	②	③	④	⑤
21）只布置工作而不提供相应支持	①	②	③	④	⑤

以下题项是对您所在部门的一些描述，请在最符合您实际情况的序号上打"√"。	非常不符合	不太符合	难以说清	基本符合	非常符合
1）我所在部门的晋升机会与程序是公平的	①	②	③	④	⑤
2）单位对我们的绩效考核是科学规范的	①	②	③	④	⑤
3）我所在部门的福利发放是合理透明的	①	②	③	④	⑤
4）我们部门所有人在纪律制度面前是平等的	①	②	③	④	⑤
5）同事之间会主动制止违反组织管理规定的行为	①	②	③	④	⑤

以下题项是对您所在部门的一些描述，请在最符合您实际情况的序号上打"√"。	非常不符合	不太符合	难以说清	基本符合	非常符合
6）一些违反组织管理规定的行为实际上并没有受到应有惩处	①	②	③	④	⑤
7）我的领导对下属违反组织管理规定的行为睁一只眼闭一只眼	①	②	③	④	⑤

以下题项描述的是个体的自我评价或生活现实情况，请在最符合您实际情况的序号上打"√"。	非常不符合	不太符合	难以说清	基本符合	非常符合
1）我是一个工作十分认真负责的人	①	②	③	④	⑤
2）我认为我有些挑剔，喜欢找别人的毛病	①	②	③	④	⑤
3）对我工作上的问题，家人经常提供不同的意见和看法	①	②	③	④	⑤
4）当工作有烦恼时，家人总是能理解我的心情	①	②	③	④	⑤
5）当工作上出现困难时，家人总是和我一起分担	①	②	③	④	⑤
6）当我工作很劳累时，家人总是鼓励我	①	②	③	④	⑤
7）当工作上遇到问题时，我总是会给家人说	①	②	③	④	⑤
8）工作上出现问题时，家人总是安慰我	①	②	③	④	⑤
9）工作之余，家人总能给一些个人的空间	①	②	③	④	⑤
10）当我某段时间工作很忙时，家人总是多做些家务活	①	②	③	④	⑤
11）我与家人谈及有关工作上的事情时很舒服	①	②	③	④	⑤
12）家人对我所做的工作比较感兴趣	①	②	③	④	⑤

以下是有关公务员工作中的一些行为描述,请在最符合您实际情况的序号上打"√"。	非常不符合	不太符合	难以说清	基本符合	非常符合
1)有时会认为培训的实际意义不大而消极对待	①	②	③	④	⑤
2)有时因一些不太必要的个人事项而请假	①	②	③	④	⑤
3)有时会在办公时间处理一些私人事务	①	②	③	④	⑤
4)我有时会适当降低工作速度以避免更多的工作任务	①	②	③	④	⑤
5)我有时会抱有"多做多错、少做少错、不做不错"的想法	①	②	③	④	⑤
6)我的工作一般是自己独立完成,很少请教或求助其他同事	①	②	③	④	⑤
7)对于不是我所在部门牵头的工作,我认为不用太上心	①	②	③	④	⑤
8)我从没有对同事说过重口味的玩笑或有过不必要的肢体接触	①	②	③	④	⑤
9)当同事有事需要帮助时,我不会太主动去帮忙	①	②	③	④	⑤
10)我认为同事之间不会有太深的交情,平时的交往应付一下即可	①	②	③	④	⑤
11)与一部分同事结成小团队或走得近	①	②	③	④	⑤
12)与同事产生矛盾后,有时会故意妨碍同事工作以排解心中的怨气	①	②	③	④	⑤
13)或多或少都参与过有关领导和同事的八卦	①	②	③	④	⑤
14)我在生活中完全做到了不攀比、不追风	①	②	③	④	⑤
15)我认为封建与迷信在某些方面有其合理性,不必完全否定	①	②	③	④	⑤
16)即便发现了领导或同事的不当行为,我也不会主动向组织反映	①	②	③	④	⑤

续表

以下是有关公务员工作中的一些行为描述，请在最符合您实际情况的序号上打"√"。	非常不符合	不太符合	难以说清	基本符合	非常符合
17）在单位集体学习时，我难免会做一些其他事	①	②	③	④	⑤
18）当组织形象遭到他人不公正的诋毁或破坏时，我会保持沉默	①	②	③	④	⑤
19）我认为我具有较为完备的历史知识储备	①	②	③	④	⑤
20）前来办事的人对我进行翻来覆去的询问时，我难免表现出不耐烦、不和气	①	②	③	④	⑤
21）对一些办事人的回应不急切、不热心	①	②	③	④	⑤
22）有时给亲友在不违反政策的前提下争取一些力所能及的照顾	①	②	③	④	⑤
23）对待有关系的办事人会周到一些	①	②	③	④	⑤
24）替别人办事时，我认为一定程度的吃请或小礼物是可以接受的	①	②	③	④	⑤
25）有时会与家人朋友讨论工作上的敏感信息	①	②	③	④	⑤
26）有时将办公物品用作私人用途	①	②	③	④	⑤

以下题目反映了公务员对职业发展的一些看法，请在最符合您实际感受的序号上打"√"。	非常不符合	不太符合	难以说清	基本符合	非常符合
1）转任到重要岗位对我而言非常重要	①	②	③	④	⑤
2）我希望一定时期内能转任到重要岗位上	①	②	③	④	⑤
3）职级上升一个台阶对我而言非常重要	①	②	③	④	⑤
4）我希望在不久的将来我的职级能上升一个台阶	①	②	③	④	⑤
5）在业务上获得成功对我而言非常重要	①	②	③	④	⑤
6）我希望在业务上能更加精湛	①	②	③	④	⑤

以下题目包括若干描述情感和情绪的词语，请判断您最近三个月出现这些情绪的频繁程度，并在最相符的序号上打"√"。	几乎没有	有一点	中等程度	很多	非常多
气愤	①	②	③	④	⑤
沮丧	①	②	③	④	⑤
内疚	①	②	③	④	⑤
紧张	①	②	③	④	⑤
担惊受怕	①	②	③	④	⑤

调查到此结束，再次感谢您的支持与配合，祝您一切顺利！

参考文献

A 中文参考文献

［德］彼得·阿特斯兰德:《经验性社会研究方法》,李路路、林克雷译,中央文献出版社1995年版。

［德］马克斯·韦伯:《经济与社会(下卷)》,北京出版社2008年版。

［德］西美尔:《货币哲学》,陈戎女、耿开君、文聘元译,华夏出版社2002年版。

［法］马塞尔·莫斯:《礼物:古式社会中交换的形式与理由》,汲喆译,上海人民出版社2005年版。

［法］米歇尔·克罗齐埃:《被封锁的社会》,狄玉明、刘培龙译,商务印书馆1989年版。

［美］安塞尔姆·施特劳斯、朱丽叶·科宾:《质性研究入门——扎根理论研究方法》,吴芝化、廖梅花译,滚石文化事业有限公司2001年版。

［美］博斯劳:《统计学及其应用(原书第2版)》,孙怡帆等译,机械工业出版社2016年版。

［美］布坎南:《自由、市场和国家:20世纪80年代的政治经济学》,吴良健等译,北京经济科学出版社1988年版。

［美］布劳:《社会生活中的交换与权力》,孙非、张黎勤译,华夏出版社1988年版。

［美］查尔斯·S.卡弗、迈克尔·F.沙伊尔:《人格心理学第5版》,梁宁建等译,上海人民出版社2011年版。

［美］迪米特洛夫:《心理与教育中高级研究方法与数据分析从研究设计到SPSS》,王爱民、韩瀚、张若舟等译,中国轻工业出版社2015年版。

［美］弗雷德·卢森斯、乔纳森·多：《组织行为与人力资源管理（第9版）》，人民邮电出版社2016年版。

［美］弗雷德·鲁森斯：《组织行为学（第12版）》，王垒、姚翔、童佳瑾、林思语等译，人民邮电出版社2016年版。

［美］里弗尔、莱西、菲科：《内容分析法媒介信息量化研究技巧（第2版）》，清华大学出版社2010年版。

［美］罗伯特·B.登哈特、珍妮特·V.登哈特、玛丽亚·阿里斯蒂格塔：《公共组织行为学》，赵丽江译，中国人民出版社2007年版。

［美］诺曼·布拉德伯恩、希摩·萨德曼、布莱恩·万辛克：《问卷设计手册》，赵锋译，重庆大学出版社2011年版。

［美］乔纳森·H.特纳：《社会学理论的结构（上）》，邱泽奇等译，华夏出版社2001年版。

［美］塔沙克里、特德莱：《混合方法论：定性方法与定量方法的结合》，唐海华译，重庆大学出版社2010年版。

［英］布罗尼斯拉夫·马林诺夫斯基：《西太平洋上的航海者》，张云红译，中国社会科学出版社2009年版。

［英］大卫·希尔弗曼：《如何做质性研究》，李雪、张劼颖译，重庆大学出版社2009年版。

［英］弗雷泽：《圣经旧约中的民俗》，童炜刚译，复旦大学出版社2010年版。

［英］卡麦兹：《建构扎根理论：质性研究实践指南》，边国英译，重庆大学出版社2009年版。

［英］马丁·阿尔布罗：《官僚制》，阎步克译，知识出版社1990年版。

［英］尚克尔曼：《透视BBC与CNN：媒介组织管理》，彭泰权译，清华大学出版社2004年版。

［英］亚当·斯密：《国富论》，郭大力、王亚南译，商务印书馆2015年版。

［英］约翰·基恩：《公共生活与晚期资本主义》，社会科学文献出版社1992年版。

曹蓉、饶丛权：《基于行为决策理论的公务员决策偏差问卷的编制》，《西北大学学报》（哲学社会科学版）2013年第1期。

曹蓉、王磊：《工作家庭冲突研究回顾与展望》，《生产力研究》2009 年第 6 期。

曹蓉、夏德雨、朱序：《基于扎根理论的管理者应急决策模式构建研究》，《西北大学学报》（哲学社会科学版）2017 年第 3 期。

曹霞、瞿皎姣：《资源保存理论溯源、主要内容探析及启示》，《中国人力资源开发》2014 年第 15 期。

晁罡、熊吟竹、王磊、李登月：《组织伦理气氛对工作满足感和员工越轨行为的影响研究》，《管理学报》2013 年第 11 期。

陈基越、徐建平、黎红艳、范业鑫、路晓兰：《五因素取向人格测验的发展与比较》，《心理科学进展》2015 年第 3 期。

陈希镇：《现代统计分析方法的理论和应用》，国防工业出版社 2016 年版。

陈向明：《扎根理论的思路和方法》，《教育研究与实验》1999 年第 4 期。

陈向明：《质的研究方法与社会科学研究》，教育科学出版社 2016 年版。

陈晓萍、徐淑英、樊景立：《组织与管理研究的实证方法（第二版）》，北京大学出版社 2012 年版。

陈志霞、曹和平：《辱虐管理研究进展及对行政管理工作的启示》，《中共贵州省委党校学报》2013 年第 4 期。

丁毅：《如何激励乡镇公务员"加油干"》，《人民论坛》2017 年第 24 期。

丁越兰、杨阳、高俊山：《本土化辱虐管理、组织心理安全对员工沉默影响机理研究》，《统计与信息论坛》2016 年第 6 期。

董寒青：《多选题的统计分析及其 SPSS 实现》，《统计与决策》2013 年第 10 期。

杜旌、李难难、龙立荣：《基于自我效能中介作用的高绩效工作系统与员工幸福感研究》，《管理学报》2014 年第 2 期。

范伟达、范冰：《社会调查研究方法》，复旦大学出版社 2010 年版。

费小冬：《扎根理论研究方法论：要素研究程序和评判标准》，《公共行政评论》2008 年第 3 期。

费孝通：《乡土中国生育制度》，北京大学出版社 1998 年版。

风笑天：《社会调查原理与方法》，首都经济贸易大学出版社 2008 年版。

风笑天：《社会学研究方法》，中国人民大学出版社 2009 年版。

冯小东：《柔性制造背景下组织支持与员工绩效关系研究》，博士学位论文，吉林大学，2014年。

甘培强：《现代政府运作过程中基层公务员的定位和功能》，《行政论坛》2004年第1期。

高日光、孙健敏：《破坏性领导对员工工作场所越轨行为的影响》，《理论探讨》2009年第5期。

高日光、杨杰、王碧英：《预防和控制工作场所越轨行为》，《中国人力资源开发》2008年第5期。

龚金红、彭家敏、谢礼珊：《顾客不公平行为：角色期望不一致与权力失衡》，《商业研究》2011年第1期。

巩建华、曹树明：《差序格局的文化影响与关系社会的破坏作用》，《江淮论坛》2007年第4期。

郭慧慧、于萍：《职场正念对公立医院护理人员情绪耗竭的影响研究》，《中国医院管理》2017年第12期。

韩锐、李景平：《薪酬公平感、人格特质对公务员越轨行为的影响》，《经济与管理研究》2013年第12期。

韩锐、李景平、张记国：《公务员薪酬公平感对职场偏差行为的影响机制——基于个体—情境交互视角》，《经济体制改革》2014年第2期。

洪炜、谢中垚、周丽丽、郝树伟、徐红红：《心理弹性对基层公务员焦虑和抑郁的影响——有调节的中介模型》，《中国临床心理学杂志》2015年第5期。

侯杰泰、温忠麟、成子娟、张雷：《结构方程模型及其应用》，教育科学出版社2004年版。

胡仙芝：《治理公务员不作为当从治理形式主义入手》，《人民论坛》2018年第1期。

黄蝶君、李娟、李桦：《辱虐管理对乡镇公务员工作场所偏差行为的影响机制——心理契约违背的中介作用》，《软科学》2017年第3期。

黄蝶君、马秋卓、李桦、杨学儒：《辱虐管理、心理契约违背及工作场所偏离行为：基于基层公务员职位特征的分析》，《管理评论》2018年第7期。

黄嘉欣、黄亮：《非营利机构员工相对剥夺感对情绪耗竭的影响：心理契约违背的中介作用》，《中国临床心理学杂志》2018年第1期。

黄嘉欣、汪林、储小平：《伦理型家族企业领导对员工偏差行为的影响机制研究——基于广东民营家族企业的实证数据》，《中山大学学报》（社会科学版）2013年第2期。

黄洁：《辱虐管理对服务业一线员工人际偏差行为的影响》，《山东社会科学》2016年第12期。

黄丽、陈维政：《滥权监管、领导—部属交换对工作场所偏离行为的影响分析——兼论员工身份的调节作用》，《商业经济与管理》2014年第2期。

黄仁宇：《万历十五年》，中华书局1982年版。

蒋奖、王荣：《辱虐管理与下属针对领导的偏差行为：同事行为和惩罚可能性的调节作用》，《中国临床心理学杂志》2012年第2期。

柯江林、蒋一凡、邱效威：《精神智力对职场精神力的影响——组织支持和家庭支持的调节效应》，《经济与管理研究》2017年第6期。

柯江林、王娟：《工作超载对工作满意度的影响效应及其调节变量》，《中国临床心理学杂志》2018年第5期。

李超平、时勘：《分配公平与程序公平对工作倦怠的影响》，《心理学报》2003年第5期。

李钢、蓝石：《公共政策内容分析方法：理论与应用》，重庆大学出版社2007年版。

李会军、郝凯冰、席西民：《破坏性领导研究：定义、整合与展望》，《科技进步与对策》2015年第3期。

李金龙、武俊伟：《"传统官僚制"：我国行政省直管县体制改革的重要制约因素》，《湖北社会科学》2016年第3期。

李晋、秦伟平、周路路：《传统导向作用下辱虐型领导对员工创造力的影响研究》，《软科学》2015年第10期。

李景平、鲁洋、李佳瑛：《公务员工作压力对职业倦怠的影响研究——以X市Y区为例》，《西北大学学报》（哲学社会科学版）2012年第1期。

李莉：《基层公务员职场偏差行为的结构维度：基于扎根理论的探索性研究》，《甘肃行政学院学报》2019年第1期。

李伟舜：《国家治理现代化背景下的基层公务员依法行政能力》，《理论视野》2015年第7期。

李贤平:《概率论基础(第二版)》,高等教育出版社 1997 年版。

李晓凤、佘双好:《质性研究方法》,武汉大学出版社 2006 年版。

李晓霞:《中国基层公务员素质建设研究》,博士学位论文,华东师范大学,2011 年。

李雪松:《工作—家庭冲突与组织承诺:工作—家庭支持的调节作用》,《现代管理科学》2011 年第 11 期。

李永鑫、张阔、赵国祥:《工作倦怠结构的验证性因素分析》,《心理学探新》2005 年第 4 期。

李永鑫、赵娜:《工作—家庭支持的结构与测量及其调节作用》,《心理学报》2009 年第 9 期。

李志、兰庆庆、何世春:《习近平关于新时代干部队伍建设论述的思想蕴涵》,《重庆大学学报》(社会科学版)2018 年第 6 期。

李宗波、彭翠:《挑战性—阻碍性压力对工作满意度、情绪衰竭的差异性影响——上下属关系的调节作用》,《软科学》2014 年第 3 期。

梁素君:《工作倦怠与职场偏差行为关系之研究》,博士学位论文,中国文化大学,2003 年。

廖志豪:《基于素质模型的高校创新型科技人才培养研究》,博士学位论文,华东师范大学,2012 年。

林琼、熊节春:《公共服务动机对公务员工作倦怠的影响》,《江西社会科学》2018 年第 5 期。

刘帮成:《"优秀"岂能"轮流转"——干部评优评先中"平均主义"的根源》,《人民论坛》2018 年第 34 期。

刘峰铭:《国家监察体制改革背景下行政监察制度的转型》,《湖北社会科学》2017 年第 7 期。

刘婧媛:《中国式科层制视域下基层青年公务员职业观研究——以河南省某县为例》,《青年探索》2015 年第 2 期。

刘善仕:《企业员工越轨行为的组织控制策略研究》,《华南师范大学学报》(社会科学版)2004 年第 6 期。

刘善仕:《企业员工越轨行为的组织控制研究》,《外国经济与管理》2002 年第 7 期。

刘胜男:《教师专业学习影响因素及其作用机制研究》,博士学位论文,华东师范大学，2016 年。

刘伟：《内容分析法在公共管理学研究中的应用》，《中国行政管理》2014 年第 6 期。

刘文彬：《组织伦理气氛与员工轨行为间关系的理论与实证研究》，博士学位论文，厦门大学，2009 年。

刘小禹、刘军：《基于组织政治视角的辱虐管理影响研究》，《经济科学》2014 年第 5 期。

刘亚、龙立荣、李晔：《组织公平感对组织效果变量的影响》，《管理世界》2003 年第 3 期。

刘泽照、李震、王惠佳、黄杰：《我国基层公务员工作倦怠感知实证研究——质、量相结合的考察分析》，《广东行政学院学报》2014 年第 6 期。

柳拯：《中华人民共和国行政区划简册》，中国地图出版社 2015 年版。

隆茜：《中外高校图书馆学习空间的设置与使用政策研究及启示》，《图书与情报》2015 年第 5 期。

卢纹岱：《SPSS for Windows 统计分析》，电子工业出版社 2006 年版。

毛江华、廖建桥、刘文兴、汪兴东：《辱虐管理从何而来？来自期望理论的解释》，《南开管理评论》2014 年第 5 期。

毛军权：《企业员工越轨行为及其组织控制的经济学分析》，《管理现代化》2003 年第 4 期。

毛军权、孙绍荣：《企业员工越轨行为惩罚机制的数学模型——一个理论框架》，《软科学》2008 年第 8 期。

毛忞歆：《领导风格对组织创新的影响机制研究》，博士学位论文，华中科技大学，2008 年。

孟娟：《心理学扎根理论研究方法》，《吉首大学学报》（社会科学版）2008 年第 3 期。

聂志毅、丰卫琳：《负性领导行为研究：内涵、诱因及规避策略》，《领导科学》2015 年第 26 期。

欧阳静：《基层公务员收入与县域治理懒政问题》，《甘肃行政学院学报》2017 年第 4 期。

彭本红、周倩倩、谷晓芬：《服务型制造项目治理的影响机理研究——基于扎根理论的探索性案例分析》,《工业技术经济》2016 年第 5 期。

彭草蝶、储小平、黄嘉欣、易洋:《苛责式督导、组织公正与员工偏差行为——基于广东民营企业的经验证据》,《南方经济》2013 年第 9 期。

彭贺:《知识员工反生产行为的结构及测量》,《管理科学》2011 年第 5 期。

钱士茹、丁明明、江曼:《情绪劳动、情绪耗竭与离职倾向——基于制造业实证研究》,《现代财经》(天津财经大学学报)2015 年第 3 期。

邱茜:《人格特质对破坏性领导的影响研究——基于工作满意度和组织认同的中介作用》,《东岳论丛》2016 年第 3 期。

曲如杰、王林、尚洁、时勘:《辱虐型领导与员工创新:员工自我概念的作用》,《管理评论》2015 年第 8 期。

任杰、路琳:《以学习目标导向为中介的知识贡献行为的心理促动因素研究》,《上海管理科学》2010 年第 1 期。

盛茂林:《深入学习贯彻习近平总书记选人用人重要思想全面加强干部队伍建设》,《理论探索》2017 年第 1 期。

石磊:《道德型领导与员工越轨行为关系的实证研究——一个中介调节作用机制》,《预测》2016 年第 2 期。

宋佾珈、张建新、张金凤:《公务员的心理健康状况及与应酬压力、职业倦怠感、生活满意度的关系》,《中国心理卫生杂志》2014 年第 4 期。

苏保忠主编:《基层公务员素质与能力建设》,清华大学出版社 2009 年版。

孙旭、严鸣、储小平:《基于情绪中介机制的辱虐管理与偏差行为》,《管理科学》2014 年第 5 期。

孙阳、张向葵:《幼儿教师情绪劳动策略与情绪耗竭的关系:心理资本的调节作用》,《中国临床心理学杂志》2013 年第 2 期。

谭开翠、王红雨:《公务员行为失范的行政伦理制度探析》,《江西社会科学》2007 年第 1 期。

谭新雨、汪艳霞:《公共服务动机视角下服务型领导对公务员建言行为的影响》,《软科学》2017 年第 8 期。

谭新雨、刘帮成:《服务型领导、心理所有权与员工建言行为的研究——权力距离导向的调节作用》,《上海交通大学学报》(哲学社会科学版)2017 年第 5 期。

唐贵瑶、吴湘繁、吴维库、李鹏程:《管理者大五人格与心理契约违背对辱虐管理的影响:基于特质激发理论的实证分析》,《心理科学》2016年第2期。

唐中君:《病人参与医疗的理论与实证研究》,经济管理出版社2014年版。

万巧琴、许春娟、王蕾、张拓红:《护理人员组织公民行为量表的结构验证》,《中国卫生统计》2015年第6期。

王孟成:《潜变量建模与MPLUS应用·基础篇》,重庆大学出版社2014年版。

王孟成、戴晓阳、万娟:《创伤后应激障碍的因子结构:对地震灾区青少年PCL数据的分析》,《中国临床心理学杂志》2009年第4期。

王三银、刘洪、刘润刚:《工作边界强度对员工情绪耗竭的影响研究:角色压力的中介作用》,《浙江工商大学学报》2017年第2期。

王石磊、彭正龙、高源:《中国式领导情境下的80后员工越轨行为研究》,《管理评论》2013年第8期。

王颜芳:《管理角色动机、晋升机会认知与管理者的创新行为》,《经济经纬》2009年第6期。

王颖、倪超、刘秋燕:《中国公务员职业倦怠的产生过程:社会支持与应对方式的调节效应》,《中国行政管理》2015年第4期。

王曾、符国群、黄丹阳、汪剑锋:《国有企业CEO"政治晋升"与"在职消费"关系研究》,《管理世界》2014年第5期。

王周伟:《风险管理计算与建模》,上海交通大学出版社2011年版。

魏华、周宗奎、张永欣、丁倩:《压力与网络成瘾的关系:家庭支持和朋友支持的调节作用》,《心理与行为研究》2018年第2期。

魏建国、卿菁、胡仕勇:《社会研究方法》,清华大学出版社2016年版。

温郁华:《经济发展与权力错配——基于当前中国公务员行政伦理失范成因的探究》,《经济问题》2017年第1期。

温忠麟、张雷、侯泰杰、刘红云:《中介效应检验程序及其应用》,《心理学报》2004年第5期。

文华:《乡镇基层公务员从业状态例证》,《重庆社会科学》2016年第1期。

吴孟玲、江达隆:《组织不当行为影响因素之探讨——以服务业及制造业为例》,《管理学报》(台湾)2005年第3期。

吴明隆:《2010问卷统计分析实——SPSS操作与应用》,重庆大学出版社。

吴毅、吴刚、马颂歌:《扎根理论的起源、流派与应用方法述评——基于工作场所学习的案例分析》,《远程教育杂志》2016年第3期。

吴增基、吴鹏森、苏振芳:《现代社会调查方法(第三版)》,上海人民出版社2009年版。

吴志华:《发达国家公务员制度改革及其启示》,《国家行政学院学报》2008年第6期。

吴志华:《提升领导干部选拔任用公信度的路径》,《中国行政管理》2013年第12期。

吴宗佑:《由不当督导到情绪枯竭:部署正义知觉与情绪劳动的中介效果》,《中华心理学刊》2008年第2期。

《习近平谈治国理政》,外文出版社2014年版。

席猛、许勤、仲为国、赵曙明:《辱虐管理对下属沉默行为的影响——一个跨层次多特征的调节模型》,《南开管理评论》2015年第3期。

肖水源:《〈社会支持评定量表〉的理论基础与研究应用》,《临床精神医学杂志》1994年第2期。

谢琳、钟文晶:《晋升天花板、晋升欲望与村干部马基雅维利主义》,《华中农业大学学报》(社会科学版)2017年第3期。

谢清隆:《社会交换理论视阈下的运动员学习成效研究》,博士学位论文,苏州大学,2011年。

熊红星、张璟、叶宝娟、郑雪、孙配贞:《共同方法变异的影响及其统计控制途径的模型分析》,《心理科学进展》2012年第5期。

徐景阳、葛晓蕾:《领导辱虐管理对下属针对组织的行为偏差影响——员工离职意向的调节作用》,《现代管理科学》2016年第10期。

徐双敏、王科:《辱虐管理与公务员反生产行为关系研究——以组织公平感为调节变量》,《安徽大学学报》(哲学社会科学版)2018年第3期。

严丹:《辱虐管理对员工退出—呼吁—忽略—忠诚行为的影响研究——基于资源守恒理论》,《科技管理研究》2014年第20期。

严瑜、李彤:《工作场所不文明行为受害者向实施者反转的机制》,《心理科学进展》2018年第7期。

颜爱民、高莹:《辱虐管理对员工职场偏差行为的影响:组织认同的中介作用》,《首都经济贸易大学学报》2010年第6期。

杨滨灿、郑清扬:《组织公平与职场偏差行为关系之研究——以资讯产业为例》,第二届管理思维与实务学术研讨会论文集,2004年。

杨红伟、张科:《甘青川边藏区传统部落非正式社会控制刍议》,《青海民族研究》2016年第3期。

杨杰、Hannah-HanhNguyen、陈小锋:《工作场所越轨行为结构分类研究》,《管理学报》2011年第3期。

杨杰、卢福财:《工作场所越轨行为的形态、员工反应与组织对策》,《经济管理》2010年第9期。

杨朮:《威权领导、员工沉默行为与员工绩效关系研究》,博士学位论文,吉林大学,2016年。

姚艳虹、李源:《工作压力下员工偏离行为问卷的初步编制》,《中国临床心理学杂志》2011年第6期。

叶宝娟、雷希、刘翠翠、符皓皓、游雅媛、陈佳雯:《心理资本对农村小学校长工作绩效的影响机制》,《中国临床心理学杂志》2018年第3期。

叶超:《公务员组织公民行为维度与基于工作压力源的影响机理研究》,博士学位论文,华东师范大学,2016年。

易明、罗瑾琏、王圣慧、钟竞:《时间压力会导致员工沉默吗——基于SEM与fsQCA的研究》,《南开管理评论》2018年第1期。

于刚强、虞志红、叶阳澍:《政治新常态下基层公务员职业倦怠实证研究——基于珠三角3市的问卷调查》,《学术研究》2017年第5期。

于海波、安然:《新形势下公务员缓解工作倦怠的二元路径——以工作重塑和心理授权为中介变量》,《中国行政管理》2018年第9期。

于静静、赵曙明、蒋守芬:《不当督导对员工组织承诺、职场偏差行为的作用机制研究——领导—成员交换关系的中介作用》,《经济与管理研究》2014年第3期。

于维娜、樊耘、张婕、门一:《宽恕视角下辱虐管理对工作绩效的影响——下属传统性和上下级关系的作用》,《南开管理评论》2015年第

6期。

余英时:《中国思想传统的现代诠释》,江苏人民出版社1995年版。

虞华君:《基于群体特征的高校教师激励因素及其绩效影响研究》,博士学位论文,华东师范大学,2016年。

张春林:《网络舆论监督反腐败的制度化思考》,《重庆大学学报》(社会科学版)2013年第3期。

张电电:《地方政府职能转变绩效的实证测及影响机理研究》,博士学位论文,浙江大学,2016年。

张军伟:《高绩效工作系统对员工工作绩效与情绪衰竭的影响机制研究》,博士学位论文,华中科技大学,2015年。

张军伟、龙立荣:《领导宽恕与员工工作绩效的曲线关系:员工尽责性与程序公平的调节作用》,《管理评论》2016年第4期。

张康之:《韦伯对官僚制的理论确认》,《教学与研究》2001年第6期。

张黎:《教育统计的世界:统计原理与SPSS应用》,新华出版社2017年版。

张冉:《基于扎根理论的中国社会组织品牌内化结构维度研究》,《甘肃社会科学》2018年第4期。

张冉、叶超:《情绪劳动对特殊教育教师心理健康的影响:基于调节性中介模型的实证分析》,《福建师范大学学报》(哲学社会科学版)2018年第1期。

张雅:《非营利组织服务导向的测量维度》,博士学位论文,武汉大学,2014年。

张燕、陈维政:《工作场所偏离行为研究中自我报告法应用探讨》,《科研管理》2012年第11期。

张燕、陈维政:《工作压力与员工工作场所偏离行为的关系探讨》,《华东经济管理》2008年第10期。

张燕、陈维政:《基于多维尺度法的工作场所偏离行为的分类结构研究》,《软科学》2011年第7期。

张燕、陈维政:《人力资源实践与工作场所偏离行为的关系实证》,《管理学报》2013年第12期。

张燕、陈维政:《员工工作场所偏离行为的形成原因和控制策略》,《经济管理》2008 年第 11 期。

张燕、陈维政：《员工偏离行为管理：理论和实践》，科学出版社 2013 年版。

张昱：《论组织行为学与管理心理学的区别和联系》，《中南财经大学学报》1994 年第 2 期。

张宗贺、刘帮成：《深化改革背景下"为官不为"的内涵逻辑及机理分析》，《管理学刊》2018 年第 3 期。

章发旺、廖建桥：《伦理型领导与员工越轨行为——一个多层次的调节模型》，《工业工程与管理》2016 年第 3 期。

赵斌、韩盼盼：《人—工作匹配、辱虐管理对创新行为的影响——基本心理需求的中介作用》，《软科学》2016 年第 4 期。

赵国祥：《领导心理研究》，中国社会科学出版社 2008 年版。

赵红丹、夏青：《破坏性领导与研发人员知识藏匿：基于本土高新技术企业的实证研究》，《科技进步与对策》2016 年第 4 期。

赵慧军、席燕平：《情绪劳动与员工离职意愿——情绪耗竭与组织支持感的作用》，《经济与管理研究》2017 年第 2 期。

赵君：《绩效考核目的对工作场所偏差行为的影响机制研究》，武汉大学出版社 2014 年版。

赵君、蔡翔：《人口统计学特征对工作场所偏差行为的差异性影响研究》，《软科学》2014 年第 8 期。

赵君、廖建桥、张永军：《评估式绩效考核对职场偏差行为的影响：探讨工作满意度和马基雅维利主义的作用》，《经济管理》2014 年第 3 期。

赵若言、吴红梅：《反生产行为：行政管理研究的新视角》，《甘肃行政学院学报》2015 年第 1 期。

郑伯壎、周丽芳、樊景立：《家长式领导三元模式的建构与测量》，《本土心理学研究》2000 年第 14 期。

郑日昌、孙大强：《实用心理测验》，开明出版社 2012 年版。

中共中央宣传部：《习近平总书记系列重要讲话读本》，人民出版社 2014 年版。

中国民主同盟吕梁市委员会、刘本旺：《参政议政用语集修订本》，群言出版社 2015 年版。

钟慧:《破坏性领导与员工职场偏差行为的相关研究》,博士学位论文,西南财经大学,2013年。

周浩、龙立荣:《共同方法偏差的统计检验与控制方法》,《心理科学进展》2004年第6期。

朱春奎、吴辰:《公共服务动机对工作满意度的影响研究》,《公共行政评论》2012年第1期。

朱春奎、竺乾威:《电子化公共服务需求偏好服务质量与民众满意度——问卷调查数据分析报告》,中国社会科学出版社2016年版。

朱嘉亮、甘怡群、甘廷婷:《药监系统公务员的工作倦怠三维度发展模式》,《中国心理卫生杂志》2015年第12期。

朱岚:《中国传统官本位思想生发的文化生态根源》,《理论学刊》2005年第11期。

朱立言主编:《行政领导学》,中国人民大学出版社2010年版。

朱明:《高校图书馆管理制度有效性的概念及其关键维度识别——基于内容分析法的探索性研究》,《图书馆建设》2016年第3期。

朱晓妹、连曦、郝龙飞、丁通达:《辱虐管理对员工反生产工作行为的影响:情绪耗竭的中介作用》,《华东经济管理》2015年第6期。

朱月龙、段锦云、凌斌:《辱虐管理的概念界定与影响因素及结果探讨》,《外国经济与管理》2009年第12期。

祝小宁、康健、刘宇:《地方政府组织文化、领导行为与公务员工作态度的关系研究》,《四川大学学报》(哲学社会科学版)2017年第2期。

邹珊珊:《超越与限制——西方官僚制理论的三个视角》,博士学位论文,复旦大学,2004年。

B 英文参考文献

Aasland, M. S., Einarsen, S., and Skogstad, A., 2003, "Inconsistent or unpredictable leadership behaviour —An aspect of destructive leadership behavior", paper presented at the XIth European Congress of Work and Organizational Psychology, May, Lisboa.

Aasland, M. S., Skogstad, A., Notelaers. G. and Nielsen, M. B., 2010, "The prevalence of destructive leadership behavior", *British Journal of Man-*

agement, Vol. 21, No. 2.

Abraham, R., 1999, "The impact of emotional dissonance on organizational commitment and intention to turnover", *Journal of Psychology*, Vol. 133, No. 4.

Adams, G. A., King, L. A. and King, D. W., 1996, "Relationships of job and family involvement, family social support, and work-Family conflict with job and life satisfaction", *Journal of Applied Psychology*, Vol. 81, No. 4.

Agarwal, U. A. and Bhargava, S., 2013, "Effects of psychological contract breach on organizational outcomes: Moderating role of tenure and educational levels", *Vilkalpa: The Journal for Decision Makers*, Vol. 38, No. 1.

Althuizen, N., 2018, "Using structural technology acceptance models to segment intended users of a new technology: Propositions and an empirical illustration", *Information Systems Journal*, Vol. 28, No. 5.

Alwin, D. F., Hauser, R. M., 1975, "The decomposition of effects in path analysis", *American Sociological Review*, Vol. 40, No. 1.

Anderson, J. C. and Gerbing, D. W., 1988, "Structural equation modeling in practice: A reiview and recommended two-step approach", *Psychological Bulletin*, Vol. 103, No. 3.

Appelbaum, S. H. and Shapiro, B. T., 2006, "Diagnosis and remedies for deviant workplace behaviors", *Journal of American Academy of Business*, Vol. 9, No. 2.

Aquino, K., Galperin, B. L. and Bennett, R. J., 2004, "Social status and aggressiveness as moderators of the relationship between interactional justice and workplace deviance", *Journal of Applied Social Psychology*, Vol. 34, No. 5.

Aquino, K., Lewis, M. U., and Bradfield, M., 1999, "Justice constructs, negative affectivity, and employee deviance: A proposed model and empirical test", *Journal of Organizational Behavior*, Vol. 20, No. 7.

Aquino, K., Tripp, T. M. and Bies, R. J., 2001, "How employees respond to personal offense: The effects of blame attribution, victim status, and offender status on revenge and reconciliation in the workplace", *Journal of Applied Psychology*, Vol. 86, No. 1.

Aquino, K. and Thau, S., 2009, "Workplace victimization: aggression from the target's perspective", *Annual Review of Psychology*, Vol. 60.

Aryee, S., Chen, Z. X., Sun, L. and Debrah, Y., 2007, "Antecedents and outcomes of abusive supervision: Test of a trickle-down model", *Journal of Applied Psychology*, Vol. 92, No. 1.

Aryee, S., Sun, L., Chen, Z. G. and Debrah, Y. A., 2008, "Abusive supervision and contextual performance: The mediating role of emotional exhaustion and the moderating role of work unit structure", *Management and Organization Review*, Vol. 4, No. 3.

Ashforth, B. E., 1994, "Petty tyranny in organizations", *Human Relations*, Vol. 47, No. 7.

Ashforth, B. E. and Lee, R. T., 1997, "Burnout as a process: Commentary on Cordes, Dougherty and Blum", *Journal of Organizational Behavior*, Vol. 18, No. 6.

Augsdorfer, P., 2004, "Bootlegging and path dependency", *Research Policy*, Vol. 34, No. 1.

Avolio, B. J., and Bass, B. M. eds., 1991, *The Full Range of Leadership Development: Basic and Advanced Manuals*, Binghamton, NY: Bass, Avolio, & Associates.

Avolio, B. J., Bass, B. M. and Jung, D. I., 1999, "Re-examining the components of transformational and transactional leadership using the multifactor leadership questionnaire", *Journal of Occupational and Organizational Psychology*, Vol. 72, No. 4.

Bagozzi, R. P. and Yi, Y., 1988, "On the evaluation of structural equation models", *Journal of the Academy of Marketing Science*, No. 1.

Bal, P. M., De Lange, A. H., Jansen, P. and Van Der Velde, M. G., 2008, "Psychological contract breach and job attitudes: A meta-analysis of age as a moderator", *Journal of Vocational Behaviour*, Vol. 72, No. 1.

Balogun, A. G., 2017, "Emotional intelligence as a moderator between perceived organisational injustice and organisational deviance among public sector employees", *International Journal of Management Practice*, Vol. 10, No. 2.

Balogun, A. G., Esan, F. O., Ezeugwu, C. R. and Orifa, E. I., 2016, "Mediating effect of job satisfaction on psychological contract breach and workplace deviance among police personnel", *Practicum Psychologia*, Vol. 6.

Balogun, A. G., Oluyemi, T. S. and Afolabi, O. A., 2018, "Psychological contract breach and workplace deviance: Does emotional intelligence matter?", *Journal of Psychology in Africa*, Vol. 28, No. 1.

Baltes, B. B., Briggs, T. E., Huff, J. W., Wright, J. A. and Neuman, G. A. 1999, "Flexible and compressed workweek schedules: A meta-analysis of their effects on work-related criteria", *Journal of Applied Psychology*, Vol. 84, No. 4.

Bandura, A. ed., 1977, *Social learning theory*, Englewood Cliffs, NJ: Prentice-Hall.

Barber, J. D. ed., 1977, *The Presidential Character: Predicting Performance in the White House* (2nd ed.), Englewood Cliffs, NJ: Prentice-Hall.

Baron, R. M. and Kenny, D. A., 1986, "The moderator-mediator variable distinction in social psychological research: Conceptual, strategic, and statistical considerations", *Journal of Personality and Social Psychology*, Vol. 51, No. 6.

Bass, B. M. and Avolio, B. J. eds., 1995, *MLQ Multifactor Leadership Questionnaire for research*, Mind Garden, Redwood City, CA.

Bass, B. M. and Riggio, R. E. eds., 2006, *Transformational leadership* (2nd ed.), Lawrence Erlbaum, Mahwah, NJ.

Bass, B. M. ed., 1985a, *Leadership and performance beyond expectations*, New York: Free Press.

Bass, B. M. ed., 1985b, "Leadership: good, better, and best", *Organizational Dynamics*, Vol. 13, No. 3.

Bass, B. M. ed., 1988, "The inspirational process of leadership", *Journal of

Management Development, Vol. 7, No. 5.

Bass, B. M. ed., 1990, *Bass and Stogdill's handbook of leadership* (3rd ed.), New York: Free Press.

Bass, B. M. ed., 1990, "From transactional to transformational leadership: learning to share the vision", *Organizational Dynamics*, Vol. 18, No. 3.

Bass, B. M. ed., 1997, "From transactional to transformational leadership: learning to share thevision", in Vecchio, R. P., ed. *Leadership: Understanding the Dynamics of Power andInfluence in Organisations*, University of Notre Dame, Notre Dame, IN.

Baumeister, R. F., Smart, L. and Boden, J. M., 1996, "Relation of threatened egotism to violence and aggression: The dark side of high self-esteem", *Psychological Review*, Vol. 103, No. 1.

Baumeister, R. F., Twenge, J. M. and Ciarocco, N., 2002, "The inner world of rejection: Effects of social exclusion on emotion, cognition, and self-regulation", in Forgas, J. P. and Williams, K. D., eds. *The social self: Cognitive, interpersonal, and intergroup perspectives*, New York: Psychology Press.

Baumeister, R. F. and Leary, M. R., 1995, "The need to belong: Desire for interpersonal attachments as a fundamental human motivation", *Psychological Bulletin*, Vol. 117, No. 3.

Beehr, T. A., 1985, "The role of social support in coping with organizational stress", in Beehr, T. A. and Bhagat, R. S., eds. *Human stress and cognition in organizations: An integrated perspective*, New York: Wiley.

Bennett, R. J. and Robinson, S. L., 2000, "Development of a measure of workplace deviance", *Journal of Applied Psychology*, Vol. 85, No. 3.

Berson, Y. and Linton, J., 2005, "An examination of the relationships between leadership style, quality, and employee satisfaction in R and D versus administrative environments", *R and D Management*, Vol. 35, No. 1.

Bies, R. J., Tripp, T. M. and Kramer, R. M., 1997, "At the Breaking Point: Cognitive and Social Dynamics of Revenge in Organizations", in Giacalone, R. A. and Greenberg, J., eds. *Antisocial Behavior in Organizations*,

Thousand Oaks C. A. : Sage.

Bingham, S. G. and Scherer, L. L. 1993, "Factors associated with responses to sexual harassment and satisfaction with outcome", *Sex Roles*, Vol. 29.

Bolin, A. and Heatherly, L., 2001, "Predictors of employee deviance: The relationship between bad attitudes and bad behavior", *Journal of Business and Psychology*, Vol. 15, No. 3.

Bonanno, G. A. and Keltner, D., 1997, "Facial expressions of emotion and the course of conjugal bereavement", *Journal of Abnormal Psychology*, Vol. 106, No. 1.

Bordia, P., Restubog, S. L. D. and Tang, R. L., 2008, "When employees strike back: Investigating mediating mechanisms between psychological contract breach and workplace deviance", *Journal of Applied Psychology*, Vol. 93, No. 5.

Boswell, W. R., Olson-Buchanan, J. B., 2007, "The use of communication technologies after hours: The role of work attitudes and work-life conflict", *Journal of Management*, Vol. 33, No. 4.

Boyar, S. L., Maertz. C. P. Jr, Pearson, A. W, et al., 2003, "Work-family conflict: A model of linkages between work and family domain variables and turnover intentions", *Journal of managerial Issues*, Vol. 15, No. 2.

Brienza, J. P. and Bobocel, D. R., 2017, "Employee age alters the effects of justice on emotional exhaustion and organizational deviance", *Frontiers in Psychology*, Vol. 8.

Brown, J. R., Lusch, B. F. and Muehling, D. D., "Conflict and power-dependence relations in retailer-supplier channels", *Journal of Retailing*, 1983, Vol. 59, No. 4.

Browning, V., 2008, "An exploratory study into deviant behaviour in the service encounter: How and why front-line employees engage in deviant behaviour", *Journal of Management & Organizational*, Vol. 14, No. 4.

Bulman, R. J. and Wortman, C. B., 1977, "Attributions of blame and coping in the 'real world': Severe accident victims react to their lot", *Journal of Personality and Social Psychology*, Vol. 35, No. 5.

Camp, S. D. and Langan, N. P., 2005, "Perceptions about minority and female opportunities for job advancement: Are beliefs about equal opportunities fixed?", *The Prison Journal*, Vol. 85, No. 4.

Caplan, G. ed., 1964, *Principles of preventive psychiatry*, New York: Basic Books.

Caplan, G. ed., 1974, *The family as a support system*, New York: Grune & Stratton.

Carlson, D. S., Kacmar, K. M., Wayne, J. H. and Grzywacz, J. G., 2006, "Measuring the positive side of the work-family interface: Development and validation of a work-family enrichment scale", *Journal of Vocational Behavior*, Vol. 68, No. 1.

Cavanaugh, M. A., Boswell, W. R., Roehling, M. V. and Boudreau, J. W., 2000, "An empirical examination of self-reported wok stress among US Managers", *Journal of Applied Psychology*, Vol. 85, No. 1.

Chen, C., Chen, M. Y. and Liu, Y., 2013, "Negative affectivity and workplace deviance: the moderating role of ethical climate", *International Journal of Human Resource Management*, Vol. 24, No. 15.

Chenevert, D., Vandenberghe, C., Doucet, O. and Ben Ayed, A. K., 2013, "Passive leadership, role stressors, and affective organizational commitment: A time-lagged study among health care employees", *European Review of Applied Psychology*, Vol. 63, No. 5.

Cherniss, C., 1980, *Professional burnout in human service organizations*, New York: Praegar.

Cheung F., Tang, C., 2010, "The influence of emotional dissonance on subjective health and job satisfaction: Testing the stress-strain-outcome model", *Journal of Applied Social Psychology*, Vol. 40, No. 12.

Chin, W. W. and Todd, P. A., 1995, "On the use, usefulness, and ease of use of structural of structural equation modeling in MIS research: A note of caution", *MIS Quarterly*, Vol. 19, No. 2.

Chiu, S., Yeh, S. and Huang, T., 2015, "Role stressors and employee deviance: The moderating effect of social support", *Personnel Review*,

Vol. 44, No. 2.

Chng, D. H. M., Rodgers, M. S., Shih, E. and Song, X., 2012, "When does incentive compensation motivate managerial behaviors? An experimental investigation of the fit between incentive compensation, executive core self-evaluation, and firm performance", *Strategic Management Journal*, Vol. 33, No. 12.

Chng, D. H. M. and Wang, J. C. Y., 2016, "An experimental study of the interaction effects of incentive compensation, career ambition, and task attention on Chinese managers' strategic risk behaviors", *Journal of Organizational Behavior*, Vol. 37, No. 5.

Choi, C. H., Kim, T., Lee, G. and Lee, S. K., 2014, "Testing the stress-strain-outcome model of customer-related social stressors in predicting emotional exhaustion, customer orientation and service recovery performance", *International Journal of Hospitality Management*, Vol. 36.

Christian, M. S. and Ellis, A. P. J. Examining the effects of sleep deprivation on workplace deviance: A self-regulatory perspective", *Academy of Management Journal*, 2011, Vol. 54, No. 5: 913 – 934.

Churchill, G. A., 1979, "A paradigm for developing better measures of marketing constructs", *Journal of Marketing Research*, Vol. 16, No. 1.

Clark, S. C., 2000, "Work/family border theory: A new theory of work/family balance", *Human Relations*, Vol. 53, No. 6.

Clark, S. C., 2001, "Work cultures and work/family balance", *Journal of Vocational Behavior*, Vol. 58, No. 3.

Cohen, S. and Wills, T. A., 1985, "Stress, social support, and the buffering hypothesis", *Psychological Bulletin*, Vol. 98.

Colbert, A. E., Mount, M. K., Harter, J. K., Witt, L. A. and Barrick, M. R., 2004, "Interactive effects of personality and perceptions of the work situation on workplace deviance", *Journal of Applied Psychology*, Vol. 89, No. 4.

Conger, J. A., 1990, "The dark side of leadership", *Organizational Dynamics*, Vol. 19, No. 2.

Cooper, J. T. , Kidwell, R. E. and Eddleston, K. A. , 2013, "Boss and parent, employee and child: Work-family roles and deviant behavior in the family firm", *Family Relations*, Vol. 62, No. 3.

Cordes, C. L. , Dougherty, T. W. and Blum, M. , 1997, "Patterns of burnout among managers and professionals: a comparison of models", *Journal of Organizational Behavior*, Vol. 18, No. 6.

Cordes, C. L. and Dougherty, T. W. , 1993, "A review and an integration of research on job burnout", *Academy of Management Review*, Vol. 18, No. 4.

Cropanzano, R. , Mitchell, M. S. , 2005, "Social exchange theory: An interdisciplinary review", *Journal of Management*, Vol. 31, No. 6.

Cullen, M. J. and Sackett, P. R. , 2003, "Personality and counterproductive workplace behavior", in Barrick, M. R. and Ryan, A. M. , eds. *Personality and work*, San Francisco: Jossey-Bass.

D'Adda, G. , Darai, D. , Pavanini, N. and Weber, R. , 2017, "Do leaders affect ethical conduct?", *Journal of the European Economic Association*, Vol. 15, No. 6.

Davis, T. R. and Luthans, F. , 1980, "A social learning approach to organizational behavior", *Academy of Management Review*, Vol. 5, No. 2.

Dawson, R. , 2006, "Probing Three-way interactions in moderated multiple regression: Development and application of a slope difference test", *Journal of Applied Psychology*, Vol. 91, No. 4.

Deci, E. L. , and Ryan, R. M. eds. , 1985, *Intrinsic motivation and self-determination in human behavior*, New York: Plenum.

Deci, E. L. , Eghrarl, H. , Patrick, B. C. and Leone, D. R. , 1994, "Facilitating internalization: The self-determination theory perspective", *Journal of Personality*, Vol. 62, No. 1.

De Clercq, D. , Ul Haq, I. , Raja, U. , Azeem, M. U. and Mahmud, N. , 2018, "When is an Islamic work ethic more likely to spur helping behavior? The roles of despotic leadership and gender", *Personnel Review*, Vol. 47, No. 3.

De Hoogh, A. H. and Den Hartog, D. N. , 2008, "Ethical and despotic leadership, relationships with leader's social responsibility, top management team effectiveness and subordinates' optimism: A multi-method study", *Leadership Quarterly*, Vol. 19, No. 3.

Demerouti, E., Bakker A. B., Nachreiner F. and Schaufeli W. B., 2001, "The job demands-resources model of burnout", *The Journal of Applied Psychology*, Vol. 86, No. 3.

Den Hartog, D. N., Van Muijen, J. J. and Koopman, P. L., "Transactional versus transformational leadership: An analysis of the MLQ", *Journal of Occupational and Organizational Psychology*, 1997, Vol. 70, No. 1.

Den Hartog, D. N. and De Hoogh, A. H., 2009, "Empowering behaviour and leader fairness and integrity: studying perceptions of ethical leader behaviour from a levels-of-analysis perspective", *European Journal of Work and Organizational Psychology*, Vol. 18, No. 2.

Desrochers, S. and Dahir, V., 2000, "Ambition as a motivational basis of organizational and professional commitment: Preliminary analysis of a proposed career advancement ambition scale", *Perceptual and Motor Skills*, Vol. 91, No. 2.

Detert, J. R., Trevino, L. K., Burris, E. R. and Andiappan, M., 2007, "Managerial modes of influence and counterproductivity in organizations: A longitudinal business-unit-level investigation", *Journal of Applied Psychology*, Vol. 92, No. 4.

Diamantopoulos, A. and Siguaw, J. A. eds., 2000, *Introducing LISREL: A guide for the uninitiated*, Thousand Oaks, CA: Sage.

Diefendorff, J. M. and Mehta, K., 2007, "The relations of motivational traits with workplace deviance", *Journal of Applied Psychology*, Vol. 92, No. 4.

DiStefano, C. and Hess, B., 2005, "Using confirmatory factor analysis", Structural Equation Modeling, Vol. 9.

Dohrenwend, B. S., 1978, "Social status and responsibility for stressful life events", in Spielberger, C. D. and Sarason, L. G., eds. *Stress and anxiety (Vol. 5)*, New York: Wiley.

Donne, J. ed., 1975, *Devotions upon emergent occasions*, Montreal, Canada: McGill Queens University Press.

Dormann, C. and Zapf, D., 1999, "Social support, social stressors at work, and depressive symptoms: Testing for main and moderating effects with structural equations in a three-wave longitudinal study", *Journal of Applied Psychology*, Vol. 84, No. 6.

Druskat, V. U., 1994, "Gender and leadership style: Transformational and transactional leadership in the Roman Catholic Church", *Leadership Quarterly*, Vol. 5, No. 2.

Duckworth, A. L., Peterson, C., Matthews, M. D. and Kelly, D. R., 2007, "Grit: Perseverance and passion for long-term goals", *Personality processes and individual differences*, Vol. 92, No. 6.

Duffy, M. K., Ganster, D. C. and Pagon, M., 2002, "Social undermining in the workplace", *Academy of Management Journal*, Vol. 45, No. 2.

Duffy, M. K., Scott, K. L., Shaw, J. D., Tepper, B. J. and Aquino, K., 2012, "Why and when envy leads to social undermining: development and tests of a social context framework", *Academy of Management Journal*, Vol. 55.

Dulebohn, J. H., Bommer, W. H., Liden, R. C., Brouer, R. L. and Ferris, G. R., 2012, "A meta-analysis of antecedents and consequences of leader-member exchange integrating the past with an eye toward the future", *Journal of Management*, Vol. 38, No. 6.

Dunlop, P. and Lee, D. K., 2004, "Workplace deviance, organizational citizenship behavior, and business unit performance: The bad apples do spoil the whole barrel", *Journal of Organizational Behavior*, Vol. 25, No. 1.

Dupre, K. E., Inness, M. Connelly, C. E., Barling, J. and Hoption, C., 2006, "Workplace aggression in teenage part-time employees", *Journal of Applied psychology*, Vol. 91, No. 5.

Eagly, A. and Stefan, V. J., 1986, "Gender and aggressive behavior: A meta-analytical review of the social psychological literature", *Psychological Bulletin*, Vol. 100, No. 3.

Einarsen, S., 2000, "Harassment and bullying at work: A review of the

Scandinavian approach", *Aggression and Violent Behavior*, Vol. 5, No. 4.

Einarsen, S., Aasland, M. S. and Skogstad, A., 2007, "Destructive leadership behavior: A definition and conceptual model", *Leadership Quarterly*, Vol. 18, No. 3.

Einarsen, S., Hoel, H. and Notelaers, G., 2009, "Measuring exposure to bullying and harassment at work: Validity, factor structure and psychometric properties of the negative acts questionnaire-revised", *Work & Stress*, Vol. 23, No. 1.

Eisenberger, R., Lynch, P., Aselage, J. and Rohdieck, S., 2004, "Who takes the most revenge? Individual differences in negative reciprocity norm endorsement", *Personality & Social Psychology Bulletin*, Vol. 30, No. 6.

El Akremi, A., Vandenberghe, C. and Camerman, J., 2010, "The role of justice and social exchange relationships in workplace deviance: Test of a mediated model", *Human relations*, Vol. 63, No. 11.

Elliot, G. R. and Eisdorfer, C. eds., 1982, *Stress and human health*, New York: Springer.

Emerson, R. M., 1962, "Power-dependence relations", *American Sociological Review*, Vol. 27, No. 1.

Emerson, R. M., 1972, "Exchange Theory, Part I: A Psychological Basis for Social Exchange" and "Exchange Theory, Part II: Exchange Relations and Networks", in Berger, J., Zelditch, M. Jr., and Anderson, B., eds. *Sociological Theories in Progress* (Vol. 2), Boston: Houghton-Mifflin.

Emerson, R. M., 1976, "Social exchange theory", *Annual Review of Sociology*, Vol. 2.

Enwereuzor, I. K., Onyishi, I. E., Onyebueke, I. F., Amazue, L. O. and Nwoke, M. B., 2017, "Personality as a moderator between emotional exhaustion and workplace deviance among teachers", *Journal of Psychology in Africa*, Vol. 27, No. 1.

Erickson, R. J., 1993, "Reconceptualizing family work: The effect of emotion work on perceptions of marital quality", *Journal of Marriage and the Family*, Vol. 55, No. 4.

Erkutlu, H. and Chafra, J. , 2018, "Despotic leadership and organizational deviance: The mediating role of organizational identification and the moderating role of value congruence", *Journal of Strategy and Management*, Vol. 11, No. 2.

Erkutlu, H. V. , 2008, "The impact of transformational leadership on organizational and leadership effectiveness", *Journal of Management Development*, Vol. 27, No. 7.

Erkutlu, H. V. , 2018, "Benevolent leadership and interpersonal deviant behaviors in higher education", *Journal of Education*, Vol. 33, No. 1.

Ermann, M. D. and Lundman, R. J. eds. , 1982, *Corporate and governmental deviance: problems of organizational behavior in contemporary society*, New York: Oxford University Press.

Ertas N. , 2015, "Turnover intentions and work motivations of millennial employees in federal service", *Public Personnel Management*, Vol. 44, No. 3.

Everton, W J. , Jolton, J. A. and Mastrangelo, P. M. , 2007, "Be Nice and fair or else: Understanding reasons for employees' deviant behavior", *Journal of Management Development*, Vol. 26, No. 2.

Ewards, J. R. and Lambert, L. S. , 2007, "Methods for integrating moderation and mediation: A general analytical framework using moderated path analysis", *Psychological Methods*, Vol. 12, No. 1.

Fagbohungbe, B. O. , Akinbode, G. A. and Ayodeji, F. , 2012, "Organizational determinants of workplace deviant behaviours: An empirical analysis in Nigeria", *International Journal of Business and Management*, Vol. 7, No. 5.

Feldman, D. C. , 1984, "The development and enforcement of group norms", *Academy of Management Review*, No. 9, No. 1.

Ferris, D. L. , Brown, D. J. and Heller, D. , 2009, "Organizational supports and organizational deviance: The mediating role of organization-based self-esteem", *Organizational Behavior and Human Decision Processes*, Vol. 108, No. 2.

Ferris, D. L. , Spence, J. R. Brown, D. J. , et al. , 2012, "Interpersonal injustice and workplace deviance: The role of esteem threat", *Journal of Management*, Vol. 38, No. 6.

Ferris, G. R., Zinko, R., Brouer, R. L., et al., 2007, "Strategic bullying as a supplementary, balanced perspective on destructive leadership", *Leadership Quarterly*, Vol. 18, No. 3.

Fredrickson, B. L., 1998, "What good are positive emotions?", *Review of General Psychology*, Vol. 2, No. 3.

Freudenberger, H. J., 1974, "Staff burnout", *Journal of Social Issues*, Vol. 30.

Frone, M. R. and Rice, R. W., 1988, "Some antecedents and consequences of work-family conflict", *Journal of Social Behavior and Personality*, Vol. 3, No. 4.

Frooman J., Mendelson, M. B. and Murphy, J. K., 2012, "Transformational and passive avoidant leadership as determinants of absenteeism", *Leadership & Organization Development Journal*, Vol. 33, No. 5.

Fu, C. K. and ShaVer, M. A., 2001, "The tug of work and family: Direct and indirect domain-specific determinants of work-family conflict", *Personnel Review*, Vol. 30, No. 5.

Furnham, A. and Taylor, J. eds., 2004, *The dark side of behavior at work: Understanding and avoiding employees leaving, thieving and deceiving*, New York: Palgrave Macmillan.

Ganster, D. C., Hennessey H. W. and Luthans, F., 1983, "Social desirability response effects: Three alternative models", *The Academy of Management Journal*. Vol. 26, No. 2.

Garcia, P. R. J. M., Wang, L. and Lu, V., 2015, "When victims become culprits: the role of subordinates' neuroticism in the relationship between abusive supervision and workplace deviance", *Personality and Individual Difference*, Vol. 72.

Geddes, D. and Stickney, L. S., 2011, "The trouble with sanctions: Organizational responses to deviant anger displays at work", *Human Relations*, Vol. 64, No. 2.

Gerbing, D. W. and Anderson, J. C., 1988, "An updated paradigm for scale development incorporating unidimensionality and its assessment", *Journal of Marketing Research*, Vol. 25, No. 2.

Gibelman, M. and Gelman, S. R., 2001, "Very public scandals: Nongovernmental organizations get in trouble", *International Journal of Voluntary and Nonprofit Organizations*, Vol. 12, No. 1.

Gibelman, M. and Gelman, S. R., 2002, "Should we have faith in faith-based social services? Rhetoric versus realistic expectation", *Nonprofit Management and Leadership*, Vol. 13, No. 1.

Gibelman, M. and Gelman, S. R., 2004, "A loss of credibility: Patterns of wrongdoing among nongovernmental organizations", *International Journal of Voluntary and Nonprofit Organizations*, Vol. 15, No. 4.

Gilliland, S. E., 1993, "The perceived fairness of selection systems: An organizational justice perspective", *The Academy of Management Review*, Vol. 18, No. 4.

Glaser, B. G. and Strauss, A. L. eds., 1967, *The discovery of grounded theory: Strategies for Qualitative Research*, New York: Aldine Publishing.

Glaser, B. G. eds., 1992, *Basics of grounded theory analysis: Emerging vs. forcing*, Mill Valley: Sociology Press.

Gok, K., Sumanth, J. J., Bommer, W. H., Demirtas, O., Arslan, A., Eberhard, J. & Ozdmir, A. I., 2017, "You may not reap what you sow: How employees' moral awareness minimizes ethical leadership's positive impact on workplace deviance", *Journal of Business Ethics*, Vol. 146, No. 2.

Goodhart, D. E., 1985, "Some psychological effects associated with positive and negative thinking about stressful events: Was Pollyanna fight?" *Journal of Personality and Social Psychology*, Vol. 48, No. 1.

Gorsuch, R. L. ed., 1983, *Factor Analysis (2nd Edition)*, Hillsdate, NJ: Erlbaum.

Grandey, A. A. & Cropanzano, R., 1999, "The conservation of resources model applied to work-family conflict and strain", *Journal of Vocational Behavior*, Vol. 54, No. 2.

Greenberg, J., 1993, "Stealing in the name of justice: Informational and interpersonal moderators of theft reactions to underpayment inequity", *Organizational Behavior and Human Decision Processes*, Vol. 54, No. 1.

Greenberg, L. and Barling, J., 1999, "Predicting employee aggression against coworkers, subordinates and supervisors: The roles of person behaviors and perceived workplace factors", *Journal of Organizational Behavior*, Vol. 20, No. 6.

Greenhaus, J. H. and Beutell, N. J., 1985, "Sources of conflict between work and family roles", *Journal of Management Review*, Vol. 10, No. 1.

Greenhaus, J. H. and Powell, G. N., 2006, "When work and family are allies: a theory of work-family enrichment", *Academy of Management Review*, Vol. 31, No. 1.

Griffin, R. W., O'Leary-Kelly, A. and Collins, J. M. eds., 1998, *Dysfunctional Behavior in Organizations*. Stamford, Conn: JAI Press.

Guay, R. P., Choi, D. and Oh, In-Sue., 2016, "Why people harm the organization and its members: relationships among personality, organizational commitment, and workplace deviance", *Human Performance*, Vol. 29, No. 1.

Guys, M. L. and Sackett, P. R., 2003, "Investigating the dimensionality of counterproductive work behavior", *International Journal of Selection and Assessment*, Vol. 11, No. 1.

Haar, J. M., 2004, "Work-family conflict and turnover intention: exploring the moderation effects of perceived work-family support", *New Zealand Journal of Psychology*, Vol. 33, No. 1.

Haider, S., Nisar, Q. A., Baig, F., Baig, F., Azeem, M. and Waseem-ul-Hameed., 2018, "Dark side of leadership: Employees' job stress & deviant behaviors in pharmaceutical industry", *International Journal of Pharmaceutical Research and Allid Sciences*, Vol. 7, No. 2.

Hair, J. F., Anderson, R. E., Tatham, R. L. and Black, W. C. eds., 1998, *Multivariate data analysis (5th ed.)*, England Cliffs, NJ: Prentice-Hall.

Halbesleben J. R. B., Neveu, J. P., Paustian-Underdahl S. C., Westman M., 2014, "Getting to the 'COR': Understanding the role of resources in conservation of resources theory", *Journal of Management*, Vol. 40, No. 5.

Hanges, P. J., and Dickson, M. W., 2004, "The development and validation of the GLOBE culture and leadership scales", iIn HouseR, J., Hanges, P. J., Javidan, M., Dorfman, P. W. and Gupta, V., eds. *Culture, Leadership, and Organizations: The GLOBE Study of 62 Societies* (Vol. 1), Thousand Oaks, CA: Sage.

Hansson, R. O., Hogan, R., Johnson, J. A. and Schroeder, D., 1983, "Disentangling type a behavior: The roles of ambition, insensitivity, and anxiety", *Journal of Research in Personality*, Vol. 17, No. 2.

Harlow, R. E. and Cantor, N., 1995, "To whom do people turn when things go poorly? Task orientation and functional social contacts", *Journal of Personality and Social Psychology*, Vol. 69, No. 2.

Harman, H. H. ed., 1976, *Modern factor analysis*, Chicago, IL: University of Chicago Press.

Harold, C. M. and Holtz, B. C., 2015, "The effects of passive leadership on workplace incivility", *Journal of Organizational Behavior*, Vol. 36, No. 1.

Harris, K. J., Harvey, P. and Harris, R. B., 2013, "An investigation of abusive supervision, vicarious abusive supervision, and their joint impacts", *The Journal of Social Psychology*, Vol. 153, No. 1.

Harris, K. J., Marett, K. and Harris, R. B., 2013, "An investigation of the impact of abusive supervision on technology end-users", *Computers in Human Behavior*, Vol. 29, No. 6.

Harris, L. C and Ogbonna, E., 2009, "Service sabotage: The dark side of service dynamics", Business Horizons, Vol. 52, No. 4.

Harry, J. and Sengstock, M. C., 1978, "Attribution, goals, and deviance", *American Sociological Review*, Vol. 43, No. 2.

Harvey, P., Harris, K. J. and Gillis, W. E. et al., "Abusive supervision and the entitled employee", *Leadership Quarterly*, 2014, Vol. 25, No. 2.

Harvey, P., Stoner, J., Hochwarter, W. and Kacmar, C., 2007, "Coping with abusive supervision: The neutralizing effects of ingratiation and positive affect on negative employee outcomes", *Leadership Quarlerty*, Vol. 18, No. 3.

Hater, J. J. and Bass, B. M., 1988, "Superiors' evaluations and subordinates' perceptions of transformational and transactional leadership", *Journal of Applied Psychology*, Vol. 73, No. 4.

Hayes, A. F. ed., 2013, *Introduction to Mediation, Moderation, and Conditional Process Analysis: A Regression-Based Approach*, New York: Guilford Press.

Heckathorn, D. D., 1983, "Extensions of power-dependence theory: The concept of resistance", *Source: Social Forces*, Vol. 61, No. 4.

Henle, C. A., Giacalone, R. A. and Jurkiewicz, C. L., 2005, "The role of ethical ideology in workplace deviance", *Journal of Business Ethics*, Vol. 56, No. 3.

Hobfoll, G. H. and Shirom, A. eds., 2001, *Handbook of organizational behavior*, Marcel Dekker, New York.

Hobfoll, S. E., Halbesleben, J., Neveu, Jean-P. and West, M., 2018, "Conservation of resources in the organizational context: The reality of resources and their consequences", *Annual Review of Organizational Psychology and Organizational Behavior*, Vol. 5.

Hobfoll, S. E. and Lilly, R. S., 1993, "Resources conservation as a strategy for community psychology", *Journal of Community Psychology*, Vol. 21, No. 2.

Hobfoll, S. E. ed., 1988, *The ecology of stress*, Washington, DC: Hemisphere.

Hobfoll, S. E. ed., 1989, "Conservation of resources: A new attempt at conceptualizing stress", *American Psychologist*, Vol. 44, No. 3.

Hollinger, R. C. and Clark, J. P., 1982, "Formal and informal social controls of employee deviance", *Sociological Quarterly*, Vol. 23, No. 3.

Homans, G. C., 1958, "Social behavior as exchange", *American Journal of Sociology*, Vol. 63, No. 6.

Hoobler, J. M. and Brass, D J. , 2006, "Abusive supervision and family undermining as displaced aggression", *Journal of Applied Psychology*, Vol. 91, No. 5.

Hornstein, H. A. ed. , 1996, *Brutal bosses and their pray*, New York: Riverhead Books.

Houlfort, N. , Philippe, F. L. , Bourdeau, S. and Leduc, C. , 2018, "A comprehensive understanding of the relationships between passion for work and work-family conflict and the consequences for psychological distress", *Cogent Business & Management*, Vol. 25, No. 4.

House, J. S. ed. , 1981, *Work stress and social support*, Reading, MA: Addison-Wesley.

House, R. and Howell, J. , 1992, "Personality and charismatic leadership", *Leadership Quarterly*, Vol. 3, No. 2.

Howell, J. M. and Avolio, B. J. , 1992, "The ethics of charismatic leadership: Submission or liberation?" *Academy of Management Executive*, Vol. 6, No. 2.

Hsieh, A. T. , Liang, S. C. and Hsieh, T. H. , 2004, Workplace deviant behavior and its demographic relationship among taiwan's flight attendants", *Journal of Human Resources in Hospitality & Tourism*, Vol. 3, No. 1.

Hu, L. and Bentler, P. M. , 1999, "Cut points for fit indexes in covariance structure analysis: Conventional criteria versus new alternatives", *Structural Equation Modeling: A Multidisciplinary Journal*, Vol. 1, No. 1.

Huang, J. , Shi, L. and Xie, J. , 2015, "Leader-member exchange social comparison and employee deviant behavior: Evidence from a Chinese context", *Social Behavior and Personality*, Vol. 43, No. 8.

Itzkovich, Y. and Heilbrunn, S. , 2016, "The role of co-workers' solidarity as an antecedent of incivility and deviant behavior in organizations", *Deviant Behavior*, Vol. 37, No. 1.

Jahanzeb, S. and Fatima, T. , 2018, "How workplace ostracism influences interpersonal deviance: The mediating role of defensive silence and emotional exhaustion", *Journal of Business and Psychology*, Vol. 33, No. 6.

Jensen, J. M. , Martinek, W. L. , 2009, "The effects of race and gender on the judicial ambitions of state trial court judges", *Political Research Quarter-*

ly, Vol. 62, No. 2.

John, O. P., Donahue, E. M. and Kentle, R. L. eds., 1991, *The Big Five Inventory-Versions 4a and 54*, Berkeley, CA: University of California, Berkeley, Institute of Personality and Social Research.

Jones, D. A., 2009, "Getting even with one's supervisor and one's organization: Relationships among types of injustice, desires for revenge, and counterproductive work behaviors", *Journal of Organizational Behavior*, Vol. 30, No. 4.

Jordan, M. H., Lindsay D. R. and Schraeder M., 2012, "An examination of salient, non-monetary, factors influencing performance in public sector organizations: A conceptual model", *Public Personnel Management*, Vol. 41, No. 4.

Judge, T. A., Scott, B. A. and Ilies R., 2006, "Hostility, job attitudes, and workplace deviance: Test of a multilevel model", *Journal of Applied Psychology*, Vol. 91, No. 1.

Judge, T. A., Van Vianen, A. E. M. and De Pater, I. E., 2004, "Emotional stability, core self-evaluations, and job outcomes: A review of the evidence and an agenda for future research", *Human Performance*, Vol. 17, No. 3.

Judge, T. A. and Piccolo, R. F., 2004, "Transformational and transactional leadership: A meta-analytic test of their relative validity", *Journal of Applied Psychology*, Vol. 89, No. 5.

Jung, H. S., and Yoon, H. H., 2012, "The effects of emotional intelligence on counterproductive work behaviors and organizational citizen behaviors among food and beverage employees in a deluxe hotel", *International Journal of Hospitality Management*, Vol. 31, No. 2.

Kacmar, K. M., Andrews, M. C., Harris, K. J. and Tepper, B. J., 2013, "Ethical leadership and subordinate outcomes: The mediating role of organizational politics and the moderating role of political skill", *Journal of Business Ethics*, Vol. 115, No. 1.

Kahill, S., 1988, "Symptoms of professional burnout: A review of empirical evidence", *Canadian Psychology*, Vol. 29, No. 3.

Kahn, R. L., Wolfe, D. M., Quinn, R., Snoek, J. D. and Rosenthal, R. A. eds., 1964, *Organizational stress*, New York: Wiley.

Kaplan, H. B. ed., 1975, *Self-attitudes and deviant behavior*, Pacific Palisades, CA: Goodyear.

Kasier, H. F., 1974, "Little Jiffy, Mark IV", *Educational and psychological measurement*, Vol. 34, No. 1.

Keashly, L., Trott, V. and MacLean, L. M., 1994, "Abusive behavior in the workplace: A preliminary investigation", *Violence and Victims*, Vol. 9, No. 4.

Kellerman, B. ed., 2004, *Bad leadership: What it is, how it pappens, why it matters*, Boston: Harvard Business School Press.

Kelloway, E. K., Mullen, J. and Francis, L., 2006, "Divergent effects of transformational and passive leadership on employee safety", *Journal of Occupational Health Psychology*, Vol. 11, No. 1.

Kidwell, R. E. and Bennett, N., 1993, "Employee propensity to withhold effort: A conceptual model to intersect three avenues of research", *Academy of Management Review*, Vol. 18, No. 3.

Kile, S. M. ed., 1990, *Health endangering leadership*, Bergen, Norway: Universitetet I Bergen.

Kim, S. K., Jung, D., Lee, J. S., 2013, "Service employees' deviant behaviors and leader-member exchange in contexts of dispositional envy and dispositional jealousy", *Service Business*, Vol. 4, No. 4.

Kim, S. L., Kim, M. and Yun, S., 2015, "Knowledge sharing, abusive supervision, and support: A social exchange perspective", *Group & Organization Management*, Vol. 40, No. 5.

Kim, Y. and Cohen, T. R., 2015, "Moral character and workplace deviance: Recent research and current trends", *Current Opinion in Psychology*, Vol. 6.

King, L. A., Mattimore, L. K., King, D. W and Adams, G. A., 1995, "Family support inventory for workers: A new measure of perceived social support from family members", *Journal of Organizational Behavior*, Vol. 16, No. 3.

Kircaburun, K., Griffiths, M. D., 2018, "Instagram addiction and the Big Five of personality: The mediating role of self-liking", *Journal of Behavioral Addictions*, Vol. 7, No. 1.

Kluemper, D. H., McLarty, B. D. and Bing, M. N., 2015, "Acquaintance ratings of the big five personality traits: Incremental validity beyond and interactive effects with self-reports in the prediction of workplace deviance", *Journal of Applied Pshychology*, Vol. 100, No. 1.

Kobasa, S. C., Maddi, S. R. and Courington, S., 1981, "Personality and constitution as mediators in the stress-illness relationship", *Journal of Health and Social Behavior*, Vol. 22, No. 4.

Koeske, G. F. and Koeske, R. D., 1993, "A preliminary test of a stress-strain-outcome model for reconceptualizing the burnout phenomenon", *Journal of Social Service Research*, Vol. 17, No. 3-4.

Lambert, E. G., Hogan, N. L., Jiang, S., Elechi, O. O., Benjamin, B., Morris, A., et al., 2010, "The relationship among distributive and procedural justice and correctional life satisfaction, burnout, and turnover intent: an exploratory study", *Journal of Criminal Justice*, Vol. 38, No. 1.

Lazarus, R. S, and Stress, F. S. eds., 1984, *Appraisal, and Coping*, New York: Springer.

Leary, M. R., Tambor, E. S., Terdal, S. K. and Downs, D. L., 1995, "Self-esteem as an interpersonal monitor: The sociometer hypothesis", *Journal of Personality and Social Psychology*, Vol. 68, No. 3.

Lee, J. and Jensen, J. M., 2014, "The effects of active constructive and passive corrective leadership on workplace incivility and the mediating role of fairness perceptions", *Group & Organizational Management*, Vol. 39, No. 4.

Lee, K. and Allen, N. J., 2002, "Organizational citizenship behavior and workplace deviance: The role of affect and cognitions", *Journal of Applied Psychology*, Vol. 87, No. 1.

Lee, R. T., and Ashforth, B. E., 1996, "A meta-analytic examination of the correlates of the three dimensions of job burnout", *Journal of Applied Psychology*, Vol. 81, No. 2.

Legood, A., Lee, A., Schwarz, G., Newman, A., 2018, "From self-defeating to other defeating: Examining the effects of leader procrastination on follower work outcomes", *Journal of Occupational and Organizational Psychology*, Vol. 91, No. 2.

Li, X., Qian, J., Han, Z. R and Jin, Z., 2016, "Coping with abusive supervision: The neutralizing effects of perceived organizational support and political skill on employees' burnout", Current Psychology, Vol. 35, No. 1.

Lian, H., Ferris, D. L. and Brown, D. J., 2012, "Does taking the good with the bad make things worse? How abusive supervision and leader-member exchange interact to impact need satisfaction and organizational deviance", *Organizational Behavior and Human Decision Processes*, Vol. 117, No. 1.

Liang, S. and Hsieh, A., 2007, "Burnout and workplace deviance among flight attendants in Taiwan", *Psychological Reports*, Vol. 101, No. 2.

Liljegren, M. and Ekberg, K., 2009, "The associations between perceived distributive, procedural, and interactional organizational justice, self-rated health and burnout", *Work*, Vol. 33, No. 1.

Lindemann, E., 1994, "The symptomatology and management of acute grief", *American Journal of Psychiatry*, Vol. 151, No. 6.

Lipman-Blumen, J. ed., 2005, *The allure of toxic leaders: Why we follow destructive bosses and corrupt politicians— And how we can survive them*, Oxford: Oxford university Press.

Litzky, B. E., Eddleston, K. A. and Kidder, D. L., 2006, "The good, the bad, and the misguided: How managers inadvertently encourage deviant behaviors", *Academy of Management Perspectives*, Vol. 20, No. 1.

Lombardo, M. M. and McCall and, M. W., 1984, "The intolerable boss", *Psychology Today*, Vol. 18, No. 1.

Louw, K. R., Dunlop, P. D. and Yeo, G. B., 2016, "Mastery approach and performance approach: The differential prediction of organizational citizenship behavior and workplace deviance, beyond HEXACO personality",

Motivation and Emotion, Vol. 40, No. 4.

Lowe, K. B., Kroeck, K. G. and Sivasubramaniam, N., 1996, "Effectiveness correlates of transformational and transactional leadership: A meta-analytic review of the MLQ literature", *Leadership Quarterly*, Vol. 7, No. 3.

Lu, L. and Kao, S. F., 1999, "Group differences in work stress: Demographic job and occupational factors", *Formosa Journal of Mental Health*, Vol. 12, No. 2.

Luthans, F., Peterson S. J. and Ibrayeva, E., 1998, "The potential for the 'dark side' of leadership in post-communist countries", *Journal of World Business*, Vol. 33, No. 2.

Malik, P. and Lenka, U. Integrating antecedents of workplace deviance: Utilizing AHP approach", *Journal of Indian Business Research*, 2018, Vol. 10, No. 1.

Mangione, T. W. and Quinn, R. P., 1974, "Job satisfaction, counterproductive behavior, and drug use at work", *Journal of Applied Psychology*, Vol. 1, No. 1.

Mangione, T. W. and Quinn, R. P., 1975, "Job satisfaction counterproductive behavior and drug use at work", *Journal of Applied Psychology*, Vol. 60, No. 1.

Martinko, M. J., Gundlach, M. J. and Douglas, S. C., 2002, "Toward an integrative theory of counterproductive workplace behavior: A causal reasoning perspective", *International Journal of Selection and Assessment*, Vol. 10, No. 1 – 2.

Maslach, C., Jackson, S. E., 1981, "The measurement of experienced burnout", *Journal of Occupational Behavior*, Vol. 2, No. 2.

Maslach, C., Schaufeli, W. and Leiter, M., 2001, "Job burnout", *Annual Review of Psychology*, Vol. 52, No. 1.

Maslow, A. H. ed., 1943, "A theory of human motivation", *Psychological Review*, Vol. 50, No. 4.

Maslow, A. H. ed., 1968, *Toward a psychology of being*, New York: Van Nostrand.

May, D. R., Gilson, R. L. and Harter, L, M., 2004, "The psychological conditions of meaningfulness, safety and availability and the engagement of the human spirit at work", *Journal of Occupational and Organizational Psychology*, Vol. 77, No. 1.

Mayer, D. M., Thau, S., Workman, K. M., Dijke, M. V., Cremer, D. D., 2012, "Leader mistreatment, employee hostility, and deviant behaviors: Integrating self-uncertainty and thwarted needs perspectives on deviance", *Organizational Behavior and Human Decision Processes*, Vol. 117, No. 1.

Medler-Liraz, H., Seger-Guttmann, T., 2018, "Authentic emotional displays, leader-member exchange, and emotional exhaustion", *Journal of Leadership & Organization Studies*, Vol. 25, No. 1.

Menard, J., Brunet, L. and Savoie, A., 2011, "Interpersonal workplace deviance: why do offenders act out? A comparative look on personality and organizational variables", *Canadian Journal of Behavioral Science*, Vol. 43, No. 4.

Michel, J., Newness, K. and Duniewicz, K., 2016, "How abusive supervision affects workplace deviance: A moderated-mediation examination of aggressiveness and work-related negative affect", *Journal of Business and Psychology*, Vol. 31, No. 1.

Michel, J. S. and Hargis, M. B., 2017, "What motivates deviant behavior in the workplace? An examination of the mechanisms by which procedural injustice affects deviance", *Motivation and emotion*, Vol. 41, No. 1.

Miller N. E., 1941, "The frustration-aggression hypothesis", *Psychological Review*, Vol. 48, No. 4.

Mitchell, M. S. and Ambrose, M. L., 2007, "Abusive supervision and workplace deviance and the moderating effects of negative reciprocity beliefs", *Journal of Applied Psychology*, Vol. 92, No. 4.

Molm, L. D., 1989, "Punishment power: A balancing process in power-dependence relations", *American Journal of Sociology*, Vol. 94, No. 6.

Molm, L. D., 1991, "Affect and social exchange: Satisfaction in power-dependence relations", *American Sociological Review*, Vol. 56, No. 4.

Molm, L. D. , 1994, "Dependence and risk: Transforming the structure of social exchange", *Social Psychology Quarterly*, Vol. 57, No. 3.

Molm, L. D. , 2003, "Theoretical comparisons of forms of exchange", *Sociological Theory*, Vol. 21, No. 1.

Montani, F. , Battistelli, A. and Odoardi, C. , 2017, "Proactive goal generation and innovative work behavior: The moderating role of affective commitment, production ownership and leader support for innovation", *Journal of Creative Behavior*, Vol. 51, No. 2.

Moore, C. , Detert, J. R. , Treviño, L. K. , Baker, V. L. and Mayer, D. M. , 2012, "Why employees do bad things: Moral disengagement and unethical organizational behavior", *Personnel Psychology*, Vol. 65, No. 1.

Mulki, J. P. , Jaramillo, F. and Locander, W. B. , 2006, "Emotional exhaustion and organizational deviance: Can the right job and a leader's style make a difference?" *Journal of Business Research*, Vol. 59, No. 12.

Murphy, K. R. ed. , 1993, *Honesty in the workplace*, Belmont, Calif: Brooks/Cole.

Muse, L. A. , Pichler, S. , 2011, "A comparison of types of support for lower-skill workers: Evidence for the importance of family supportive supervisors", *Journal of Vocational Behavior*, Vol. 79, No. 3.

Nair, N. , Bhatnagar, D. , 2011, "Understanding workplace deviant behavior in nonprofit organizations toward an integrative conceptual framework", *Nonprofit Management & Leadership*, Vol. 21, No. 3.

Namie, G. and Namie, R. , 2000, *The bully at work: What you can do to stop the hurt and relcaim the dignity on the job*, Naperville: Sourcebooks, Inc, .

Naseer, S. , Raja, U. , Syed, F. , Donia, M. B. and Darr, W. , 2016, "Perils of being close to a bad leader in a bad environment: Exploring the combined effects of despotic leadership, leader member exchange, and perceived organizational politics on behaviors", *Leadership Quarterly*, Vol. 27, No. 1.

Nauman, S. , Fatima, T. and Ul Haq, I. , 2018, "Does despotic leadership harm employee family life: Exploring the effects of emotional exhaustion and anxiety", *Frontiers in Psychology*, Vol. 9.

Near, J. P. and Miceli, M. P., 1995, "Effective whistle-blowing", *Academy of Management Review*, Vol. 20, No. 3.

Netemeyer, R. G., Boles, J. S. and McMurrian, R., 1996, "Development and validation of work-family conflict and family-work conflict scales", *Journal of Applied Psychology*, Vol. 81, No. 4.

Neuman, J. H. and Baron R. A., 1998, "Workplace violence and workplace aggression: Evidence concerning specific forms, potential causes, and preferred targets", *Journal of Management*, Vol. 24, No. 3.

Neves, P. and Champion, S., 2015, "Core self-evaluations and workplace deviance: The role of resources and self-regulation", *European Management Journal*, Vol. 33, No. 5.

Noor, N. M., 2002, "The moderating effect of spouse support on the relationship between work variables and women's work-family conflict", *Psychologia*, Vol. 45, No. 1.

Nunnally, J. C. ed., 1978, *Psychometric theory*, New York: McGraw-Hill, .

O'Connor, J., Mumford, M. D., Clifton, T. C., Gessner, T. L. and Connelly, M. S., 1995, "Charismatic leaders and destructiveness: An historiometric study", *Leadership quarterly*, Vol. 6, No. 4.

Olabimtan, B. and Alausa, W. M., 2014, "Psychological factors predicting workplace deviance behaviour among nurses in the public health sector in Lagos", *Nigerian Journal of Applied Behavioural Sciences*, Vol. 2, pp. 137 – 152.

O'Neill, T. A., Lee, N. M. and Radan, J., 2013, "The impact of " non-targeted traits" on personality test faking, hiring, and workplace deviance", *Personality and Individual Differences*, Vol. 55, No. 2.

Osezua, M. E., Abah, E. O. and Danniel, E. G., 2009, "Staff indiscipline and productivity in the public sector in Nigeria", *African Research Review*, Vol. 3, No. 4.

Padilla, A., Hogan, R. and Kaiser, R., 2007, "The toxic triangle: Destructive leaders, susceptible followers, and conducive environments", *Leadership Quarterly*, Vol. 18, No. 3.

Pallant, J. ed., 2007, *SPSS survival manual: A step by step guide to data analysis using SPSS for windows*, Crows Nest: Allen and Unwin.

Park, H. I., Jacob, A. C., Wagner, S. H. and Baiden, M., 2014, "Job control and burnout: A meta-analytic test of the conservation of resources model", *Applied Psychology*, Vol. 63, No. 4.

Parks, L. and Mount, M. K., 2005, "The 'Dark Side' of Self-Monitoring: Engaging in Counterproductive Behaviors at Work", in Weaver, K. M., ed. *Academy of Management Proceedings*, Briarcliff Manor, N. Y.: Academy of Management.

Patel, T. and Hamlin, R. G., 2012, "Deducing a taxonomy of perceived managerial and leadership effectiveness: A comparative study of effective and ineffective managerial behavior across three EU countries", *Human Resource Development International*, Vol. 15, No. 5.

Patel, T. and Hamlin, R. G., 2017, "Toward a unified framework of perceived negative leader behaviors insights from French and British educational sectors", *Journal of Business Ethics*, Vol. 145, No. 1.

Peng, Y., Chen, L, Chang, C. and Zhuang, W., 2016, "Workplace bullying and workplace deviance: The mediating effect of emotional exhaustion and the moderating effect of core self-evaluations", *Employee Relations*, Vol. 38, No. 5.

Peng, Y. C., Chen, L. J., Chang, C. C., 2016, "Social bonds and police misconduct: An examination of social control theory and its relationship to workplace deviance among police supervisors", *Policing-an International Journal of Police Strategies & Management*, Vol. 39, No. 2.

Perlow, R. and Latham, L. L., 1993, "Relationship of client abuse with locus of control and gender: A longitudinal study in mental retardation facilities", *Journal of Applied Psychology*, Vol. 78, No. 4.

Perugini, M. and Gallucci, M., 2001, "Individual differences and social norms: The distinction between reciprocators and prosocials", *European Journal of Personality*, Vol. 15, No. S1.

Peterson, D. K., 2002, "Deviant workplace behavior and the organization's ethical climate", *Journal of Business and Psychology*, Vol. 17, No. 1.

Peus, C., Braun, S. and Frey, D., 2012, "Despite leaders' good intentions? The role of follower attributions in adverse leadership—a multilevel model", *Journal of Psychology*, Vol. 220, No. 4.

Piquero, N. L. and Moffitt, T. E., 2014, "Can childhood factors predict workplace deviance?" *Justice Quarterly*, Vol. 31, No. 4.

Podsakoff, P., MacKenzie, S. and Podsakoff, N., 2012, "Sources of method bias in social science research and recommendations on how to control it", *Annual Review of Psychology*, Vol. 65, No. 1.

Podsakoff, P. M., MacKenzie, S. B., Lee, J. Y., Podsakoff, N. P., 2003, "Common method biases in behavioral research: A critical review of the literature and recommended remedies", *Journal of Applied Psychology*, Vol. 88, No. 5.

Preacher, K. J. and Hayes, A. F., 2004, "SPSS and SAS procedures for estimation indirect effects in simple mediation models", *Behavior Research Methods Instruments & Computers*, Vol. 36, No. 4.

Preacher, K. J. and Hayes, A. F., 2008, "Asymptotic and resampling strategies for assessing and comparing indirect effects in multiple mediator models", *Behavior Research Methods*, Vol. 40, No. 3.

Quratulain, S. and Khan, A. K., 2015, "Red Tape, resigned satisfaction, public service motivation, and negative employee attitudes and behaviors: Testing a model of moderated mediation", *Review of Public Personnel Administration*, Vol. 35, No. 4.

Raelin, J. A., 1994, Three scales of professional deviance within organizations", *Journal of Organizational Behavior*, Vol. 15, No. 6.

Rammstedt, B., and John, O. P., 2007, "Measuring personality in one minute or less: A 10 – item short version of the big five inventory in English and German", *Journal of Research in Personality*, Vol. 41, No. 1.

Raymond, R. and Bruschi, I. G., 1989, "Psychological abuse among college women in dating relationships", *Perceptual and Motor Skills*, Vol. 69,

No. 3.

Redeker, J. R. ed., 1989, *Employee discipline*, Washington, DC: Bureau of National Affairs.

Rhoades, L. and Eisenberger, R., 2002, "Perceived organizational support: A review of the literature", *Journal of Applied Psychology*, Vol. 87, No. 4.

Robinson, S. L. and Bennett, R. J., 1995, "A typology of deviant workplace behaviors: a multidimensional scaling study", Academy of Management Journal, Vol. 38, No. 3.

Russo, M. and Buonocore, F., 2012, "The relationship between work-family enrichment and nurse turnover", *Journal of Management Psychology*, Vol. 27, No. 3.

Salin, D., 2003, "Ways of explaining workplace bullying: A review of enabling, motivating and precipitating structures and processes in the work environment", *Human Relations*, Vol. 56, No. 10.

Saltzstein, A. L., Ting, Y. and Saltzstein, G. H., 2001, "Work-family balance and job satisfaction: The impact of family-friendly policies on attitudes of federal government employees", *Public Administration Review*, Vol. 61, No. 4.

Sankowsky, D., 1995, "The charismatic leader as a narcissist: Understanding the abuse of power", *Organizational Dynamics*, Vol. 23, No. 4.

Saxe, R. and Weitz, B. A., 1982, "The SOCO scale: A measure of the customer orientation of salespeople", *Journal of Marketing Research*, Vol. 19, No. 3.

Schackleton, V., 1995, "Leaders who derail", in Schackleton, V., ed. *Business leadership*, London: Thomson.

Schaufeli, W. B. and Enzmann, D. eds., 1998, *The burnout companion to study and practice: a critical analysis*, London: Taylor and Francis.

Scheier, M. F. and Carver, C. S., 1985, "Optimism, coping, and health: Assessment and implications of generalized outcome expectancies", *Health Psychology*, Vol. 4, No. 3.

Schilling J., 2009, "From ineffectiveness to destruction: A qualitative study on the meaning of negative leadership", *Leadership*, Vol. 5, No. 1.

Schmidt, A. A. and Hanges, P. J., 2009, "My boss is killing me! Developing and validating a measure of toxic leadership", Paper presented at the Sociaty for Industrial and Organizational Psychology Conference, New Orleans, LA.

Schriesheim, C. A. and Hinkin, T. R., 1990, "Influence tactics used by subordinates: A theoretical and empirical analysis and refinement of the Kipnis, Schmidt, and Wilkinson subscales", *Journal of Applied Psychology*, Vol. 75, No. 3.

Schubert, J. N., 1988, "Age and active-passive leadership style", *The American Political Science Review*, Vol. 82, No. 3.

Schyns, B. and Schilling, J., 2013, "How bad are the effects of bad leaders? A meta-analysis of destructive leadership and its outcomes", *Leadership Quarterly*, Vol. 24, No. 1.

Shaheen, S., Bashir, S. and Khan, A. K., 2017, "Examining organizational cronyism as an antecedent of workplace deviance in public sector organizations", *Public Personnel Management*, Vol. 46, No. 3.

Shaw, J. B., Erickson, A. and Harvey, M., 2011, "A method for measuring destructive leadership and identifying types of destructive leaders in organizations", *Leadership Quarterly*, Vol. 22, No. 4.

Shaw, J. B., Erickson, A. and Nassirzadeh, F., 2014, "Destructive leader behaviour: A study of Iranian leaders using the destructive leadership questionnaire", *Leadership*, Vol. 10, No. 2.

Shepard, M. F. and Campbell, J. A., 1992, "The abusive behavior inventory: A measure of psychological and physical abuse", *Journal of Interpersonal Violence*, Vol. 7, No. 3.

Siehl, E. W., 1987, "Garment workers: Perceptions of inequity and employee theft", *British Journal of Criminology*, Vol. 27, No. 2.

Skarlicki, D. P. and Folger, R., 1997, "Retaliation in the workplace: The roles of distributive, procedural, and interactional justice", *Journal of Applied Psychology*, Vol. 82, No. 3.

Sloan, M. M., 2012, "Unfair treatment in the workplace and worker well-being: The role of coworker support in a service work environment", Work and Occupations, Vol. 39, No. 1.

Sonnentag, S. and Fritz, C., 2015, "Recovery from job stress: The stressor-detachment model as an integrative framework", Journal of Organizational Behavior, Vol. 36, No. S1.

Spector, P. E., ed., 2005, Counter productive work behavior: Investigations of actors and targets, Washington, DC: APA.

Spector, P. E., Fox, S. and Penney, L. M., 2006, "The dimensionality of counterproductivity: Are all counter productive behaviors created equal?" Journal of Vocational Behavior, Vol. 68, No. 3.

Spector, P. E. and Fox, S., 2005, "The stressor-emotion model of counterproductive work behavior" in Fox, S. and Spector, P. E., eds. Counterproductive Work Behavior: Investigations of Actors and Targets, American Psychological Association, Washington, DC.

Spreitzer, G. M. and Sonenshein, S., 2004, "Toward the construct definition of positive deviance", American Behavioral Scientist, Vol. 47, No. 6.

Stevens, J. ed., 2002, Applied multivariate statistics for the social science (4th Edition.), Hillsdale, NJ: Lawrence Erlbaum.

Stewart, S. M., Bing, M. N., Davison, H. K., Woehr, D. J. and McIntyre, M. D., 2009, "In the eyes of the beholder: A non-self-report measure of workplace deviance", Journal of Applied Psychology, Vol. 94, No. 1.

Stock, R. M., Strecker, M. M., Bieling, G. I., 2016, "Organizational work-family support as universal remedy? A cross-cultural comparison of China, India and the USA", The International Journal of Human Resource Management, Vol. 27, No. 11.

Storms, P. L. and Spector, P. E., 1987, "Relationships of organizational frustration with reported behavioral reactions: The moderating effect of locus of control", Journal of Occupational Psychology, Vol. 60, No. 5.

Strauss, A. and Corbin, J., 1994, "Grounded Theory Methodology", in Denzin, N. K. and Lincoln, Y. S., eds. Handbook of Qualitative Research,

Thousand Oaks: Sage.

Strauss, A. ed., 1987, *Qualitative analysis for social scientists*, Cambridge, Cambridge university press.

Tabachnick, B. G. and Fidell, L. S. eds., 2007, *Using multivariate statistics*, Boston, MA: Pearson.

Tepper, B. J., Carr, J. C., Breaux, D. M., Geider, S., Hu, C. and Hua, W., 2009, "Abusive supervision, intentions to quit, and employees' workplace deviance: A power/dependence analysis", *Organizational Behavior and Human Decision Processes*, Vol. 109, No. 2.

Tepper, B. J., Duffy, M. K., Henle, C. A. and Lambert, L. S., 2006, "Procedural injustice, victim precipitation and abusive supervision", *Personnel Psychology*, Vol. 559, No. 1.

Tepper, B. J., Henle, C. A., Lambert, L. S. and Giacalone, R. A., 2008, "Abusive supervision and subordinates' organization deviance", *Journal of Applied Psychology*, Vol. 93, No. 4.

Tepper, B. J., 2000, "Consequences of abusive supervision", *Academy Management Journal*, Vol. 43, No. 2.

Tepper, B. J., 2001, "Health consequences of organizational injustice: Tests of main and interactive effects", *Organizational Behavior and Human Decision Processes*, Vol. 86, No. 2.

Tepper, B. J., 2007, "Abusive supervision in work organizations: Review, synthesis, and research agenda", *Journal of Management*, Vol. 33, No. 3.

Tetrick, L. E., Slack, K. J., Da Silva, N. and Sinclair, R. R., 2000, "A comparison of the stress-strain process for business owners and nonowners: Differences in job demands, emotional exhaustion, satisfaction, and social support", *Journal of Occupational Health Psychology*, Vol. 5, pp. 464 – 476.

Thau, S., Aquino, K., Poortvliet, P. M., 2007, "Self-defeating behaviors in organizations: The relationship between thwarted belonging and interpersonal work behaviors", *Journal of Applied Psychology*, Vol. 92, No. 3.

Thau, S., Aquino, K. and Poortvliet, P. M., 2007, "Self-defeating behaviors in organizations: The relationship between thwarted belonging and interpersonal work behaviors", *Journal of Applied Psychology*, Vol. 92, No. 3.

Thau, S., Aquino, K. and Wittek, R., 2007, "An extension of uncertainty management theory to the self: The relationship between justice, social comparison orientation, and antisocial work behaviors", *Journal of Applied Psychology*, Vol. 92, No. 1.

Thau, S., Bennett, R. J., Mitchell, M. S. and Marrs, M. B., 2009, How management style moderates the relationship between abusive supervision and workplace deviance: An uncertainty management theory perspective", *Organizational Behavior and Human Decision Processes*, Vol. 108, No. 1.

Thomas, L. T. and Ganster, D. C., 1995, "Impact of family-supportive work variables on work-family conflict and strain: A control perspective", *Journal of Applied Psychology*, Vol. 80, No. 1.

Todt, G., Weiss, M. and Hoegl, M., 2018, "Mitigating negative side effects of innovation project terminations: The role of resilience and social support", *Journal of Product innovational Management*, Vol. 35, No. 4.

Treviño, L. K., and Brown, M. E., 2005, "The role of leaders in influencing unethical behavior in the workplace", in Kidwell, R. E. Jr. and Martin, C. L., eds. *Managing organizational deviance*, Thousand Oaks, CA: SAGE Publications, Inc.

Trevino, L. K. and Youngblood, S. A., 1990, "Bad apples in bad barrels: A causal analysis of ethical decision making behavior", *Journal of Applied Psychology*, Vol. 75, No. 4.

Tripp, T., Bies, R. and Aquino, K. Poetic justice or petty jealousy? "The aesthetics of revenge", *Organizational Behavior and Human Decision Processes*, 2002, Vol. 89, No. 1, pp. 966 – 984.

Tuna, M., Ghazzawi, I. and Yesiltas, M., 2016, "The effects of the perceived external prestige of the organization on employee deviant workplace behavior the mediating role of job satisfaction", *International Journal of Contemporary Hospitality Management*, Vol. 28, No. 2.

Tuzun, I. K., Cetin, F. and Basim, H. N., 2017, "Deviant employee behavior in the eyes of colleagues: The role of organizational support and self-efficacy", *Eurasian Business Review*, Vol. 7, No. 3.

Uhl-Bien M. and Maslyn J. M., 2003, "Reciprocity in manager-subordinate relationships: Components, configurations, and outcomes", *Journal of Management*, Vol. 29, No. 4.

Van den Akker, L., Heres, L., Lasthuizen, K., and Six, F., 2009, "Ethical leadership and trust: It is all about meeting expectations", *International Journal of Leadership Studies*, Vol. 5, No. 2.

Van der Linden, D., Keijsers, G. J. P., Eling, P. and Van Schaijk, R., 2005, "Work-related stress and attention to action: An initial study on burnout and executive control", *Work & Stress*, Vol. 19.

Van Dyne, L., Kamdar, D. and Joireman, J., 2008, "In-role perceptions buffer the negative impact of low LMX on helping and enhance the positive impact of high LMX on voice", *Journal of Applied Psychology*, Vol. 93, No. 6.

Van Dyne, L. and LePine, J. A., 1998, "Helping and voice extra-role behaviors: Evidence of construct and predictive validity", *Academy of Management Journal*, Vol. 41, No. 1.

Van Emmerik, I. J. H., Euwema, M. C. and Bakker, A. B., 2007, "Threats of workplace violence and the buffering effect of social support", *Group and Organization Management*, Vol. 32, No. 2.

Van Jaarsveld, D. D., Walker, D. D. and Skarlicki, D. P., 2010, "The role of job demands and emotional exhaustion in the relationship between customer and employee incivility", *Journal of Management*, Vol. 36, No. 6.

Van Vianen, A. E. M., 1999, "Managerial self-efficacy, outcome expectancies, and work-role salience as determinants of ambition for a managerial position", *Journal of Applied Social Psychology*, Vol. 29, No. 3.

Vardi, Y. and Wiener, Y., 1996, "Misbehavior in organizations: A motivational framework", *Organization Science*, Vol. 7, No. 2.

Vogel, R., Homberg, F. and Gericke, A., 2016, "Abusive supervision, public service motivation, and employee deviance: The moderating role of employment sector", *Evidence-based HRM*, Vol. 4, No. 3.

Wadsworth, L. L., Owens, B. P., 2007, "The effects of social support on work-family enhancement and work-family conflict in the public sector", *Public Administration Review*, Vol. 27, No. 1.

Wallace, J. C., Edwards, B. D., Arnold, T., Frazier, M. L. and Finch, D. M., 2009, "Work stressors, role-based performance, and the moderating influence of organizational support", *Journal of Applied Psychology*, Vol. 94, No. 1.

Walsh, G., 2014, "Extra-and intra-organizational drivers of workplace deviance", *Service Industries Journal*, Vol. 34, No. 14.

Walumbwa, F. O., Orwa, B., Wang, P. and Lawler, J. J. 2005, "Transformational leadership, organizational commitment, and job satisfaction: a comparative study of Kenyan and US financial firms", *Human Resource Development Quarterly*, Vol. 16, No. 2.

Wang, H., Law, K. S., Hackett, R. D., Wang, D. and Chen, Z. X., 2005, "Leader-member exchange as a mediator of the relationship between transformational leadership and followers' performance and organizational citizenship behavior", *Academy of Management Journal*, Vol. 48, No. 3.

Warren, D. E., 2003, "Constructive and destructive deviance in organizations", Academy of Management Review, Vol. 28, No. 4.

Watson, D., Clark, L., and Tellegen, A., "Development and validation of brief measures of positive and negative affect: The PANAS scale", *Journal of Personality and Social Psychology*, 1988, Vol. 54, No. 6.

Wayne, J. H., Randel, A. E., Stevens, J., 2006, "The role of identity and work-family support in work-family enrichment and its work-related consequences", *Journal of Vocational Behavior*, Vol. 69, No. 3.

Westman, M., Hobfoll, S., Chen, S., Davidson, R. and Lasky, S., 2004, "Organizational stress through the lens of conservation of resources (COR) theory", in Perrewé, P. and Ganster, D., eds. *Research in occupational stress and well-being* (*Vol. 5*), Oxford, England: JAI Press/Elsevier Science.

Wheeler, H. N., 1976, "Punishment theory and industrial discipline", *Industrial Relation*, Vol. 15, No. 2.

Whitman, M. V., Halbesleben, J. R. B. and Holmes, O., 2014, "Abusive supervision and feedback avoidance: The mediating role of emotional exhaustion", *Journal of Organizational Behavior*, Vol. 35, No. 1.

Wiese, B. S., Seiger, C. P., Schmid, C. M. and Freund, A. M., 2010, "Beyond conflict: Functional facets of the work-family interplay", *Journal of Vocational Behavior*, Vol. 77, No. 1.

Wright, T. A., and Cropanzano, R., 1998, "Emotional exhaustion as a predictor of job performance and voluntary turnover", *Journal of Applied Psychology*, Vol. 83, No. 3.

Wright, T. A. and Larwood, L., 1997, "Further examination of the cosmopolitan-local latent role construct", *Psychological Reports*, Vol. 81, No. 3.

Wright, T. A. and Larwood, L., 2001, "Brief examination of the career advancement ambition, organizational commitment, and professional commitment scales", *Perceptual and Motor Skills*, Vol. 92, No. 3.

Wu, M., Sun, X., Fu, X. and Liu, Y., 2014, "Moral identity as a moderator of the effects of organizational injustice on counterproductive work behavior among Chinese public servants", *Public Personnel Management*, Vol. 43, No. 3.

Wu, Tsung-Yu., Hu, C., 2009, "Abusive supervision and employee emotional exhaustion—dispositional antecedents and boundaries", *Group and Organization Management*, Vol. 34, No. 2.

Yammarino, F. J. and Bass, B. M., 1990, "Transformational leadership at multiple levels of analysis", *Human Relations*, Vol. 43, No. 10.

Yen, C. and Teng, H., 2013, "The effect of centralization on organizational citizenship behavior and deviant workplace behavior in the hospitality industry", *Tourism Management*, Vol. 36.

Yukl, G. A., 1999, "An evaluation of conceptual weaknesses in transformational and charismatic leadership theories", *Leadership Quarterly*, Vol. 10, No. 2.

Zaccaro, S. J., Kemp, C. and Bader, P., 2004, "Leader traits and attributes", in Antonakis, J., Cianciolo, A. T. and Sternberg, R. J., eds. *The Nature of Leadership*, Thousand Oaks, CA: Sage.

Zacher, H., Bal, P., "Matthijs. Professor age and research assistant ratings of passive-avoidant and proactive leadership: The role of age-related work concerns and age stereotypes", *Studies in Higher Education*, 2012, Vol. 37, No. 7.

Zellars, K. L. and Tepper, B. J., 2002, "Abusive supervision and subordinates' organizational citizenship behavior", *Journal of Applied Psychology*, Vol. 87, No. 6.

Zoghbi-Manrique de Lara, P. and Verano-Tacoronte, D., 2007, "Investigating the effects of procedural justice on workplace deviance-do employees' perceptions of conflicting guidance call the tune?" *International Journal of Manpower*, Vol. 28, No. 8.

后　记

本书是在我博士论文基础上修改、完善而成。在此过程中所得到的来自老师、家人、同学、朋友的无私帮助和支持，是我刻苦钻研、精益求精的不竭动力。

感谢恩师华东师范大学吴志华教授。吴老师学识渊博、治学严谨、处事有原则，是我十分敬佩的学者。本书的选题、撰写和定稿，都离不开吴老师的悉心指导。在研究过程中，吴老师不仅给予方向性指导，而且字斟句酌、手把手带我领略学术的精髓。学术上的吴老师是严格的，而生活中的吴老师则是慈爱的，在生活、家庭、就业等各方面都给予我极大的关心和帮助。唯有努力拼搏，方能不负师恩。

感谢华东师范大学张冉教授。张老师是我进入组织行为学研究的领路人，在理论模型建构、统计方法运用等方面给予了诸多指导。在我研究遇到瓶颈和挫折时，张老师的鼓励与支持让我备受鼓舞和心安。同时，感谢孟溦教授、朱春奎教授、刘帮成教授、杜德斌教授、周俊教授、易承志教授、高恩新副教授提出的宝贵修改意见。

感谢同门师兄师姐对我关爱有加。叶超师兄在我整个博士求学生涯与学位论文撰写阶段不断提点我、鼓励我，在我焦躁不安、迷茫无助时第一时间出现，给予兄长般的温暖。蒋瑛师姐、廖志豪师兄、邓志锋师兄、蔡延东师兄在研究、生活上亦均给予我许多关照。此外，感谢丽娃河畔的同学"并肩作战"，感谢本硕母校湘潭大学老师、兄弟姐妹无私帮助，感谢上千位相识或不相识的公务员朋友们坦诚相待。

感谢我的父母及家人一直支持我追求学术理想、鼓励我坚持科学研究、协助我处理生活琐事。唯有坚韧前行，方能不负期望。

本书得以出版，还要感谢西北大学哲学社会科学繁荣发展计划优秀学术著作出版基金项目资助，感谢西北大学公共管理学院领导的支持与关心，感谢中国社会科学出版社孔继萍老师为编辑本书所付出的辛劳。

李　莉

2021 年 4 月 22 日于西安